TAGES

Volume 6

Formazione

I0070134

Claudia di Matteo

Andrea Teresi

Il professionista di successo

'nce devi provà, ce devi riuscì!

Eclypsed Word

Editing e impaginazione: R. D. Hastur

Copertina: Davide Romanini

ISBN: 978-88-6817-042-4

Pubblicato da **Eclypsed Word**

Marchio di **Kreattiva Edizioni**
Via Primo Maggio, 416, 41019, Soliera (MO)
Tel. +39 3316113991 +39 3392494874
Cod. Fisc. 90038540366
Partita IVA 03653290365

©2017 Eclypsed Word per Associazione Culturale KREATTIVA

I edizione, collana "Tages", 2017

Tutti i diritti riservati

Dedica

Questo testo è stato scritto per essere un valido supporto per tutti i Professionisti di ogni settore. A tutti i professionisti con cui ho collaborato, GRAZIE per avermi dato fiducia incondizionata e libertà assoluta, fate il vostro lavoro in modo eccellente, mi gratificate sempre e mi stupite spesso. La mia stima per ognuno di Voi.

Ai professionisti che non mi conoscono, voglio dire che se questo libro potrà esserVi di aiuto per intraprendere il cammino che Vi porterà alla realizzazione dei vostri obiettivi professionali, se, acquisendo le strategie e le competenze vi indurrà all'azione, allora, il tempo, le energie e le fatiche dedicate a scriverlo saranno state ben spese.

Personalmente, però, voglio dedicare questo testo in particolar modo a quelli che saranno i Professionisti del Futuro: nuove leve di gran talento che da diversi punti del mondo mi hanno raggiunta in Asia e hanno condiviso con me un meraviglioso pezzo di vita. A loro ho trasmesso il mio sapere, ma soprattutto ho aperto il cuore e questi giovani speciali, in cambio, mi hanno dimostrato una ricchezza di anima infinita e regalato calore, amore e grandissime soddisfazioni. Anime speciali che sapranno rendere migliore questo mondo e tutto il panorama professionale di domani. Dedico questo testo ai loro vent'anni e poco più, alla loro luce, alla loro energia positiva, alle loro infinite capacità, ai talenti eccellenti, le cui punte di diamante sono: Amerigo, Silvia, Pierfilippo Roy, Alvise e Nicola dall'Italia; Dean e Francesca dal Regno Unito; Mela Breu dalla Germania, Ron da Israele e Chanel dal Sud Africa; Olegario, Fernando e Patricia dalla Spagna, Robert e Kevin dall'Olanda, Robert A. dalla Finlandia; Sarah, Hugo, Jaylane e Dorothee dalla Francia e Richard, Ren e Claire dall'Australia; Megan, Melissa, Kelly e Katie dagli USA; Jan, Zulfia, Alexandra, Maryia, Anastasyia e Dima dalla Russia, Ida e Lisa dall'Indonesia; Charlotte dal Chile e Scilla dalla Svizzera. Ragazzi, siete tra le avventure più cariche di passione e significato che le competenze, date dal mio lavoro, mi abbiano mai permesso di vivere.

Dedico queste pagine a questi giovanissimi uomini e donne che hanno saputo emozionarmi, oltre che darmi grandi soddisfazioni. Voi siete il futuro, e siete un futuro meraviglioso, fatto di eccellenza, ricchi di testa, cuore e anima come pochi altri al mondo. Condividere la mia vita, il mio lavoro, la mia casa e il mio tempo con Voi è stato bellissimo.

Continuate a lavorare sempre sulla vostra crescita personale e professionale, esattamente come state facendo, perché è grazie ai giovani come Voi che questo mondo sarà un posto sempre più bello.

Claudia di Matteo

Dedico questo testo a mio figlio, Roy,
che continui sempre a lavorare su se stesso,
per "crescere" la persona speciale che è,
che possa essere un ottimo esempio per i suoi collaboratori
e una preziosa risorsa per il suo pubblico.

Andrea

Premettendo

"Il futuro appartiene a coloro che credono nella bellezza dei propri sogni."

Eleonor Roosevelt

Quello che stiamo vivendo in Italia in questi anni è un periodo storico decisamente complesso. La nostra economia vive una crisi profonda e i pronostici per gli anni a venire non sono tra i più rosei. Diventa oggi più che mai necessario, per tutti, poter gestire al meglio le proprie risorse professionali e personali e massimizzare profitti e benefici. In un mondo che cambia radicalmente e continuamente, in un mercato che si muove con una rapidità impressionante al punto da stordirci e confonderci, diventa assolutamente fondamentale imparare a imparare per poter emergere e differenziarsi. Detto ciò, specializzarsi, perfezionarsi e qualificarsi, sono le uniche parole d'ordine per aprirci il varco che può condurci oltre la mediocrità, l'inefficienza, il fallimento e l'anonimato. Per essere un professionista eccellente, per far nascere, dirigere e guidare la propria azienda o il proprio business verso il successo, è necessario sviluppare tutte le nostre potenziali capacità professionali. Questo è ciò che il presente testo si propone di fare attraverso una comunicazione multidisciplinare e pratica rivolta a fornire tutti gli strumenti essenziali, affinché, ogni professionista abbia quella marcia in più, di cui ogni attività ha bisogno con urgenza. È ovviamente di prioritario interesse, per ogni serio professionista, avere sempre più clienti soddisfatti e fedeli; la fedeltà e la fiducia dei clienti si ottengono con risultati positivi costanti nel tempo, con la costruzione di rapporti interpersonali di qualità. Il cliente che avrà la sensazione di essere realmente ascoltato, non semplicemente assecondato dal professionista attento, avrà modo di chiarire i suoi obiettivi con precisione e darà al professionista la possibilità di svolgere il suo lavoro al meglio.

Non sempre vi è una comunicazione efficace ed efficiente tra i professionisti e i loro clienti in grado di garantire quella sintonia che è indispensabile per avere successo in ogni professione. Vi sono sin troppi professionisti che hanno studiato molto, si sono laureati con il massimo dei voti e hanno conseguito master, ma dispongono di una preparazione insufficiente in riferimento ai rapporti con gli altri.

Questi hanno studiato molto, ma le cose sbagliate. Vi sono molti corsi riconosciuti anche a livello europeo ma, la maggior parte di questi fornisce, sostanzialmente, solo tecniche di vendita. Per questa ragione è nato questo testo: per consentire a ogni professionista di fare la differenza e distinguersi dalla massa. Questo manuale è molto pratico e consente di imparare come utilizzare in ambito professionale strumenti come la PNL che viene definita "scienza dell'eccellenza umana" e "psicologia del successo". Il testo vuole fornire uno stimolo per sviluppare forme più produttive di pensiero e acquisire l'attitudine orientata all'efficienza e alle soluzioni, al fine di raggiungere gli obiettivi desiderati mediante l'uso di strategie specifiche. Il successo di ogni professionista è fortemente condizionato dall'appoggio degli altri; ognuno ha bisogno di altre persone, così come le persone hanno bisogno di noi. La potenza delle nostre azioni dipende dalla nostra capacità di coinvolgere altre persone nei nostri progetti; in solitudine non potremmo mai realizzare tutte le nostre ambizioni e raggiungere il vero successo. Il motore per giungere al successo è desiderare veramente di aiutare le altre persone, voler realmente essere in grado di fornire un supporto; in questa maniera si cresce e si migliora quotidianamente, oltre che professionalmente anche umanamente. Pochi tra i professionisti che operano oggi nel nostro Paese riescono a soddisfare appieno queste esigenze, proprio perché non gli è stato insegnato tutto quello che serve per poter comunicare efficacemente ed emergere professionalmente, ma in ciò possiamo cogliere la nota positiva: vi sono oggi più che mai moltissime opportunità di successo.

La situazione in Italia non è delle più semplici, ma, anziché concentrarsi sulla crisi, bisogna saper cogliere le opportunità da questa derivate. Tale è la mole di clienti insoddisfatti che necessitano realmente di essere guidati, che oggi, come mai lo è stato prima, è possibile, per il professionista preparato a 360 gradi, conquistare enormi fette di mercato; infatti è decisamente più semplice conquistare un cliente insoddisfatto che uno soddisfatto, e un cliente contento del tuo operato avrà la possibilità di indirizzarti molti nuovi clienti. Diventa dunque fondamentale comprendere, velocemente, cosa fa la differenza tra un professionista preparato nel suo campo e un eccellente professionista. Avere una ottima preparazione sui prodotti disponibili sul mercato, conoscere l'andamento dei mercati ed essere dotati di un buon istinto e tanta volontà, non fa la differenza; ogni professionista che si rispetti deve possedere queste conoscenze e competenze, altrimenti non potrà svolgere il proprio lavoro, né bene né male. Quello che oggi fa la differenza è altro, e non viene insegnato nei corsi professionali specifici, neanche in quelli di ottimo livello.

Ogni cliente è diverso da un altro, non sono solo le sue esigenze a essere diverse, è proprio diverso il suo carattere, il suo modo di interagire, il suo pensiero, la sua storia, le sue preferenze. Ogni professionista, e questo vale per tutti i manager, gli imprenditori, i consulenti, ma anche per gli avvocati, i commercialisti, i medici, i commercianti etc. deve innanzitutto sapersi conquistare il cliente. Quando si conosce una persona, ci si fa un' idea di questa nel primo minuto, nei minuti seguenti quello che accade è solitamente il consolidamento della prima impressione avuta. È molto difficile cambiare la prima impressione e non si ha una seconda occasione per fare una buona prima impressione. Per questo il successo richiede una veloce acquisizione dell'opinione degli altri e conseguentemente, il rispetto e la comprensione dei punti di vista altrui. Alla base di qualsiasi tipo di trattativa vige, rigorosamente, la cura attenta e lo sviluppo strategico di una corretta forma di comunicazione. La comunicazione gioca dunque un ruolo determinante nella relazione tra un professionista e il suo cliente. Sono certa che conosci molti seri e preparati professionisti, nei più disparati campi, ma di quanti realmente ti fidi veramente? Quali hanno saputo creare con te un rapporto? Di quanti ricordi il nome di battesimo? E quanti di loro ricordano il tuo? Tutti i professionisti che ambiscono al successo, manager, imprenditori, direttori aziendali, debbono comprendere l'enorme importanza della comunicazione, debbono farne la luce guida che illumina il cammino della propria attività professionale affinché sia di valore e di successo. Saper comunicare è un' arte, può capitare di avere questo talento innato, ma non è frequente; se non è il tuo caso non disperarti, perché puoi sempre imparare a comunicare efficacemente con gli altri, ciò migliorerà in maniera esponenziale, tanto i tuoi rapporti professionali quanto quelli personali. Qualunque sia il proprio campo professionale, la PNL fornisce strumenti da applicare quotidianamente, tanto alla propria vita professione quanto a quella personale e mostra come il nostro successo dipende sempre dalla propria capacità di eccellere in ciò che si pensa, si dice e si fa.

Questa neuroscienza insegna a sviluppare le nostre applicazioni personali e le nostre formule esclusive per il successo. Ogni professionista può apprendere la PNL e trarre beneficio dai suoi notevoli e duraturi risultati, andiamo quindi a scoprire le basi e i trucchi D.O.C., di questa utilissima scienza.

Comunicando

Professionista e Comunicazione

Nella comunicazione la cosa più importante
è sentire ciò che non viene detto.

Peter F. Drucker

La Programmazione Neurolinguistica è la scienza dell'eccellenza e rende quest'ultima accessibile a tutti; questa la ragione per cui vogliamo far sì che, tramite questa collana di testi formativi, sia molto più fruibile e comprensibile per l'attività di ogni professionista. La PNL può migliorare notevolmente il nostro modo di lavorare e la nostra comunicazione e **una comunicazione valida avvicina notevolmente ogni professionista al proprio successo.** La competenza nel proprio campo non è sufficiente, soprattutto in questa epoca: è necessario possedere una sinergia tra abilità nei rapporti con gli altri e competenza tecnica. Le aziende e i professionisti che possiedono questa sinergia sono ancora in minoranza e è proprio grazie a queste caratteristiche che sono sempre notevolmente in vantaggio sulla concorrenza.

Questo si verifica perché possedere un notevole patrimonio di conoscenze tecniche, ma non una profonda comprensione del funzionamento della mente umana, rende quasi nullo il valore delle proprie competenze. **È basilare unire, sinergica mente, un notevole sviluppo personale alle proprie competenze avanzate per riuscire a eccellere nella professione.** Abbiamo scelto la PNL perché è una scienza che ci fornisce i mezzi per trasformare ogni esperienza in qualcosa di eccezionale e conduce a una performance lavorativa straordinaria. Sono numerosissime, in tutto il mondo, le persone e le aziende che oggi scelgono di investire nel modellamento dell'eccellenza e ciò ha condotto a un sano cambiamento culturale globale. Nell'era attuale, la negoziazione è un aspetto onnipresente della nostra esistenza e ci conduce alla risoluzione dei conflitti che minano i nostri successi professionali e la positività della nostra vita personale.

Avrai notato che attraverso i nostri testi di formazione, miriamo a fornirti tutti gli strumenti per applicare strategicamente la PNL alla tua professionalità così come alla tua quotidianità. In questo testo alcuni concetti saranno volutamente ripetuti al fine di un'assimilazione mentale più efficace, altri saranno evidenziati per un miglior apprendimento, così come al termine di ogni capitolo verrà riportato un memorandum per facilitare la memorizzazione dei passaggi più rilevanti. Fondamentalmente la PNL è lo studio di ciò che funziona nel nostro modo di pensare, di comportarci, di esprimerci; è una maniera per codificare e riprodurre l'eccellenza e ci consente di raggiungere gli obiettivi che ci siamo prefissati per il nostro lavoro e anche per la nostra vita.

Viviamo in un mondo imprevedibile ed estremamente complesso, in un'era di cambiamenti senza precedenti, diventa quindi indispensabile avere abilità che aiutano a dare un senso alla grande confusione che ci circonda.

È importante sapere come trovare dentro noi stessi la certezza rispetto a quel che vogliamo, a ciò in cui crediamo, proprio quando tutto intorno sembra metterci continuamente in discussione. Abbiamo la necessità di trovare l'eccellenza dentro ognuno di noi per poterla vivere ed esaltare con tutta la nostra energia.

Abbiamo urgenza di poter imparare come non abbiamo mai fatto prima.

La PNL è uno strumento eccezionale per guardare dentro di noi e trovare le risorse che ci rendono unici ed eccezionali, è la chiave per sviluppare la nostra personale formula per il successo, è un processo che modella gli schemi consci e inconsci che ci caratterizzano e ci rendono speciali per consentirci di muoverci in maniera continuativa verso lo sviluppo e l'accrescimento del nostro potenziale.

Per semplificare potremo dire che questa neuroscienza consiste **nell'apprendere i nostri schemi di pensiero linguistici e comportamentali, così da poter creare delle strategie utili per prendere decisioni, migliorare la nostra attività, rendere positive le nostre relazioni, ispirare e motivare gli altri, affrontare le negoziazioni, portare equilibrio della nostra vita e, ultimo ma non meno importante, imparare a imparare.** Ribadiamo che oggi, per essere professionisti eccellenti, non basta essere competenti e stare al passo con la tecnologia, è importante capire e pensare a "come si pensa"; questo connubio ti darà la marcia in più per essere un professionista di successo.

Il successo viene da dentro di te.

Il nostro successo dipende dalla nostra capacità di eccellere in ciò che pensiamo, diciamo e facciamo: la PNL si fornisce gli strumenti per riuscirci.

Si è dimostrata di notevole aiuto nell'imparare come:

1. Accelerare le capacità di apprendimento e gestire il cambiamento, così da poter rivestire un ruolo guida nel tuo settore di attività.

2. Comunicare meglio per entrare in sintonia con gli altri.

3. Sviluppare nuovi modi di pensare che siano sempre di sostegno.

4. Accrescere notevolmente l'autostima.

5. Apprendere e dare feedback (riscontri) per sviluppare nuovi prodotti, nuove idee, coinvolgendo colleghi e clienti.

6. Liberare dai vecchi schemi che impediscono lo sviluppo personale e rendere disponibile il proprio talento più nascosto.

7. Stabilire degli obiettivi ricchi di forza propulsiva che massimizzano le proprie probabilità di successo nel lavoro e nella vita.

8. Costruire relazioni eccellenti con tutte le persone più significative in ogni ambito della vita.

9. Migliorare la consapevolezza che si hai di se stessi.

10. Sviluppare la flessibilità.

11. Accrescere la capacità di stimolare nelle persone che si hanno intorno, l'impegno, la cooperazione e l'entusiasmo.

12. Saper guidare le emozioni per poter controllare il proprio destino.

13. Imparare a attingere al proprio inconscio, fonte inesauribile di potenziale e di forza.

14. Comprendere i segreti del successo.

15. Imparare a concentrarsi su ciò che si desidera per concretizzarlo nella propria esistenza.

16. Cambiare le proprie convinzioni limitanti in potenzianti.

17. Massimizzare l'energia del proprio potere personale.

Sostanzialmente, la PNL ti consente di sviluppare le tue formule per il successo e è, sinteticamente, questa la sua vera forza. Soprattutto in un contesto professionale, **la PNL è, senza dubbio, la differenza che fa la differenza per ciò che concerne la coerenza aziendale e personale, il pensiero strategico, la comunicazione, la motivazione, la negoziazione, la capacità di influenzare, la leadership, lo sviluppo personale, la praticità imprenditoriale e quant'altro, giacché la lista potrebbe continuare senza fine**; in sostanza, la PNL dà accesso a una crescita professionale e personale assolutamente eccezionale. Nota bene che la PNL non ti dice "cosa devi fare", è invece una tecnica che insegna "come fare" e ti mostra come divenire quel che vuoi, ottenere ciò che desideri, fare ciò che ami, ti conduce al successo al quale ambisci e ti fornisce gli strumenti per scegliere di reagire in modo diverso, divenendo più consapevole dei tuoi comportamenti, ti rende pronto a avere la responsabilità dei risultati in tutte le aree della tua esistenza e infine ti consente di eliminare gli schemi di pensiero e di comportamento che ti sabotano da sempre. Lavoriamo da molti anni con e su queste tecniche pratiche che sono risultate efficienti ed efficaci soprattutto dal punto di vista di chi le utilizza nel variegato mondo della formazione professionale e aziendale; ragione per cui abbiamo scelto proprio la PNL come compagna di viaggio per questo ricco e completo percorso studiato per te; ci accompagnerà costantemente, in maniera evidente o celata, ma sempre estremamente pratica e accessibile, perché questa scienza studia in maniera attenta e completa come ogni individuo percepisce e interpreta se stesso, gli altri e il mondo che lo circonda. In pratica la PNL è un modello di comunicazione umana che consente di analizzare ogni comportamento scomponendolo in piccole sequenze di elementi riproducibili e modificabili e offre strumenti flessibili che possono essere applicati a ogni interazione umana, oltre che tecniche specifiche con le quali possiamo riorganizzare la nostra e la altrui esperienza per definire, e poi conseguire, comportamentali funzionali. Concludendo questa introduzione sulla PNL, vogliamo affermare che questa è uno strumento fondamentale per realizzare e migliorare il proprio stile comunicativo, rendendolo sempre adeguato ai diversi interlocutori e a ogni nuovo contesto, così da poter essere sempre veramente efficace ed efficiente.

> *Il più grande spreco nel mondo è la differenza*
> *tra ciò che siamo e ciò che potremmo diventare.*
>
> **Ben Herbster**

La PNL è un atteggiamento caratterizzato dal desiderio di imparare nuove abilità per comprendere l'importanza della sintonia e della comunicazione efficace e goderne dell'effetto su se stessi e sugli altri, sempre animati dal senso di curiosità, apertura mentale e avventura. **Le tecniche che la PNL fornisce, avviano una modificazione del comportamento al fine di conseguire nuovi risultati, rendendoci più flessibili e insegnandoci a guardare la vita come una preziosa opportunità per imparare.** Questa scienza dell'eccellenza costituisce un aiuto d'eccezione tanto per le persone quanto per le organizzazioni, perché riguarda i sistemi; difatti fornisce accertati e accreditati contributi nell'ambito dell'analisi organizzativa, nella formazione manageriale e nella gestione cambiamento.

La Comunicazione Empatica

L'incapacità dell'uomo di comunicare
è il risultato della sua incapacità
di ascoltare davvero ciò che viene detto.

Carl Rogers

Uno dei presupposti della PNL è che, quando si comunica, non è importante ciò che viene detto, ma ciò che giunge all'interlocutore. Cioè, la responsabilità del messaggio dipende sempre da chi lo invia. **La comunicazione è definita esclusivamente dai risultati che con essa si ottengono.** È fondamentale dunque saper valutare il risultato ottenuto per poter ottimizzare il proprio comportamento. Quel che veramente occorre è **la flessibilità, cioè la capacità di cambiare il proprio modo di agire per arrivare allo scopo desiderato.** A volte è sufficiente cambiare il modo di porsi per passare da una reazione estremamente negativa a una assolutamente positiva. Compreso che la responsabilità della comunicazione è solo di chi parla, se noi non riusciamo a catturare l'attenzione del nostro interlocutore, a farci comprendere o a inviare il messaggio come noi lo avevamo pensato, non dipende mai dal nostro interlocutore, ma da noi, sempre. Non è per nulla importante definire di chi sia la colpa, ma è importante riuscire a consegnare il messaggio in modo corretto, quindi è fondamentale assumersi sempre personalmente la responsabilità della propria comunicazione.

"La comunicazione non parte dalla bocca che parla,
ma dall'orecchio che ascolta."

Claudia di Matteo

15

Esistono dei meccanismi comunicativi che producono facilmente sensazioni di **comprensione, empatia e feeling:** questi meccanismi, in PNL si raccolgono nel "Rapport". È immediato notare quando due persone sono in "Rapport" perché i loro corpi, le loro parole, la loro comunicazione si rispecchiano in maniera molto armoniosa. Per creare "Rapport" dobbiamo imparare a osservare e utilizzare le stesse strategie delle persone con cui comunichiamo, così creeremo sintonia. Le parole hanno il potere di creare o di distruggere la sintonia, ma il linguaggio del corpo e il para verbale spesso sono ancora più rilevanti. Il nostro "non verbale", infatti, può essere percepito persino da un interlocutore telefonico perché il nostro stato interiore si trasmette. L'intonazione che usiamo racconta il nostro stato emotivo e ne crea un altro nel nostro interlocutore. Il linguaggio del corpo trasmette molto più delle parole, se è facile raccontare una menzogna con le parole, molto più difficile è fingere che quel che si dice è vero con la mimica facciale o corporea, il tuo interlocutore questo lo sa bene, se non consapevolmente, sicuramente a livello inconscio. In sintesi possiamo dire che il Rapport è **la capacità di comprendere il mondo interiore degli altri.** Tre sono gli strumenti da padroneggiare per creare Rapport: **calibrazione, ricalco** (verbale e non verbale) e **rispecchiamento.** La **calibrazione** consiste nell'osservare la fisiologia dell'altro per comprenderne lo stato emotivo: bisogna prestare attenzione tanto al tono della voce quanto al comportamento di chi ci sta di fronte. Una volta acquisiti questi dati, potremo procedere con il **ricalco,** ovvero dovremmo cercare di riprodurre la fisiologia, il modo di usare la voce, la gestualità, le posture, la mimica facciale e la respirazione dell'oggetto della nostra comunicazione. Ricalcare è utile per entrare in sintonia con l'altro e generare fiducia, ma per avere successo dobbiamo imparare a farlo in maniera discreta, senza farci notare. Certamente in questa fase bisogna dare appoggio e comprensione alla persona che stiamo ricalcando. Quando si sarà instaurata la sintonia, si avrà la possibilità di trasportare il proprio interlocutore in uno stato emotivo differente, quindi lo si potrà guidare, attraverso **il rispecchiamento,** verso il nostro obiettivo. Se per esempio il cliente, quando lo abbiamo incontrato era giù di corda, bisognerà cercare di trasmettergli ottimismo, positività ed energia, ma per avere successo, bisogna adottare le suddette tecniche, così l'umore dell'interlocutore cambierà, senza che esso neanche si accorga di come ciò è successo. Tutti gli esperti di motivazione, sostengono, a ragione, l'importanza di lasciare il proprio interlocutore in uno stato migliore di come lo abbiamo incontrato; questo vale, oltre che per l'ambito professionale, anche per quello personale.

A mio parere, la comunicazione vera avviene quando,
oltre al messaggio, passa anche una buona dose di anima.

Claudia di Matteo

È evidente che preferiamo relazionarci con persone che ci trasmettono buon umore, energia e ottimismo, anziché quelle che tendono a deprimerci, annoiarci e intristirci. Facendo un esempio banale, quando ci troviamo a fare rifornimento di carburante, solitamente la stragrande maggioranza di noi, non fa un'attenta analisi del costo del carburante per ciascun benzinaio presente nella propria area, anche perché le variazioni di prezzo sono minime e incostanti: solitamente si sceglie il fornitore più simpatico, quello che ci accoglie sempre con cordialità, magari con una battuta spiritosa o il più gentile che sempre ci saluta con un sorriso. Sono piccole cose, ma fanno la differenza tra aver pochi o molti clienti, a volte più di quanto non lo faccia avere o meno, un master conseguito in una università molto prestigiosa.

Del resto, ti è mai capitato di chiedere al tuo commercialista con quanto si è laureato? Andresti da un commercialista decisamente preparato, ma che trovi estremamente antipatico, quasi insopportabile?

Comprendi dunque quanto è determinante la qualità della comunicazione nel lavoro di ogni professionista?

Ricorda che **la capacità di un professionista è misurabile dalla quantità dei suoi clienti, mentre la sua effettiva validità è definita dal livello di soddisfazione degli stessi.**

Avere tanti clienti, di per se', non fa accrescere il numero degli stessi, perché i tuoi clienti non sono necessariamente in relazione tra loro e potrebbero non sapere quanto lavoro effettivamente tu hai, **mentre avere clienti soddisfatti promuoverà la tua attività meglio di qualunque altra cosa.**

Il nostro consiglio, in qualunque ambito professionale, è di mirare alla soddisfazione dei propri utenti, perché' questo è il migliore modo per vedere rapidamente crescere il proprio portafoglio clienti. Al cliente bisogna saper trasmettere la propria professionalità, perché' se si è molto bravi a far qualcosa, ma nessuno lo sa, difficilmente questo tornerà utile in ambito lavorativo.

Se per esempio parli perfettamente 3, 4, 5, 6 lingue straniere, ma in ufficio non lo fai sapere a nessuno (errore che io feci, molto giovane, agli inizi della mia carriera professionale), quando capiterà l'occasione per poterti rendere utile, per una traduzione importante, per poter acquisire un cliente straniero, nessuno si rivolgerà a te e sprecherai un'opportunità di mettere a frutto le tue competenze.

Anche questa è comunicazione.

"Il cliente è il visitatore più importante che possa entrare nei nostri locali.
Non dipende da noi, siamo noi a dipendere da lui.
Non interrompe il nostro lavoro perché ne è lo scopo.
Non è un estraneo perché fa parte del nostro business.
Non gli facciamo un favore servendolo,
è lui che ci sta facendo un favore dandoci l'opportunità di farlo."
Mahatma Gandhi

L'obiettivo di ogni professionista è quello di ottenere la fiducia dei suoi clienti, che sono sicuramente la parte più' importante del ciclo produttivo. Potrà farlo con anni di lavoro e dopo molti fallimenti ed errori, oppure in breve tempo, ciò' dipende dal miglioramento della propria capacità di comunicare.

Chi si rivolge a un professionista come te, ricorda maggiormente l'onestà e la disponibilità ricevuta, piuttosto che i risultati che otterrà grazie alla tua competenza, perché' questi sono spesso in relazione a fattori fuori dal tuo controllo, come l'andamento dei mercati, la normativa, la situazione politica o economica del paese, ma, la tua serietà e il tuo impegno morale, l'attenzione che saprai dedicare ai bisogni del tuo cliente, non solo ai suoi soldi, faranno si che lui si leghi indissolubilmente a te, con costante fedeltà, anche quando i fattori esterni non agevolano il tuo lavoro.

Altra cosa molto importante è sempre adottare un ascolto di tipo "attivo" dei bisogni più' profondi del cliente, anziché' dilungarsi nel raccontare tutti i noiosi dettagli di un servizio o di un prodotto.

Ricorda che i clienti comprano benefici, non prodotti, sempre.

E che essi sono il più' grande patrimonio di un'azienda, perché' senza clienti non esistono aziende.

Se, a esempio si propone un prodotto di tipo assicurativo, il cliente vuole sapere come questo potrà tutelarlo in caso di incidente, se saranno a carico dell'assicurazione tutte le spese mediche, se l'assicurazione potrà dargli un rimborso per le giornate di lavoro perse, più' di quanto vorrà sapere l'esatto ammontare di tale rimborso, o il massimale di polizza; un bravo assicuratore lo sa e infatti parla sempre di coperture assicurative, più che di numeri.

Ricorda che i clienti più' scontenti sono la tua fonte principale di apprendimento, quindi ogni professionista vincente deve necessariamente imparare a mettersi nei panni dei propri clienti. Non è sufficiente dare loro soddisfazione per avere garantita la loro fedeltà', dovrete offrire loro qualcosa che non trovino dai vostri concorrenti, a esempio un servizio eccellente, cosi che vi segnalino ai loro amici e acquistino nuovamente i vostri prodotti.

Ricordate che la sola cosa che nessuno dei vostri concorrenti potrà mai portarvi via sono solo le relazioni che voi e i vostri collaboratori avete con i vostri clienti.

Ognuno vende quotidianamente qualcosa, che sia un prodotto, un servizio, un consiglio o se stesso.

Facciamolo sempre con molto entusiasmo, perche' nulla paralizza una vendita come la mancanza di entusiasmo.

Consiglio: duplica sempre il tuo entusiasmo e duplicherai le tue vendite.

Infatti, durante i colloqui di assunzione, i direttori del personale più accorti cercano soprattutto di capire se i candidati al posto di venditori hanno una buona dose di magnetismo personale perché chi non ha grande energia non avrà mai sufficiente entusiasmo, né sarà capace di ispirarlo negli altri.

Infine, rammenta sempre che le persone non comprano per ragioni logiche, ma sempre per ragioni emotive.

> *"L'uomo non vende solo merci: vende se stesso."*
>
> *Erich Fromm*

Ad esempio, anche il lavoro di un allenatore, in sostanza, è quello di vendere, vende il suo prodotto, il suo stile, convincendo i giocatori a comprare ciò che lui vende, cioè la sua mentalità, la sua guida, la sua visione e le sue indicazioni.

Tieni a mente che il professionista prima di tutto vende se stesso, quindi deve imparare a comunicare prima il proprio valore e poi quello dei suoi prodotti o servizi.

Il nostro personale consiglio è di cercare di dare al cliente la massima qualità, accompagnandola con calore, Rapport, orgoglio e spirito di squadra.

Quando vendete qualcosa, si dà per scontato che ciò che vendete sia un prodotto o un servizio di qualità e che siate voi stessi a apprezzarlo. Come ogni cosa, se ci credete, lo venderete.

Non importa se è un'idea, un prodotto, un servizio, o qualunque altra cosa.

Il venditore di grande professionalità cerca prima di tutto di capire i bisogni, gli interessi, la situazione del cliente.

Il venditore dilettante vende prodotti; il venditore di professione vende sistemi per soddisfare bisogni e risolvere problemi.

È un approccio completamente diverso.

*"A chi sai che ne ha bisogno,
non vendere ciò che puoi dargli gratis."*

Catone

Avrai compreso che questa trattazione ha come scopo proprio questo, evidenziare quali sono gli strumenti che ogni professionista deve possedere per offrire il miglior servizio possibile ai suoi clienti, quali aspetti di se stesso e della sua preparazione deve sviluppare e come può' ottenere tutto questo.

Oggi, in ogni settore vi è una concorrenza spietata, di professionisti di ogni genere ne è pieno il paese, ma pochi di loro sono eccellenti, per cui quello che bisogna fare è sbaragliare la concorrenza con strumenti efficaci e innovativi, bisogna sapersi distinguere, farsi notare, diventare indispensabili e preziosi.

Agendo cosi', le possibilità di un lavoro sempre più' gratificante e crescente diventano moltissime, perché' nei momenti di crisi, solo i migliori emergono e sono loro che si dividono il mercato, quindi, per assurdo, la crisi può' essere la tua migliore alleata, devi solo comprendere come metterla al tuo servizio e renderla una valida opportunità.

"Vendi la tua intelligenza e compra stupore."

Claudia di Matteo

Consigli per i neoprofessionisti

"La leadership riguarda le comunicazioni magnetiche.
I professionisti vincenti hanno un modo di comunicare
che attrae le persone verso la visione e l'orizzonte."

Doug Firebaugh

I nuovi professionisti, spesso, all'inizio della loro carriera si concentrano esclusivamente nella spasmodica ricerca di quanti più nominativi possibili, senza rendersi conto che ciò che è più importante è innanzitutto lo studio della più giusta strategia di acquisizione dei clienti, pertanto:all'inizio del tuo cammino nella professione conta molto sui tuoi colleghi, lavora in team e usufruisci della guida e della supervisione di un esperto direttore delle vendite.

Impegnati a modellare il miglior membro della tua squadra; chiedigli sinceramente di illustrarti le sue tecniche, fagli domande per avere ogni chiarimento necessario, spiegagli apertamente che vuoi apprendere da lui; Probabilmente sarà lieto di farti da mentore, qualora così non fosse, puoi sempre offrire in cambio la tua collaborazione e dividere i tuoi profitti ma, in ogni caso, impara sempre dal migliore.

Nelle fasi iniziali, modella il suo esempio in ogni strategia, comportamento e atteggiamento alla perfezione. Poi, in futuro potrai sviluppare un tuo stile personale.

Se la tua professione lo prevede, vai direttamente a casa o in ufficio di un tuo cliente che non vuoi o non puoi contattare telefonicamente. È vero che questo incontro potrebbe fallire, ma non potrai mai fare veramente esperienza se non avrai un contatto diretto con i clienti. Se continui a ottenere risposte negative, inizia a pensare di rivolgerti ai clienti in maniera diversa, come disse Einstein: **"Follia è continuare a fare sempre le stesse cose, aspettandosi risultati diversi."**

Pertanto, modifica le tue strategie, tenendo presente che per migliorare e progredire, e' indispensabile andare avanti per tentativi, anche a rischio di commettere errori.

Il tuo prossimo incontro, affrontalo con tutta l'energia, la forza e la volontà che hai dentro te.

"Se le vostre azioni ispirano altri a sognare di più, imparare di più, fare di più e trasformare di più, siete professionisti vincenti."
Claudia di Matteo, Andrea Teresi

I venditori eccellenti, a esempio, si evidenziano perché, sempre, consciamente o inconsciamente, scelgono le strategie più adatte al loro prodotto e alla loro offerta. Tutti i venditori di successo apprendono migliaia di esperienze e informazioni da ogni possibile reazione dei loro clienti, dai testi specializzati, dai corsi di formazione, dagli articoli di settore, da ogni colloquio precedente e imparano come reagire e comportarsi quando si trovano in situazioni complesse con clienti difficili, mettendo a punto,intuitivamente, le strategie più adeguate.

È molto rilevante anche imparare a comprendere quando il "No!" di un cliente, significa veramente "no", oppure semplicemente "non ancora", come potrebbe essere probabile, se in quel momento il cliente non era nel giusto stato d'animo.

Il professionista di successo è sempre totalmente convinto della validità del proprio prodotto e per questa ragione non si lascia condizionare dai pregiudizi.

Le strategie giuste sono sempre indispensabili, difatti, nemmeno la volontà massima e il grande impegno possono mai sostituire la strategia giusta.

Personalmente, ho lavorato come Coach con molti venditori volenterosi ma purtroppo privi della strategia vincente, questo è stato un limite che li ha privati del successo sperato per troppi anni, sino a quando, appunto, non abbiamo messo a punto la loro strategia eccellente.

Nella nostra epoca, questo campo è sempre più complesso: i concorrenti, i mercati, le tendenze, i clienti, tutto è cambiato completamente e **si modifica continuamente ogni giorno, diventa quindi indispensabile essere muniti delle strategie giuste per poter vendere con successo oggi e anche domani. Prima fra tutti l'attitudine al cambiamento.**

C'è da dire che approcciare nel modo giusto al cambiamento non è sempre facile.

Imparare a cambiare può essere stressante e molte persone sono impaurite dai cambiamenti. Però, siamo qui per darvi la buona notizia che ci sono molte azioni valide, che si possono fare per rendere la vita più semplice e affrontare i cambiamenti in maniera più strategica. Troppo spesso viviamo come se fossimo all'interno di una catena di montaggio; ripetiamo con costanza le medesime azioni, così, la nostra esistenza diventa una noiosa sequenza di schemi estremamente prevedibile, che conosciamo perfettamente e si ripete continuamente.

Troppo, troppo spesso siamo schiavi delle abitudini, che condizionano drammaticamente i nostri gesti, le nostre azioni, I nostri pensieri e nostri movimenti. È proprio così che, anche inconsciamente, rinunciamo a nuovi progetti, a nuove idee, a nuovi propositi, ma sappi che cambiare questo, si può.

Per liberarti da queste abitudini seriali in cui troppo spesso sei costretto, e a volte ti costringi da solo, ti consigliamo di partire a piccoli passi, perché questo che ti consente di acquisire nuove capacità prima e poi stabilità nel cambiamento.

La prima cosa è avere una mente assolutamente più aperta. Poi, possiamo iniziare a cambiare dalle più piccole cose, perché sono i piccoli gesti che fanno la differenza.

Ad esempio: puoi cambiare il percorso che fai da casa al lavoro ogni giorno, anche se di pochissimo, oppure puoi modificare la tua colazione del mattino, puoi provare un nuovo ristorante o indossare colori che non hai mai amato, né mai usato nel vestirti.

Inizia a modificare anche il tuo modo di porti verso gli altri. Prova a fare un semplice esercizio, può sembrare un esercizio estremamente banale ma, sappi invece, che contiene molta forza.

Anziché salutare sommessamente con un banale "salve" tutte le persone che incontri nella tua giornata, dedica loro un "Buongiorno" pieno di energia, gioia ed entusiasmo. Con molta probabilità scoprirai che le persone ti ricambieranno con la stessa allegria e ti verranno dedicati dei gran sorrisi per avere giornate più positive, inoltre, sappi che, l'essere gentili ha tanti altri riscontri. Nel momento in cui decidi di cambiare, spalanchi una porta magica su un nuovo mondo, pieno di nuove scoperte da fare, emozioni da provare e vedrai che ti sentirai molto più fiducioso e ottimista, anche rispetto al futuro. Possiamo dirti con certezza il cambiamento è sempre portatore di nuove prospettive e possibilità, e che, queste, sempre ci migliorano e ci fanno crescere.

Inoltre, numerosi studi scientifici hanno dimostrato che esercitare continuamente il nostro cervello al cambiamento, insegnare alla nostra mente a affrontare situazioni diverse, aumenta notevolmente l'autocontrollo e la capacità decisionale oltre a migliorare notevolmente la nostra memoria. Prova a cambiare le tue abitudini, e ti ritroverai a essere più sicuro di te, a sentirti meno legato al passato, più propenso verso il futuro, e non verrai più travolto dall'insicurezza ogni volta che nella tua vita accade un imprevisto. La nostra vita non è mai statica, è in continuo e costante mutamento. Il cambiamento è costante in tutto quello che ci circonda, nell'energia della terra, nella biologia del nostro corpo, nella chimica delle particelle, tutto cambia ogni secondo. Questo cambiamento va visto con ottimismo, con positività e non con paura, non è una fine ma bensì un nuovo inizio. Sappi che, imparare a essere parte di questo mutamento ti avvicina molto di più alla soddisfazione e alla felicità.

Cerca sempre nuove strade, osa cambiare.

Il Modellamento

*"La via di imparare è lunga se si va per regole,
è breve ed efficace se si procede per esempi."*

Seneca

Certamente vi sarà capitato di notare una persona particolarmente capace in qualcosa, di desiderare di poterla fare alla stessa maniera. La sicurezza in sé, l'ottimismo, la capacità persuasiva, la creatività, come giocare eccezionalmente tennis o essere dei venditori eccezionali, sono attitudini che si apprendono e si affinano; così come le ha imparate qualcun altro, puoi impararle eccezionalmente anche tu.

Molti di voi pensano che alcune persone siano più dotate, più capaci e più fortunate di voi, ma, in verità, tutto ciò che fanno particolarmente bene, lo fanno mettendo in pratica una specifica sequenza di pensieri e comportamenti, continuativamente, sino a farli diventare abituali, istintivi e automatici.

Noi, esattamente come i bambini, impariamo a essere particolarmente capaci di qualcosa, attraverso un processo semplice, che possiamo ripartire in questa maniera:

- Prendendo a modello, cioè copiando, ciò che altri fanno particolarmente bene.

- Esercitandosi, cioè ripetendo più volte, mentalmente e fisicamente, le nuove competenze sino a quando esse diventano abitudini.

25

Quando eravamo piccini abbiamo osservato come camminavano i nostri genitori e poi abbiamo provato a copiarli. Certo, prima di trovare il giusto equilibrio, siamo caduti più volte, ma continuando a emulare ciò che facevano i nostri genitori abbiamo imparato a farlo da soli e bene.

Per rendere molto più veloce questo procedimento dobbiamo imparare a usarlo volontariamente, unendo, strategicamente, la parte fisica all'eccezionale potere della nostra mente. Ogni qualvolta vorrai imparare e comprendere come una persona esperta fa qualcosa eccezionalmente, osservala molto accuratamente, prova a entrare all'interno di quella persona, utilizzando il tuo corpo nello stesso modo, replica questo nuovo comportamento finché non diventa completamente naturale.

Modellando, ossia copiando l'atteggiamento fisico di una persona molto sicura di sé, si inizia a sviluppare lo stesso atteggiamento mentale di sicurezza in se stessi.

Com'è noto, mente e corpo sono intimamente connessi, pertanto, muovendo il vostro corpo come un'altra persona, inizierete ad avere anche lo stesso tipo di pensieri di quella medesima persona.

Facciamo insieme questo esercizio:

1. Pensa a una persona di cui vorresti emulare sicurezza, capacità e carisma.

2. Scegli una circostanza in cui questa persona ha dimostrato chiaramente l'attitudine che vorresti apprendere.

3. Rivivi nella tua mente l'immagine del tuo modello mentre mette in pratica quella specifica attitudine. Fallo più volte di seguito, anche rallentando, come fossi alla moviola.

4. A questo punto, sovrapponiti al tuo modello ed entra nel suo corpo, sincronizzati con la sua postura: osserva con i suoi occhi, sentiti sicuro come lui e ascolta con le sue orecchie.

5. Ora, immaginalo dall'interno, mentre mette in pratica quella specifica attitudine e vivi la sensazione generale che prova lui.

6. Ripeti quest'ultimo passaggio diverse volte, sino a provare la sensazione incisiva di cosa significa essere il tuo modello.

Ti accorgerai che muovendoti, camminando, atteggiandoti, sorridendo e respirando come il tuo modello, inizierai a sviluppare le sue qualità di pensiero, la sua condizione interiore e pian piano la sua esperienza si trasformerà in vita vissuta per te.

Nota bene che questo procedimento funziona eccezionalmente, quindi scegli molto attentamente i tuoi modelli.

"Le persone hanno tutte le risorse di cui hanno bisogno,
ma le hanno a livello inconscio; tutto ciò che dobbiamo fare
è renderle disponibili dove servono."

Richard Bandler

"Un detto tipicamente occidentale è: ci crederò quando lo vedrò.
Dovremmo considerare l'idea di riformularlo in questi termini:
lo vedrò quando ci crederò. Sarebbe molto più accurato
e terrebbe conto del fatto che al cervello umano piacciono le immagini.
Infatti, per quanto ne sappiamo noi,
esso riesce e dare un senso al mondo soltanto attraverso le immagini."

Richard Bandler

La Competenza

*"La tendenza a giudicare gli altri è la più grande barriera
alla comunicazione e alla comprensione."*

Carl Rogers

Viviamo oggi nel nostro Paese una situazione estremamente difficile.

Per il professionista di oggi le opportunità, rispetto solo a qualche anno fa, si sono drasticamente ridotte, la concorrenza in ogni settore si è fatta spietata e per emergere bisogna sapersi distinguere. La domanda è: "come farlo?"

I titoli professionali non sono più sufficienti a garantire il lavoro, cosi come non è più abbastanza parlare bene una lingua straniera e avere dimestichezza con gli strumenti informatici. L'impegno ormai è dato per scontato. Cosa dobbiamo quindi fare per affermarci professionalmente? Dobbiamo accrescere le nostre abilità, le nostre competenze e ampliare il nostro campo d'azione. Il professionista di oggi, deve essere un esperto di comunicazione, aggiornatissimo nel proprio campo, determinato e consapevole del proprio valore e dei propri limiti e aperto al continuo apprendimento di neuroscienze di strategico supporto, come appunto è la PNL. Inoltre, diventa indispensabile essere pronti a cimentarsi in settori nuovi senza il timore di sperimentarsi in un terreno diverso. In questo senso, doti come l'elasticità mentale, la buona volontà, l'autostima e la perseveranza diventano indispensabili. **Il primo passo verso lo sviluppo personale è comprendere che c'è la necessità di crescere;** solamente coloro che sentono questa necessità, questo costante impulso al miglioramento, possono rimanere in gioco e provare a vincere. In tempo di crisi, solo i migliori sopravvivono, viene a crearsi una sorta di selezione naturale, i mediocri, che prima si mescolavano nella folla, oggi vengono smascherati velocemente, perché, come è evidente, non vi è più spazio per tutti; i professionisti non eccellenti vengono rapidamente eliminati dal mercato.

Oggi è necessario avere obiettivi chiari, superare i propri limiti, saper vedere oltre questi, che vengono identificati, molto frequentemente, proprio con quanto non abbiamo voluto imparare. **Ognuno di noi può ambire all'eccellenza,** ma non basta voler essere eccellenti per diventarlo, bisogna imparare tutto quello che è necessario. La grande rivelazione della PNL consiste proprio del rassicurare chiunque, che non esistono persone speciali e persone di secondo livello, ma solo persone che sanno bene ciò che serve per essere speciali e persone che non lo sanno, ma possono sempre impararlo, se lo desiderano. La differenza nei diversi individui, riconoscibile dalla differenza di risultati raggiunti in specifici campi, è dunque costituita dalla differenza della conoscenza e competenza personale. Importante dunque è sapere, ma anche **saper fare, ovvero saper mettere in pratica le proprie conoscenze, senza l'azione, la conoscenza diventa inutile,** senza l'azione non solo non si avanza, ma si regredisce. Assolutamente da evitarsi è la paura di commettere errori, il frenante timore di sbagliare. È inevitabile che quando ci si mette alla prova, cimentandosi in qualcosa in cui non si è esperti, si commettano degli errori, imparando da questi, sarà possibile evitare di ripeterli e imparare a fare bene quello che da principio si è fatto male. Solo chi non prova mai a fare niente di nuovo, non sbaglia mai, ma certo è che, non sbagliando e non provando, non si impara mai niente di nuovo. L'approccio corretto per la crescita, tanto personale che professionale, è quello di procedere per piccoli passi e interpretare i risultati, che rappresentano degli utilissimi feedback. L'agire è indispensabile ma non sufficiente, ci vuole un'azione di tipo qualitativo, non solo quantitativo. Se uno studente passa 12 ore al giorno sui libri ma apprende poco, deve cambiare le strategie di apprendimento, non incrementare le ore di studio.

Solo chi sa essere umile può progredire velocemente, chi si sente il migliore smette di apprendere, perché non ne sente la necessità, non vive l'esigenza.

Esistono 4 differenti livelli di apprendimento, in quello più basso vi sono gli incompetenti inconsci, ovvero quelli che non sanno e non si rendono conto di non sapere. Coloro che abitano questo livello, non hanno la possibilità di crescere perché, ignorantemente, non ne sentono l'esigenza.

Un po' più su di livello, vi sono gli incompetenti consci, ovvero quelli che si rendono conto di non sapere, quindi hanno iniziato il loro cammino verso la crescita, perché, quanto meno, hanno compreso i limiti entro i quali sono stati relegati dalla loro ignoranza.

Ancora più su si trovano coloro che sono consapevoli della loro competenza, questi individui usano ciò che sanno per apprendere più velocemente, riconoscono il loro valore ma comprendono che si può sempre migliorare, quindi si aggiornano, studiano, mettono in pratica e continuano a crescere. In questa categoria ritroviamo molti liberi professionisti, insegnanti, formatori, sportivi di alto livello e così via.

Infine, al livello più alto, vi sono coloro che non sanno di sapere. Sono coloro che ogni giorno imparano qualcosa, leggono moltissimo, amano studiare, sperimentano sempre di più, sanno un po' di tutto ma si sentono perennemente ignoranti, sempre alla ricerca di migliorare le proprie conoscenze su specifici argomenti, sempre pronti a imparare dal prossimo. Per questi individui la conoscenza è come l'acqua, necessaria, le cose da imparare non finiscono mai, quindi ogni giorno vogliono crescere un po', altrimenti si rimane assetati, disidratati e si muore; questi sono coloro i quali difficilmente vengono colti impreparati su un qualsivoglia argomento, tanto in ambito specifico che generico, eppure ogni volta dialogano su qualcosa, colgono l'occasione per comprendere tutto quel che ancora non sanno sull'argomento, quindi cercano di acquisire sempre ulteriori conoscenze. Queste persone hanno solitamente due caratteristiche ben evidenti, sono molto colte ma anche estremamente modeste. Ognuno di noi, per apprendere, passa da un livello a un altro, procedendo a salti; alcuni partono già dal secondo livello, altri si fermano al terzo o non lo raggiungono mai, comunque la crescita avviene per gradi di consapevolezza. Quando, a esempio, decidiamo di iniziare a praticare un nuovo sport, cominciamo senza sapere se saremo capaci o meno di riuscirci, siamo ancora nel livello di incompetenza inconscia; non appena ci mettiamo alla prova, scopriamo che dobbiamo imparare la tecnica, le sequenze dei movimenti e via dicendo, quindi ci rendiamo conto di essere incapaci e ci dedichiamo all'apprendimento. Dopo un po', con la pratica, impariamo la tecnica, sappiamo riconoscere i nostri errori quindi cerchiamo di evitare di ripeterli, insomma facciamo progressi, cresciamo, consapevoli dell'attuale livello di abilità. Dopo anni che pratichiamo regolarmente quello sport, non ci ricordiamo neanche più come lo abbiamo imparato, i movimenti ormai vengono talmente spontanei che sembrano aver sempre fatto parte del proprio bagaglio di conoscenza, siamo diventati abili con il tempo e spesso neanche ci rendiamo conto del nostro reale livello di capacità. Continuiamo sempre a apprendere, ma non ci domandiamo più come riuscirci, semplicemente, succede; abbiamo programmato noi stessi per la crescita, quindi cresciamo, anche inconsapevolmente e spontaneamente. Qui siamo sul livello più alto di competenza e è a questo che dobbiamo ambire. **Solo chi riconosce il valore della competenza, diventa insaziabile di sapere,** chi sa di non sapere cresce, chi si sente "sapiente" pur non essendolo, rimane fisso al suo livello, chi invece non sente il bisogno di crescere, generalmente non riconosce valore alla competenza, non desidera di fatto cambiare il proprio livello perché non si rende neanche conto di "non sapere".

"Sapiente è colui che sa di non sapere."

Socrate

Chi, in un determinato momento si trova al livello più basso di apprendimento è incapace ma non sa di esserlo, non riconosce il perché dei suoi continui fallimenti, chi invece si trova a un livello superiore, riconosce gli errori di chi si trova a livelli inferiori, sa comprendere perché chi si trova in basso, sbaglia. Se non si riesce a comprendere l'importanza della conoscenza e non si desidera essere competenti in quel che si fa, le delusioni sono assicurate. Gli incompetenti cronici attribuiscono sempre a altri o agli eventi, la responsabilità dei propri insuccessi, evitando di sentirsi parte in causa, mentre le persone competenti sanno comprendere dove e quando hanno commesso l'errore che ha portato all'insuccesso, riconoscono il valore di un feedback negativo e lo utilizzano per evitare che l'errore venga ripetuto in futuro, non stanno a domandarsi chi ha sbagliato ma come si è verificato l'errore, costoro ricercano le soluzioni non le colpe, cosi' il progresso è assicurato. Il successo è la risultante di tanti piccoli atteggiamenti positivi, di corretti modi di porsi verso le difficoltà, di competenze specifiche ben indirizzate, di cooperazioni costruttive, di scambi di opinioni, di tanta buona volontà e perseveranza. Il successo è alla portata di tutti coloro che lo vogliono raggiungere, ma non basta desiderare di averne, è indispensabile mettersi nelle condizioni di meritarlo, si deve saper riconoscere ciò che manca e bisogna dedicarsi al fine di ottenerlo; non può esistere successo senza competenza. **Solo le persone superficiali credono che il successo sia riservato a pochi eletti,** che lo ottengono quasi per miracolo. Quando affermiamo di non essere portati per qualche cosa, in realtà stiamo solo cercando una giustificazione alla nostra mancanza di volontà nell'apprenderla. Non vi sono "persone eccezionali" nate tali, ma solo persone che hanno imparato molto senza accorgersene, che inconsapevolmente hanno acquisito le giuste competenze che li hanno portati a eccellere in uno specifico ambito. Prendiamo a esempio il "Milton Model", ovvero il modello di PNL elaborato dal modellamento di Milton Erickson, a detta di molti il più grande ipnotista del nostro secolo. Erickson riusciva a attuare l'ipnotismo utilizzando delle tecniche mai riconosciute prima, lui stesso non aveva consapevolezza del perché esse funzionassero, ma di fatto, si dimostravano estremamente efficaci. Quando i fondatori della PNL riconobbero la qualità del lavoro di Erickson si proposero di mettere a disposizione di tutti le sue capacità, quindi iniziarono a studiare il suo modo di operare. Scoprirono cosi un metodo che Erickson utilizzava inconsapevolmente, elaborato attraverso la sua esperienza personale priva di condizionamenti.

32

Quando ne parlarono con l'ipnotista, egli li ringraziò perché nessuno prima gli aveva spiegato "come" i suoi metodi funzionassero così eccellentemente e rapidamente, né lui ne aveva alcuna consapevolezza. Qui siamo sul livello della competenza inconsapevole, il successo di Erickson nel campo dell'ipnosi era stato raggiunto con molta competenza e anni di studio, semplicemente, lui non se ne era reso conto. Insieme alla superficialità, vi sono altri due limiti al raggiungimento della competenza necessaria per avere successo, sono la presunzione e i luoghi comuni. Il superficiale non cresce perché non ne sente l'esigenza, il presuntuoso invece, si sente già molto competente, quindi non impara per scelta, si rende indisponibile all'apprendimento. All'opposto, **l'umile sa che da chiunque si può sempre apprendere qualcosa.** Ogni individuo appartiene a un differente livello di competenza a seconda delle aree di pertinenza, non sempre si acquisisce un livello di competenza elevato nella propria professione, mentre si è sempre stimolati alla crescita di quanto ci appassiona; purtroppo sono in pochi a lavorare in un settore coincidente con le proprie passioni, capita addirittura a alcuni di sentirsi in colpa quando le due cose coincidono, come se il lavoro dovesse necessariamente essere lontano dal piacere, invece i massimi livelli di competenza in ambito professionale vengono proprio raggiunti da chi lavora con passione. Ciononostante alcuni svolgono compiti lavorativi che non li stimolano, li annoiano quindi perdono completamente l'interesse all'apprendimento e appaiono come fannulloni perditempo. Verrebbe dunque da pensare, specialmente ai presuntuosi, che da questi individui non si possa avere nulla da imparare, ma non è sempre così.

Prendiamo a esempio Mario, lui fa un lavoro che non lo appassiona e che svolge meccanicamente, senza entusiasmo, ma ha una profonda passione per l'archeologia; ebbene, nel suo attuale lavoro Mario ha ben poche possibilità di emergere, non ci mette energia, non riesce a immaginare per sé una crescita professionale e si vede, fra 20 anni, svolgere le stesse mansioni, ricevendo il medesimo salario percepito attualmente. Quello in cui Mario è veramente competente, è la storia di Roma, infatti passa tutto il suo tempo libero a leggere e acculturarsi su questo argomento. Non ho mai conosciuto una persona che, meglio di Mario, potesse appassionare una platea parlando delle origine della "città eterna,"; passeggiare per Roma insieme a lui mi ha fatto scoprire misteri e leggende sorprendenti, Mario ha una storia affascinante da raccontare per ogni angolo recondito della capitale.

Credo che siano pochi gli archeologi che potrebbero competere con Mario per l'approfondita conoscenza sulla storia di Roma, le sue origini, le opere architettoniche e tutto quello che è pertinente con questo argomenti.

Se Mario decidesse di lasciare il suo attuale lavoro per diventare, ad esempio, una guida turistica per quanti, ogni giorno, si accingono a visitare la capitale, certamente avrebbe la possibilità di eccellere, diverrebbe facilmente la migliore e più ricercata guida della città, con conseguenti soddisfazioni professionali ed economiche. Questa storia ci insegna due cose, la prima è che solo se facciamo un lavoro che ci appassiona possiamo pensare di svolgerlo eccellentemente, la seconda è che solo chi ha l'umiltà di credere che da chiunque si possa imparare qualche cosa, ha l'occasione di scoprire quanto persone come Mario, hanno da insegnare. I pregiudizi su persone o fatti limitano le possibilità di crescere, solo chi apre veramente la sua mente all'apprendimento, esimendosi dal pregiudizio e rifiutando i luoghi comuni avrà libero accesso a quando ogni persona ha da insegnare.

> *"Non ho mai incontrato un uomo così ignorante*
> *dal quale io non abbia potuto imparare qualcosa."*
>
> *Galileo Galilei*

La presunzione, di fatto è la prima causa dell'ignoranza, perché allontana dall'interesse, castra la curiosità e sopprime lo stimolo indispensabile all'acquisizione di conoscenza e competenza, ma altrettanto importante è evitare di essere vittime dei luoghi comuni, perché questi sono più pericolosi della superficialità e della presunzione. Se si è presuntuosi o superficiali, difficilmente si è protesi alla crescita, ma facendo propri alcuni luoghi comuni, diventa facile regredire, in quanto si può essere vittime della menzogna. Frequenti sono le occasioni in cui detti, proverbi e leggende vengono utilizzati impropriamente, fuori dal reale contesto di pertinenza. Alcuni detti di quotidiano utilizzo, retaggio di una cultura passata, se pur estremamente concrete all'epoca in cui sono stati originati, trasportati nel presente perdono completamente di valore e possono essere estremamente fuorvianti. Altri, validi per molti, non sono veri per tutti. Del resto il luogo comune è proprio un'espressione che tende a essere universale, mentre è nell'unicità del singolo che trova spazio l'eccellenza. Quando tutti pensavano che la terra fosse piatta, solo chi ha avuto lo stimolo a pensare in modo diverso ha avuto la possibilità di ricercare e scoprire la verità. Il luogo comune tende a appiattire le menti.

> *"Dove tutti pensano nello stesso modo, nessuno pensa molto."*
>
> *Walter Lippmann*

Reminder

1. La comunicazione è definita esclusivamente dai risultati che con essa si ottengono, quindi è fondamentale assumersi sempre, personalmente, la responsabilità della propria comunicazione.

2. Il "Rapport" è la capacità di comprendere il mondo interiore degli altri; per creare "Rapport" dobbiamo imparare a osservare e utilizzare le stesse strategie delle persone con cui comunichiamo, così creeremo sintonia, quindi dobbiamo saper padroneggiare i seguenti strumenti: calibrazione, ricalco (verbale e non verbale) e rispecchiamento.

3. Il professionista prima di tutto vende se stesso, quindi deve imparare a comunicare prima il suo valore e poi quello dei suoi prodotti o servizi.

4. La capacità di un professionista è misurabile dalla quantità dei suoi clienti, mentre la sua effettiva validità e definita dal livello di soddisfazione degli stessi; avere clienti soddisfatti promuoverà la tua attività meglio di qualunque altra cosa.

5. All'inizio del tuo cammino nella professione impegnati a modellare il miglior professionista della tua squadra, modella il tuo esempio in ogni strategia, comportamento e atteggiamento alla perfezione. Utilizza la tecnica del modellamento, ogni qualvolta vorrai imparare e comprendere come una persona esperta fa qualcosa eccezionalmente: osservala molto accuratamente, prova a entrare all'interno di quella persona, utilizzando il tuo corpo nello stesso modo, replica questo nuovo comportamento finché non diventa completamente naturale. Modellando, ossia copiando, l'atteggiamento fisico di una persona molto sicura di sé, si inizia a sviluppare lo stesso atteggiamento mentale di sicurezza in sé, corpo e mente sono estremamente connessi. Poi, in futuro potrai sviluppare un tuo stile personale.

6. Nella situazione professionale attuale, il professionista deve accrescere le sue abilità, le sue competenze e ampliare il campo d'azione. Deve essere un esperto di comunicazione, aggiornatissimo nel suo campo, determinato e consapevole del proprio valore e dei propri limiti e aperto al continuo apprendimento di neuroscienze di strategico supporto.

7. Il primo passo verso lo sviluppo personale e professionale è comprendere che c'è la necessità di crescere. Solo chi riconosce il valore della competenza, diventa insaziabile di sapere, chi sa di non sapere cresce. È vitale il "saper", ma è necessario anche il "saper fare", ovvero saper mettere in pratica le proprie conoscenze, perché, senza l'azione, la conoscenza diventa inutile.

8. Gli incompetenti cronici attribuiscono sempre a altri o agli eventi, la responsabilità dei propri insuccessi, mentre le persone competenti sanno comprendere dove e quando hanno commesso l'errore che ha portato all'insuccesso, riconoscono il valore di un feedback negativo e lo utilizzano per evitare che l'errore venga ripetuto in futuro, cerca di appartenere a questo secondo gruppo di persone.

9. I pregiudizi su persone o fatti limitano brutalmente le possibilità di crescere, solo chi apre veramente la sua mente all'apprendimento, esimendosi dal pregiudizio e rifiutando i luoghi comuni avrà libero accesso a quando ogni persona ha da insegnare. Il professionista di successo è sempre totalmente convinto della sua validità come persona e della bontà assoluta del proprio prodotto o servizio, per questa ragione, non si lascia mai condizionare dai pregiudizi.

Il successo è la risultante di tanti piccoli atteggiamenti positivi, di corretti modi di porsi verso le difficoltà, di competenze specifiche ben indirizzate, di cooperazioni costruttive, di scambi di opinioni, di tanta buona volontà e perseveranza.

Imparando

Pensiero Positivo per vincere

"È necessario imparare tanto a lungo,
quanto a lungo si vive."

Lucio Anneo Seneca

Dipende fondamentalmente da noi essere perdenti e infelici o vincenti e felici.
Troppo frequentemente si tende a responsabilità a agli altri per i propri esiti, agli eventi, al destino, ma in verità siamo sempre e solo da noi a averne il controllo. Quando il nostro interlocutore non ci comprende, siamo noi i responsabili della nostra inefficace comunicazione e molto probabilmente ci siamo espressi male; se non si ha concluso il contratto facilmente significa che non si ha avuto sufficiente abilità e creatività nel proporlo, forse non si hanno chiari e fermi gli obiettivi da raggiungere, magari non si conosco bene i propri punti di forza, o ancora, si potrebbe non essersi preparati correttamente. Sia noi tu che dobbiamo imparare a vedere le cose in maniera efficace. Anche se sino a oggi non hai saputo individuare le migliori strategie, quando imparerai a vedere chiaramente il tuo traguardo, quando lo focalizzerai attentamente, saprai scegliere le più opportune con decisione, gioia ed entusiasmo e avrai la certezza di raggiungere la tua meta. **Se ci credi, tutto quello che desideri si concretizza, la tua vita è un progetto che spetta solo a te realizzare. Dipende da te decidere se vincere o perdere.** Nella nostra epoca, nelle aziende, nelle amministrazioni, e nelle scuole si sente sempre più fortemente l'esigenza di corsi di formazione al fine di promuovere una comunicazione efficace. Incontri periodici vengono organizzati dalle grandi industrie per tutti gli operatori affinché questi possano scambiarsi le proprie esperienze. Naturalmente comunica meglio chi ha una mente aperta. Ciò che caratterizza la mente aperta è il bisogno di conoscere, a differenza dalla mente chiusa che solitamente è caratterizzata dal bisogno di difendersi. L'apertura, la flessibilità, l'accettazione dell'altro, la disponibilità emotiva si

contrappongono alla rigidità, alla chiusura, all'egocentrismo, all'impenetrabilità interpersonale; infatti, talvolta capita che, nonostante la buona volontà, non si riesca a stabilire un rapporto di comunicazione con persone che assumono un atteggiamento di completa chiusura nei confronti degli altri. **Noi tutti utilizziamo solo una minima parte del nostro enorme potenziale mentale.** Sono molte le persone che non riescono a controllare le emozioni o/o non sanno liberarsi dallo stress quotidiano; sono invece piuttosto poche quelle in cui si sviluppa la creatività che troppo spesso e a lungo, è stata impedita, o almeno rallentata, da una scuola molto nozionistica e rigida come è quella occidentale. Oggi tutti stanno comprendendo che il bene più prezioso per noi umani è la flessibilità e la creatività. La creatività è quella marcia in più che ci consente di trovare idee nuove per ciò che riguarda le nostre aspirazioni personali, i nostri obiettivi professionali, per rendere migliori i nostri rapporti umani, per aiutarci a cogliere l'altro in profondità, al di là delle sue maschere e degli atteggiamenti nati dal suo ruolo, dallo stato affettivo del momento o dalla sua posizione sociale e professionale.

*"La creatività è un gabbiano senza un piano di volo,
che non volerà mai in linea retta."*

Claudia di Matteo

La nostra cultura è stata troppo influenzata da un pensiero estremamente razionale, diventa quindi importante imparare a lasciar fluire le emozioni e trovare un nostro spazio, un vero personale. È proprio per questa ragione che tutte le grandi aziende, le grandi industrie richiedono essenzialmente l'appoggio di specialisti in scienze umane, perché comprendono che la preparazione professionale e tecnica è inadeguata alle esigenze attuali. Credo che in Italia dovremmo imparare a avere un atteggiamento positivo e a utilizzare l'emisfero cerebrale destro, quello adibito alla creatività, anche per riequilibrare l'emisfero sinistro, altrimenti si rimane bloccati e schiacciati da Paesi come la Cina o dall'India, che già stanno conquistando l'intero globo.

In Giappone, per esempio, nelle scuole nessuno può essere ammesso alla classe successiva, se non dimostra di essere in grado di creare qualcosa, di interessante e utile come uno strumento o un oggetto; l'importante per lo studente è ideare una cosa usando la sua creatività, altrimenti non potrà essere promosso. È evidente che per la scuola giapponese non basta lo studio e la ripetizione, non bastano le nozioni; la ripetizione passiva delle esperienze altrui non è utile e costruttiva, si deve innovare realizzando le proprie risorse, questo consente di emergere sugli altri.

È evidente che così le persone crescono con una forte convinzione di essere degli innovatori positivi e ciò garantisce loro il successo da ragazzi, poi, da adulti, il loro successo si trasforma in successo della loro società, quella di di cui tutti i giapponesi sono orgogliosi. Possiamo parlare del venditore, del dirigente, dell'industriale, del consulente ma, fondamentalmente ogni essere umano è fatto di mente e corpo, quindi di un livello oggettivo e uno soggettivo, di esteriorità e di interiorità. Quale è lo strumento che consente di portare il meglio da fuori a dentro e da dentro a fuori? La mente. La mente non è costituita solo il cervello perché è l'insieme dell'intelligenza, delle memorie e della sapienza che sono racchiuse in ogni cellula del nostro corpo; è un potentissimo elaboratore impegnato ventiquattr'ore su ventiquattro che lavora in maniera velocissima e più perfetta di qualsiasi computer al mondo. La mente è ricca di una quantità tale di dati che non possiamo neanche immaginare; comprendere che questa è un dono meraviglioso è un passo importante. Purtroppo però non ci vengono fornite le istruzioni per usare al meglio questo eccezionale strumento, o forse, le abbiamo smarrite durante la nostra crescita, così utilizziamo una minima parte delle nostre possibilità; ancor più spesso, anzi, ne facciamo un uso scorretto che ci danneggia, così otteniamo risultati che sono esattamente l'opposto di quelli che vorremmo ottenere e finisce che il nostro geniale computer lavora contro di noi anziché per noi. Come possiamo ovviare a tutto questo? Innanzitutto **dobbiamo programmare i nostri obiettivi e conoscere bene le metodiche corrette per raggiungerli,** questo ci aiuterà a rendere la nostra vita una nuova emozionante opera d'arte. Analizzeremo nel dettaglio questo aspetto nel paragrafo che segue.

È indispensabile ritrovare un atteggiamento mentale positivo per comprendere che è sempre possibile risolvere i problemi e modificare i nostri comportamenti.

Noi tutti abbiamo la possibilità di migliorare in maniera incredibile le nostre prestazioni, realizzare la nostra vita e i nostri desideri ed essere persone felici, di successo. **Iniziamo da subito a assumere un atteggiamento mentale positivo perché questo ci permetterà di rimanere in equilibrio davanti a qualsiasi evento della nostra vita.** Abbiamo la possibilità di cambiare la nostra vita, di selezionare fra l'infinità delle convinzioni che sono dentro ciascuno di noi, prendiamo quelle buone e positive ed eliminiamo tutte quelle negative, questo ci restituirà la totale fiducia in noi stessi e nelle nostre infinite potenzialità.

C'è sempre del positivo in ogni cosa, nelle situazioni che viviamo e negli individui che incontriamo; se si approccia alle persone con un atteggiamento positivo, ciò aiuterà anche i propri interlocutori a esprimersi in positivo e li condurrà a comportarsi come si desidera.

Il pensiero non è astratto, è energia; quindi emanare infinita energia positiva consente di ottenere nella vita molto di ciò che si desidera: così sarà molto più facile farci amare, stimare, ascoltare e seguire.

Certo, esiste anche il carisma naturale, ma molto spesso, si può diventare abili e carismatici anche semplicemente allenandosi. L'allenamento inizia solitamente con un'auto-analisi per conoscerci davvero. Si lavora su se stessi al fine di star bene e quando si ottiene questo, si arriva in maniera positiva a tutte le persone che ci circondano.

Nessuno è un'isola, siamo legati gli uni agli altri; prenderne coscienza stimolerà anche un profondo desiderio di armonia e di realizzazione positiva che si espanderà dentro e intorno a noi, con una risonanza che giungerà molto più lontano di quanto si possa immaginare.

"Possiede un regno chi ha una mente eccellente."
Lucio Anneo Seneca

Tu sei una persona speciale e unica con la tua individualità, la tua personalità, la tua originalità. La tua mente eccezionale, unita alle tue caratteristiche e alle menti degli altri, diviene molto più che una somma, infatti, quando si fa parte di un gruppo, si condivide un sogno, si vive il desiderio di raggiungere lo stesso obiettivo accade che le capacità mentali si moltiplichino, generando un'efficienza che supera fortemente la capacità dei singoli. Questo metodo è stato sperimentato anche presso i laboratori della NASA, dove esperti differenti sono stati invitati a lavorare in team, per progettare quella che sembrava l'impresa più complessa: la tuta spaziale. Ingegneri, fisici, filosofi, psicologi, biologi singolarmente non avevano avuto nessuna idea valida, lavorando insieme hanno potuto raggiungere il loro massimo livello di creatività e hanno creato la formidabile tuta che racchiude l'intero equipaggiamento dell'astronauta. **È accertato che sentirsi parte di un gruppo, provare l'orgoglio del team, correre verso il medesimo traguardo, essere incoraggiati e sostenersi a vicenda, genera una mente estremamente potente e molto più creativa della somma delle menti individuali.** Questa è anche una delle ragioni per cui vengono organizzati i corsi nelle industrie: legare le persone in un clima di fiducia a armonia porta a star meglio con se stessi e dà forza morale all'azienda e all'organizzazione per cui le persone operano. Il desiderio di contribuire a fini comuni e la solidarietà sono valori preziosissimi quindi creare armonia nei gruppi di lavoro, nelle aziende, così come nelle famiglie, determina l'affiatamento e i buoni rapporti, anche tra i popoli.

La nostra mente è indubbiamente meravigliosa ed estremamente potente, purtroppo però, come sappiamo, utilizziamo soltanto un 8%, massimo un 10% delle nostre capacità mentali; le persone che raggiungono risultati eccellenti ne usano poco meno del 20%: uno spreco davvero enorme e inverosimile.

Se solamente aumentassimo un minimo l'utilizzo delle nostre capacità mentali, saremmo perfettamente in grado di raggiungere tutti i risultati desiderati; diventa quindi assolutamente rilevante imparare a utilizzare al meglio perlomeno quella parte di mente di cui riusciamo a servirci.

> *"Non permetterò a nessuno di passeggiare nella mia mente con i piedi sporchi."*
> *Mahatma Gandhi*

Un altro aspetto estremamente rilevante è capire che è molto importante come ci sentiamo con noi stessi, come ci immaginiamo. Ognuno possiede un'immagine ben precisa di sé con la quale si rapporta, oltre che a se, anche agli altri e agli eventi della vita. Coloro che hanno di sé un'immagine di perdenti, saranno, purtroppo, sempre perdenti, anche se gli verranno fornite tutte le opportunità possibili; allo stesso modo, se si ha di sé l'immagine di una persona vincente, si sarà vincenti, a prescindere dalle difficoltà che si incontreranno nel proprio percorso.

Se osservi attentamente i professionisti intorno a te, ti accorgerai che ci sono persone partita dal nulla, che si sono fatte strada completamente da sole, lavorando e credendo profondamente nelle proprie abilità; queste sono indubbiamente persone che si sentivano sicure, piene di entusiasmo, forti, felici, di valore e ricche di coraggio, ossia persone in possesso di tutte le capacità necessarie per realizzarsi. Mio padre è stato il mio primo esempio di persona che, partendo da zero, sia arrivata in cima, semplicemente credendo in se stesso e nel suo talento personale, con grinta, determinazione ed entusiasmo; sin da bambina non ho mai pensato ci fosse un altro modo per farsi strada, se non partendo da una alta stima di sé, che sin da piccina ho sviluppato, cresciuto e alimentato, nonostante alcune persone a me vicinissime si impegnassero per limitarla o distruggerla.

Se ti accorgi di avere di te un'immagine inadeguata, magari perché quand'eri bambino ti sei sentito ripetere che eri limitato o cattivo e, inconsciamente, stai cercando ancora di soddisfare il bisogno di punirti, devi assolutamente lavorare su di te per cambiare queste convinzioni.

È importante dedicare molta attenzione alle limitazioni dannose che ci poniamo da soli, perché sono queste che ci impediscono il successo così come la realizzazione e la felicità.

Affronteremo insieme questo argomento in maniera approfondita nel paragrafo sulle convinzioni e credenze. Ognuno di noi ha la possibilità di ricostruire la sua personalità, possiamo iniziare da zero in maniera positiva, diventando forti, sicuri e capaci.

Quel che conta è volerlo, desiderarlo davvero e accettare di mettersi veramente al comando, cioè alla guida della propria vita anziché sentirsi continuamente travolti dagli eventi e dalle situazioni esterne.

Naturalmente per far questo, è necessario avere consapevolezza dei propri punti di forza e di quelli deboli, inoltre, è sempre utile un rinforzo delle linee di successo.

"Non si può avere una vita positiva e una mente negativa."

Joyce Meyer

Quindi, impariamo a utilizzare solo immagini, pensieri e parole positive, perché, come è importante ricordare, il nostro sistema nervoso non riconosce la differenza tra un'esperienza reale e una immaginata, specie se questa è vivida e costruita nei minimi particolari. Bisogna smettere immediatamente di pronunciare parole negative e modificare il nostro atteggiamento mentale per cambiare i nostri comportamenti negativi in positivi.

Prova a praticare questo allenamento: utilizza, riferendoti a te stesso, solo pensieri e parole positive per 21 giorni consecutivi, pratica l'esercizio con costanza e ti renderai conto che, dopo tre settimane, ti sentirai notevolmente potenziato e avrai acquisito nuovi modi di essere.

Potrai a esempio notare che se eri timido, ti sentirai più sicuro, avendo insegnato alla tua mente a fissare, con i tuoi nuovi comportamenti, una nuova immagine di te.

Ti ripeto che, ognuno di noi può diventare ciò che desidera e può realizzare ciò che vuole realizzare e ti invito a ripeterlo costantemente a te stesso. Per crescere, sostanzialmente dobbiamo soltanto imparare a capire quanto è forte la nostra mente, quanto è in grado di modificare i nostri stati di sofferenza, di timore o di fragilità.

Utilizza questa tecnica: quando ti trovi di fronte a persone che ti causano timore, ansia, ira o rabbia, prova a ridicolizzarle; immaginale nella tua mente come fossero delle caricature, pensale assurde, con un buffo cappello, in pigiama, con una voce ridicola e comica tipo quella di Paperino, cerca di umanizzarle, vedrai che in questa maniera, quelle persone potrebbero arrivare addirittura a suscitarti compassione e noterai che, nonostante i loro comportamenti scorretti e fastidiosi difetti, certamente la paura, la rabbia e i sentimenti deleteri che erano in grado di generarti, scompariranno.

Questo metodo può aiutarti notevolmente nei rapporti con gli altri, anche nelle relazioni più complesse con soggetti difficili, perché soprattutto per le persone che lavorano in gruppo è necessario che ci siano rapporti armonici e di fiducia reciproca.

È sicuro che in un gruppo in cui le persone hanno il medesimo obiettivo, lo stesso desiderio e si sentono effettivamente uniti, tutto funziona eccezionalmente; questo tipo di Team sarà sempre più forte e compatto e non potrà che migliorare costantemente, perché ogni suo membro si impegna a dare il proprio contributo, a offrire le migliori idee, a esprimere la sua originalità, infatti non è affatto vero che in un gruppo l'originalità personale vada necessariamente perduta.

"Gli uomini non sono prigionieri dei loro destini,
ma sono solo prigionieri delle loro menti."
Franklin Delano Roosevelt

Il raggiungimento degli obiettivi

"Lo scopo della vita è una vita con uno scopo."
Robert Byrne

Ognuno di noi ha degli obiettivi da raggiungere. Realizzare un obiettivo significa trasformare i propri desideri in un quadro contestuale che stimoli dinamicamente il raggiungimento di risultati concreti e misurabili. **Stabilire gli obiettivi in modo chiaro è fondamentale per il loro raggiungimento! Se i nostri obiettivi sono sufficientemente stimolanti e ben formulati ci consentono di superare i nostri limiti personali, in quanto attivano le nostre risorse e ci spingono a esprimerci al 100% del nostro potenziale.** La PNL fornisce strumenti per prevedere il migliore scenario possibile e sviluppare in ciascuno quello slancio che spinge a fare meglio e di più, inoltre insegna come uno stato d'animo positivo promuove un modo di pensare creativo, reattivo e costruttivo. **È indispensabile ricercare gioia e positività, presente e futuro ed evitare di focalizzarsi su quel che è stato e sugli eventuali rimpianti. Il passato, infatti, distoglie l'attenzione dal presente e blocca il realizzarsi di un futuro libero e pieno di possibilità,** impedendoci di andare avanti alla grande. Uno stato d'animo positivo stimola il pensiero pro-attivo, dove le nostre risorse vengono esaltate e valorizzate e i nostri limiti auto-imposti vengono cancellati. Ci siamo quasi completamente disabituati a rivolgere l'attenzione a ciò che più ci piace e dà gioia, farlo induce in noi quasi un senso di colpa; questo è un atteggiamento completamente sbagliato perché ogni attività in grado di gratificarci, di portarti in uno stato d'animo positivo, che ci rende felici, ci mette in relazione con le nostre potenzialità e ci coinvolge al punto di farci entrare in una dimensione dove diamo massimo spazio alla nostra creatività, avvalendoci contemporaneamente di entrambi gli emisferi del nostro cervello!

"La creatività è pensare cose nuove.
L'innovazione è fare cose nuove."

Andrea Teresi

Diventa dunque fondamentale domandarsi cosa davvero desideriamo, cosa ci coinvolge di più e quali sono i nostri obiettivi primari. **Imparando a concentrarci su quello che veramente desideriamo, troviamo l'energia per avanzare verso i nostri obiettivi.** Assolutamente sbagliato è invece l'evitare di perseguire un obiettivo perché inibiti dalla paura di non essere all'altezza di raggiungerlo. Ogni passo fatto in direzione del proprio obiettivo ci avvicina sempre, anche se si incorre in buche e ostacoli, questi, infatti non vanno aggirati ma affrontati, perché dall'analisi degli errori fatti lungo il cammino, si trarranno gli insegnamenti necessari per arrivare alla fine del viaggio da vincenti. **È fondamentale uscire dalla logica del fallimento e inquadrare gli insuccessi per quello che sono, ovvero feedback, che consentono di aggiustare il tiro, per centrare il bersaglio con i prossimi colpi.** Rifletti su questa massima: "il successo è il risultato del buon senso, il buon senso deriva dall'esperienza e solitamente questa è prodotta dall'insuccesso e dal mancato buon senso". In buona sostanza, senza errori non vi sono progressi, senza fallimenti non possono esserci successi. I risultati, solitamente, necessitano di un tempo per materializzarsi, per ottenerli dobbiamo essere costanti e tenaci, impegnarci e avere fiducia, solo così tutta la nostra grinta potrà emergere. Più sono ambiziosi i nostri obiettivi, più sarà grande l'impegno richiesto per raggiungerli; sottostimare l'impegno necessario al raggiungimento di un obiettivo equivale a sottostimare l'obiettivo stesso. L'ostacolo che solitamente incontriamo per primo è di tipo interno e possiamo definirlo "pessimismo invasivo"; questo è un tipo di pessimismo fortemente frenante, forte che può portare a deprimerci. La bella notizia è che **il pessimismo, anche quello più radicato, si può disimparare e rimuovere dalla nostra mente.** Questo negativo atteggiamento mentale è entrato in noi poco a poco e, con il tempo, è diventato un automatismo; ciò nonostante **il processo è reversibile: si può imparare a liberarsene, o almeno a ridimensionarlo.** D'ora in avanti puoi adottare un differente modo di pensare, mai negativo perché puoi avvalerti di un valido alleato: il pensiero positivo, costruttivo e propositivo. Ogni ostacolo può infatti essere contestualizzato e ridimensionato, così lo si potrà superare molto più facilmente. A proposito di contesto, questo può costituire un altro ostacolo sul percorso verso il raggiungimento dei tuoi obiettivi; capita infatti di frequente di subire il proprio contesto, anziché costruirlo. Il contesto è costituito da tutto quello che ci circonda, dunque può essere sociale, lavorativo, familiare e così via. Possiamo

50

interagire con il contesto in tre maniere: adattandoci, cambiandolo oppure distaccandoci da questo. Mediante l'adattamento conosciamo e ci integriamo con gli altri. Con il cambiamento ci rendiamo protagonisti del contesto, quindi contribuiamo a caratterizzarlo ed evolverlo attraverso il confronto, ma anche lo scontro con gli altri con i quali lo condividiamo. Il distacco avviene invece quando perdiamo la possibilità di relazione con gli altri, quindi abbandoniamo un contesto per cercarne uno che meglio si adatta a noi. **È impossibile prescindere dal contesto e è di enorme aiuto approcciare a esso in maniera costruttiva; per riuscirci, bisogna rivolgersi alle proprie potenzialità e domandarsi quali utilizzare per costruire un contesto creativo e positivo. Bisogna quindi superare la concezione passiva del contesto e contribuire a costruire, avvalendosi soprattutto della propria creatività, un contesto nuovo, positivo e stimolante.** Costruito il giusto contesto, diventa indispensabile definire con cura i propri obiettivi, che non devono mai essere vaghi e devono diventare la nostra priorità, dobbiamo mantenerci sempre concentrati su di loro. Ogni giorno veniamo bombardati da milioni di stimoli; il nostro cervello però si concentra solo su quanto ritiene ci interessi. Certamente sarà capitato anche a te di comprare un'automobile per poi vederne intorno a te molte uguali alla tua; quando questo capita, viene spontaneo domandarsi dove fossero tutte queste auto prima che tu comprassi la tua. È come se a un tratto dal nulla spuntasse in abbondanza ciò su cui ti sei concentrato ultimamente. In realtà, come è ovvio, tutte queste auto mobili erano in circolo anche prima, ma tu non le notavi semplicemente perché il tuo cervello non le riconosceva come significative, quindi non ti proponeva la loro immagine e tu non le notavi. Ora che hai direzionato la tua attenzione su un modello particolare di auto, percepisci il mondo intorno a te in maniera differente e vedi cose che prima sfuggivano alla tua attenzione.

"Il fallimento non avrà mai il sopravvento su di me,
se la mia determinazione ad avere successo è abbastanza forte."
Og Mandino

Adesso che hai acquisito questa consapevolezza, facciamo insieme due esercizi:

Prendi due fogli di carta vuoti, su uno elenca i tuoi obiettivi di crescita personale, sull'altro quelli di crescita professionale.

Devi domandarti che cosa vorresti per la tua vita se potessi avere la certezza di poterlo ottenere, se avessi quindi la sicurezza di non poter fallire. Nel fare ciò, quello che provocherai dentro di te sarà una scossa tale da liberare il potere nascosto in te, che ti consentirà di trovare tutte le vie che ti porteranno alla realizzazione dei tuoi obiettivi, a livello neurologico si verranno a creare tanti percorsi nuovi, tante connessioni e la tua creatività avrà libero sfogo.

Puoi chiederti, per esempio a livello personale, come migliorare il tuo fisico, come ampliare le tue conoscenze riguardo a un ambito specifico, come l'apprendimento di una lingua straniera o di uno sport; puoi domandarti quale aspetto del tuo carattere vorresti modificare, quali capacità manuali vorresti acquisire e così via.

Scrivere i tuoi obiettivi, metterli nero su bianco, annunciarli a te stesso, specificando la loro realizzazione sia a lungo o breve termine, ti garantirà la massima efficienza nel raggiungerli.

Solo il 5% delle persone realizza tutti i suoi obiettivi, perché solo il 5% delle persone li immagina nel dettaglio e li scrive o li rende noti in pubblico. Dichiarare i propri obiettivi agli altri, dona infatti un'infinita forza e aumenta di molto le possibilità di successo.

> *"Un obiettivo è un sogno con un termine preciso."*
>
> *Joe L. Griffith*

Un altro fattore determinante per la realizzazione dei tuoi desideri è dargli un tempo di scadenza, un tempo massimo entro il quale ti prefiggi di realizzarli.

Stabilisci per ogni tuo obiettivo che, ad esempio, sarà raggiunto entro un mese, un anno, oppure due o cinque anni. È utile ragionare per tappe, quindi scegliere obiettivi che prevedono tempi di realizzazione differenti; tra i tanti, scegline uno importante da realizzare entro un anno. Nella lista, accanto a ogni obiettivo, oltre che il tempo necessario alla sua realizzazione, scrivi una frase che spieghi perché è importante realizzarlo e quali benefici ne trarrai. Come per una vendita, è importante porre sempre l'attenzione sui benefici, più che sugli strumenti per ottenerli. Definire che vantaggi otterrai a obiettivo raggiunto ti darà più spinta che descrivere solo quel che desideri. Fai questo lavoro tanto per gli obiettivi personali che professionali. Poniti sempre obiettivi ambiziosi, ricorda che devi stimolare la tua creatività e ponendoti piccoli obiettivi non riuscirai a farlo con vigore, quindi non essere modesto, esagera e noterai che il tuo cervello si sintonizzerà sui tuoi obiettivi e ti proporrà tutte le risorse utili per la realizzazione dei tuoi sogni. **Per garantirti il raggiungimento degli obiettivi dovrai esercitare una sorta di auto condizionamento sulla tua mente, cioè provare in anticipo il piacere che otterrai quando li avrai ottenuti. Ricorda che la mente inconscia non distingue tra ciò che è vero e ciò che è immaginato,** quindi se proverai piacere, perché vorrai provarlo, la tua mente ti farà vivere piacere, così costruirai associazioni mentali in grado di stimolarti a trovare tutte le soluzioni migliori per avere successo. Per ogni tuo obiettivo, ripeti l'esercizio di visualizzazione almeno una volta al giorno, goditi le emozioni positive che ti darebbe il raggiungimento di ciascuno di essi.

"La razza umana è governata dalla propria immaginazione."
Napoleone

Questa è la maniera migliore per spostarti da dove sei a dove vuoi arrivare: questo tipo di condizionamento ti darà la certezza che riuscirai a realizzare i tuoi obiettivi e questa certezza promuoverà azioni specifiche che ti garantiranno il successo, in pratica metterai in moto una serie di reazioni a catena che porteranno conseguenze di enorme portata.

Prendi a esempio i capitani d'industria, loro perseguono il profitto ma nel fare ciò creano posti di lavoro; i loro operai, così possono garantire un futuro alle loro famiglie e magari mandare i figli all'università. I figli diventano professionisti, medici, ricercatori e potranno apportare benessere e crescita all'intera società. Praticamente si viene a creare un infinito circolo virtuose, come vedi gli obiettivi di un singolo uomo finiscono con il condizionare positivamente la vita di una intera comunità.

Quel che ti realizza come persona non è raggiungere i tuoi obiettivi, certo questo rende felici per un po', ma quel che è rilevante è chi diventi mentre superi gli ostacoli che incontrerai lungo il tuo cammino. La domanda più importante che devi farti, infatti è cosa devi imparare per ottenere ciò che vuoi.

È la risposta a questa domanda che ti suggerisce in che direzione devi muoverti.

Procediamo adesso con il secondo esercizio pratico:

Prendi un altro foglio di carta e annota tutti i tratti, le capacità, le credenze, le tecniche e le attitudini che devi sviluppare per raggiungere gli obiettivi che ti sei precedentemente fissato sul primo foglio. Per avere successo, devi entrare in azione, quindi evita di farti scoraggiare, come potrebbe esserti capitato in passato e sii determinato, sicuro di riuscire. Prendi adesso una decisione per il tuo futuro, fai un progetto di massima, stabilisci un piano per portare avanti il tuo progetto giornalmente e prenditi l'impegno di rispettarlo. Osserva i progressi ottenuti in un arco di tempo determinato, come una settimana o un mese e fai ogni giorno azioni, anche piccole, in direzione dei tuoi obiettivi. **Quando ti avvicini alla tua meta, fissatene immediatamente un'altra, evita di perdere troppo tempo a compiacerti, sii felice per quello che hai raggiunto ma non perdere di vista l'obiettivo successivo.** Ricorda che, come ha detto Martin Luther King: *"Non è necessario vedere l'intera scala, basta salirne il primo gradino"*, quindi vai avanti per tappe e mantieni vivo l'entusiasmo. **Fa sì che nella ricerca continua verso il miglioramento di te stesso, ci sia sempre un altro nuovo sogno da perseguire, è così che ti assicurerai la felicità a lungo termine.** Riassumiamo adesso le caratteristiche che devono avere gli obiettivi per poter essere realizzati con facilità, cosicché tu possa formularli in modo corretto.

Gli obiettivi devono essere S.M.A.R.T.

1. **Specifici.** Devi avere chiaro in mente ogni dettaglio di quanto vuoi che si realizzi, perché questo ti guiderà nello stabilire dove concentrare i tuoi sforzi.
2. **Misurabili.** Puoi gestire i tuoi obiettivi solo se li puoi misurare e valutarne con regolarità i tuoi progressi.
3. **Accessibili.** Devi scegliere obiettivi che rientrano nelle tue reali possibilità, sarebbe sciocco pensare di poter vincere una medaglia olimpica nella ginnastica artistica avendo superato i 70 anni.
4. **Realizzabili.** A riguardo, sappi che sei in grado di fare molto più di quanto credi, quindi evita di porti limiti castranti e scegli obiettivi stimolanti, anche se inizialmente ti appaiono complessi da raggiungere.
5. **Temporizzati.** Devi sempre stabilire il tempo entro il quale vuoi realizzare uno specifico obiettivo, altrimenti penserai di poter iniziare quando vorrai e facilmente non otterrai i risultati desiderati.

Ora che sai come vanno formulati gli obiettivi e quali caratteristiche devono avere per essere raggiungibili, devi programmare la tua mente per il successo.

Come ti ho anticipato, è importante che immagini obiettivi estremamente stimolanti, così da essere perfettamente riconoscibili dal tuo sistema nervoso, ma questo non basta: devi immaginare di rimuovere ogni ostacolo che potrebbe impedire alla tua mente di proseguirli, cioè devi eliminare mentalmente i problemi prima ancora che questi si possano manifestare. Devi inoltre prendere un impegno formale con quelle persone che potranno aiutarti a mantenere le promesse che hai fatto a te stesso, in caso di cedimento. **Devi rendere visibile l'invisibile, aiutandoti con la tua emotività e immaginare gli obiettivi come fossero già raggiunti; a questo proposito è importante inserire nelle tue proiezioni mentali degli elementi visivi, auditivi e cinestesici.**

> *"Se puoi sognarlo, puoi farlo."*
> *Walt Disney*

Indispensabile sono poi **la disciplina e la pratica costante** perché è con queste che si costruisce il ponte tra gli obiettivi e il loro raggiungimento.

Tutto quello che ti occorre è già dentro di te, manca solo un input per farlo emergere; un obiettivo chiaro e preciso costituisce questo input, devi solo lasciare uscire fluidamente le tue emozioni e queste ti consentiranno di attingere a tutte le tue infinite risorse.

Ricorda che gli esercizi sono indispensabili, quindi non perdere altro tempo e mettiti a lavoro.

Riepilogando:

1. Prepara la lista dei tuoi obiettivi, descrivendo dettagliatamente ciascuno di essi: da questa selezionane due che intendi realizzare entro l'anno, uno personale e l'altro professionale.

2. Scrivi accanto a ogni obiettivo le motivazioni per le quali vuoi realizzarli e i benefici che avrai a lavoro ultimato.

3. Vivi, una o più volte al giorno, le sensazioni di felicita e appagamento che proverai quando i tuoi obiettivi saranno realizzati. Lascia fluire liberamente le tue emozioni e cerca di trarne il massimo beneficio.

4. Contornati di persone utili alla realizzazione dei tuoi obiettivi e a mantenere ferma la tua determinazione nel perseguirli.

5. Lavora per tappe, suddividi gli obiettivi generali in diversi passaggi essenziali.

6. Impegnati ogni giorno con costanza e misura i tuoi risultati.

7. Quando hai raggiunto un obiettivo, sposta subito la tua attenzione su quello successivo.

"Ciò che dobbiamo imparare a fare,
lo impariamo facendolo."

Lucio Anneo Seneca

Il Principio 80/20

"Anche la mente più erudita
ha sempre qualcosa da imparare."

George Santillana

La Regola 80/20 o Principio di Pareto, ci illustra come ci sia un forte squilibrio in ogni attività, fra gli sforzi che compiamo e i risultati che possiamo ottenere; questo squilibrio si palesa con una proporzione di 80 su 20. Fondamentalmente, il principio 80/20 ci spiega come attuare un impiego strategico e intelligente delle nostre forze, ossia come ottenere il massimo, minimizzando i nostri sforzi. Il geniale Vilfredo Pareto economista e sociologo italiano, formulò questo principio all'inizio del secolo scorso, osservando che in Italia il 20% dei proprietari deteneva l'80% delle terre, pertanto, la maggior parte della ricchezza era concentrata nelle mani di pochissimi individui. In seguito, questo principio fu poi applicato a una vasta gamma di questioni, a esempio, noi tutti passiamo l'80% del nostro tempo con il 20% delle nostre conoscenze, così come utilizziamo l'80% delle volte il 20% dei nostri abiti.

Queste osservazioni ispirarono questa legge empirica, chiamata Legge 80/20.

Fu così che J.M. Juran, seguendo il Principio di Pareto, giunse a comprendere che bisognava costruttivamente separare le cose davvero importanti dalle cose meno significative.

Sostanzialmente, la legge di Pareto ci dice che il 20% delle cause determina l'80% degli effetti; ciò vuol dire, a esempio, che il 20 % del tempo che investiamo nella nostra vita, realizza l'80% dei nostri obiettivi, quindi, **il 20% di quel che facciamo determina l'80% dei nostri risultati.** Questo è significativo perché vuol dire che disperdiamo l'80% del nostro tempo. La regola dell'80/20 è uno strumento prezioso perché consente a ogni individuo di realizzare i suoi progetti e di guidare ogni persona verso la completa realizzazione di se stesso, ottenendo il massimo utilizzando minor tempo, minor impegno e minor risorse di quanto non facciamo solitamente, proprio perché l'80% dei nostri risultati deriva dal 20% del nostro impegno e della nostra attività. Il medesimo principio viene applicato anche in molti altri contesti: l'80% della ricchezza è detenuta dal 20% della popolazione, il 20% delle persone svolge l'80% del lavoro, il 20% dei clienti determina l'80% del fatturato generale, l'80% delle vendite vengono concluse dal 20% dei venditori e l'80% delle informazioni utili di un testo sono contenuti nel 20% delle pagine. La regola dell'80/20 fa riflettere sul fatto che, solo alcune delle decisioni che prendiamo influenzano in modo importante i nostri risultati finali. Questo principio c'insegna come concentrare la nostra attenzione su ciò che è veramente importante nella nostra esistenza, ci mostra come essere focalizzati nell'ottenere ciò che desideriamo veramente, eliminando tutto quello che è superfluo e ci ruba continuamente tempo; per raggiungere questo obiettivo è basilare lavorare su se stessi, per evidenziare ed eliminare definitivamente le nostre pessime abitudini, cioè dobbiamo operare un lavoro costante sulle nostre scelte, poiché la maggior parte dei nostri risultati significativi venivano appunto, solo in minima parte da ciò che facciamo. Gli individui capaci di applicare egregiamente il principio 80/20 sono persone estremamente creative, perché il fulcro dell'applicazione di questo principio, sia in senso professionale e personale risiede sicuramente nel concetto di creatività, infatti, solitamente sono persone capaci di risultati estremamente innovativi.

> *"Siate affamati, siate folli."*
>
> **Steve Jobs**

La creatività è quel fuoco interno che rende capaci di generare idee speciali, ognuno di noi ha dentro quel 20% capace di generare l'80% della sua ricchezza e della sua abilità di influenzare se stesso e gli altri e il mondo che gli ruota intorno e, di conseguenza, di raggiungere la gratificazione e la gioia nella sua vita, molto spesso però, non siamo in grado di individuarlo, oppure non ne siamo consapevoli. Diventa quindi assolutamente prioritario acquisire consapevolezza e cioè, imparare a riconoscere dentro di noi quel 20% speciale che ci consente di ottenere il massimo. Se rifletti, certamente è già accaduto nel corso della tua vita, di aver avuto un'idea speciale, anche ipoteticamente molto piccola, che ha generato dei cambiamenti estremamente significativi, talmente eccezionali da modificare completamente la tua esistenza; possono bastare pochi istanti estremamente creativi per generare degli approcci totalmente innovativi che possono cambiare completamente la tua vita professionale e personale, rompendo definitivamente i vecchi schemi ormai obsoleti.

La proporzione matematica potrebbe persino essere ridefinita come 5/95 anziché come 20/80, giacché, cinque minuti di vera genialità creativa possono apportare modifiche che ci regalano modificazioni, soddisfazioni e gratificazioni professionali e personali che possono durare stabilmente nel tempo per decenni e decenni.

"La creatività è contagiosa. Trasmettila."

A. Einstein

Domandati quindi accuratamente quali sono le componenti della tua professione che veramente sono in grado di generare i maggiori profitti; ti renderai conto che le attività fondamentali, basilari, essenziali ai fini del profitto finale sono effettivamente poche. Quanto detto, per ciò che concerne il controllo e la gestione del proprio tempo e delle proprie attività lavorative, è estremamente rilevante: considerando il fatto che, come abbiamo detto, l'80% dei risultati si consegue nel 20% del nostro tempo dedicato. Ci lamentiamo continuamente del fatto che non abbiamo mai abbastanza tempo, in verità, riflettendo su questa regola, ci rendiamo conto che, sostanzialmente, ne sprechiamo troppo, giacché ne utilizziamo, in maniera costruttiva e produttiva, appena il 20%. Riteniamo che ciò che conta non sia la quantità del lavoro, ma la qualità del lavoro. Spesso non facciamo una corretta analisi del tempo e continuiamo a utilizzarlo in maniera assolutamente sbagliata. Cerca di dividere in piccole sezioni tutti i tempi di cui la tua attività si compone, analizza attentamente una sezione alla volta; facilmente potrai accorgerti che alcune delle tue attività non meritano tutto il tempo che gli dedichi, mentre altre sono proprio quel 20% speciale che richiederebbe il doppio del tuo tempo e della tua dedizione, e ancora, potrai individuare una serie di altre micro attività che ti rubano tempo prezioso e che potresti invece strategicamente delegare a altri, ottenendo preziosi tempi supplementari, da dedicare al rapporto con i clienti migliori, che ti consentirà di arrivare a quell'80% eccezionale del profitto finale.

"Faccio sempre ciò che non so fare
per imparare come va fatto."

Vincent Van Gogh

Nella professione, la regola dell'80/20, è basilare per adottare un modello efficace sulla gestione dei vostri clienti: è importante dedicare il meglio di noi, concentrandosi maggiormente sul 20% dei clienti giusti perché, in questa maniera, si riuscirà a ottenere l'80% del nostro fatturato. Con ciò non si sta consigliando di trascurare la parte restante dei clienti, ma si evince che l'impegno maggiore deve essere finalizzato ai propri clienti migliori. Osservando i nostri colleghi, ci accorgiamo che ci sono professionisti che riescono a avere dei guadagni altamente superiori ai nostri, mentre altri faticano a raggiungere il minimo indispensabile.

Non è un caso e non dipende solo dalle loro capacità relazionali, è invece in funzione della loro capacità di far propria, la legge di Pareto o regola dell'80/20; è anche possibile che molti di loro non la conoscono, ma, istintivamente, la adottano costantemente.

Naturalmente, per potersi dedicare con la massima concentrazione e attenzione sul 20% dei clienti, è basilare prima aver identificato in maniera estremamente precisa, qual è quella porzione di clientela che merita la vostra dedizione assoluta.

Devi individuare alla perfezione quali sono i clienti importanti, quelli significativi che generano l'80% del tuo fatturato, devi impegnarti a conoscerli a fondo, non soltanto per quel che concerne i prodotti da loro desiderati e l'ammontare dei loro acquisti, ma anche e soprattutto la loro personalità.

Fatto questo, ogni consulente deve dedicare le sue massime energie a mantenere in vita quel 20% di clienti assolutamente vitali per il suo successo e i suoi guadagni massimi.

Altra soluzione creativa potrebbe essere quella di individuare delle nuove piccole nicchie di pubblico speciale che, sebbene composte da piccoli numeri, possono essere in grado di farci raggiungere grandi risultati, e ancora, possiamo applicare la regola dell'80/20 sui nostri prodotti sui nostri servizi, al fine di identificare con precisione quali sono quei segmenti che rappresentano il 20% veramente significativo dei nostri migliori servizi e prodotti che ci condurranno all'80% del nostro fatturato.

Perché essere creativi

"Il conformismo è il carceriere della libertà
e il nemico della crescita."

J.F. Kennedy

La creatività è un dono meraviglioso che noi tutti abbiamo ricevuto.

Da bambini questa è evidente e luminosa, purtroppo, crescendo, in grande parte viene persa, soprattutto qui in Occidente, dove, come sappiamo, prevalgono la logica, la ragione e il nozionismo. Mentre la rigidità ci rende deboli e ci paralizza, la creatività ci permette di affrontare ogni momento con un approccio positivo, ci consente di fare proprie le nostre risorse mentali per combattere contro noi stessi e la tentazione di lasciarci travolgere dalle abitudini dannose. Noi siamo il prodotto di quello che scegliamo di essere, in ogni situazione della nostra vita. Ognuno di noi ha la possibilità di cambiare i propri atteggiamenti rigidi e passivi in attivi e creativi.

Questi ultimo, sono sempre, in ogni situazione e contesto, estremamente più proficui. Ogni uomo ha la possibilità di acquisire una grande forza di carattere, la fiducia in sé che gli consente di emergere, una volontà tenace, la facoltà di governarsi liberamente e una sicurezza lucida di fronte a qualsiasi evento. Abbiamo il dono di poter influire sul pensiero, sulle disposizioni, sulle decisioni, nostre e altrui e possediamo la capacità necessaria per superare ogni difficoltà.

Ognuno di noi è anche in grado di aiutare gli altri a realizzare questa stessa pienezza. Persino il magnetismo personale, che è quella forma di fascino che alcune persone possiedono sin dalla nascita e che ha un forte effetto sui loro simili, perché ispira interesse, considerazione e simpatia, può essere insegnato e può essere imparato; apprendendo impegnandosi, ogni persona può costruirli in se stesso lavorandoci quotidianamente.

Dipende solo da noi!

"La creatività è senza dubbio la risorsa umana più importante.
Senza creatività non ci sarebbe progresso
e ripeteremmo sempre gli stessi schemi."

Edward De Bono

Se vogliamo realizzarci, dobbiamo necessariamente amarci, credere in noi e vincere le paure che ci bloccano e impediscono di avanzare. Per giungere a questo atteggiamento mentale positivo, bisogna innanzitutto imparare a controllare le emozioni, soprattutto quelle negative, come possono essere le paure, l'avidità, l'ira, la rabbia, l'odio ed esaltare quelle positive come la speranza, l'entusiasmo, la lealtà, l'amore, l'altruismo e la solidarietà.

Pertanto, dedica ogni giorno un po' di tempo per lavorare sulla tua immagine avvalendoti della tua immaginazione creativa, impegnati nella visualizzazione di te stesso nel pieno raggiungimento dei tuoi obiettivi e ripetiti frasi positive e motivanti, perché tutto ciò ti metterà nella condizione di acquisire dinamismo, fiducia in te, capacità di lavoro e positività.

Questo lavoro su di te ti aiuterà per tutta la tua vita, rendendola più ricca di gratificazioni, serenità e soddisfazioni.

"La creatività si acquisisce nella misura
in cui la sviluppiamo con l'uso."

Napoleon Hill

La forza del dialogo interno

*"L'unico handicap nella vita
è un atteggiamento negativo."*

Scott Hamilton

Quando decidi di metterti alla prova un qualcosa di nuovo inizia sempre con il dire a te stesso: "Sono certo che sarà entusiasmante", anziché dirti: "Non ce la potrò mai fare!"

La nostra voce interna, positiva e propositiva, può aiutarci a superare imprevisti e situazioni difficili. È estremamente utile essere in grado di dire a se stessi le cose giuste. Molto spesso, invece, utilizziamo la nostra voce interiore per limitarci, per convincerci a abbandonare ogni tentativo prima ancora di provare.

Considera sempre che la tua mente è in tuo possesso, sei tu il suo padrone e se la voce che abita nella tua testa non ti aiuta e sostiene, è arrivato il momento di sostituirla con una nuova che possa potenziarti, perché, è sicuro, i risultati che otterrai nella tua vita hanno moltissimo a che fare con quello che quella vocina continua a suggerirti.

Cimentati in questa prova:

Per una intera giornata, ascolta attentamente la tua voce interiore, nota bene quanti suggerimenti negativi dai a te stesso e prendine nota. Fai questo compito per i sette giorni consecutivi e ogni qualvolta ti capitasse di suggerirti qualcosa di negativo, fermati e correggi il tuo pensiero negativo con uno positivo; vedrai come questo ti porterà a raggiungere risultati impensabili: più positivi, perché quel che ascolterai ti rafforzerà, quindi, se smetti di criticarti e inizi a gratificarti, non solo ti sentirai meglio, ma diverrai anche più forte e più sicuro di te.

Reminder

1. È accertato che sentirsi parte di un gruppo, provare l'orgoglio del team, correre verso il medesimo traguardo, essere incoraggiati e sostenersi a vicenda, genera una mente estremamente potente e molto più creativa della somma delle menti individuali.

2. Chi ha di sé un'immagine di perdente, sarà, purtroppo, sempre perdente, anche se gli verranno fornite tutte le opportunità possibili; allo stesso modo, se si ha di sé l'immagine di una persona vincente, si sarà vincenti, a prescindere dalle difficoltà che si incontreranno nel proprio percorso.

3. Stabilire gli obiettivi in modo chiaro è fondamentale per il loro raggiungimento! Se i nostri obiettivi sono sufficientemente stimolanti e ben formulati ci consentono di superare i nostri limiti personali, in quanto attivano le nostre risorse e ci spingono a esprimerci al 100% del nostro potenziale.

4. È indispensabile ricercare gioia e positività, presente e futuro ed evitare di focalizzarsi su quel che è stato e sugli eventuali rimpianti. Il passato, infatti, distoglie l'attenzione dal presente e blocca il realizzarsi di un futuro libero e pieno di possibilità.

5. Imparando a concentrarci su quello che veramente desideriamo, troviamo l'energia per avanzare verso i nostri obiettivi.

6. È fondamentale uscire dalla logica del fallimento e inquadrare gli insuccessi per quello che sono, ovvero feedback, riscontri che consentono di aggiustare il tiro, per centrare il bersaglio con i prossimi colpi.

7. Il pessimismo, anche quello più radicato, si può disimparare e rimuovere dalla nostra mente, fortunatamente è un processo reversibile, si può imparare a liberarsene o almeno a ridimensionarlo.

8. Per ogni professionista è impossibile prescindere dal contesto e è di enorme aiuto approcciare a esso in maniera costruttiva; per riuscirci, bisogna rivolgersi alle proprie potenzialità e domandarsi quali utilizzare per costruire un contesto creativo e positivo. Bisogna quindi superare la concezione passiva del contesto e contribuire a costruire, avvalendosi soprattutto della propria creatività, un contesto nuovo, positivo e stimolante.

9. Scrivere i tuoi obiettivi, metterli nero su bianco, annunciarli a te stesso, specificando la loro realizzazione, sia a lungo o breve termine, ti garantirà la massima efficienza nel raggiungerli.

10. Per garantirti il raggiungimento degli obiettivi, che debbono essere sempre S.M.A.R.T., dovrai esercitare una sorta di auto condizionamento sulla tua mente, cioè provare in anticipo il piacere che otterrai quando li avrai ottenuti. Ricorda che la mente inconscia non distingue tra ciò che è vero e ciò che è immaginato, quindi impara a rendere visibile l'invisibile, aiutandoti con la tua emotività puoi immaginare gli obiettivi come fossero già raggiunti; a questo proposito è importante inserire nelle tue proiezioni mentali degli elementi visivi, auditivi e cinestesici.

11. Quando ti avvicini alla tua meta, fissatene immediatamente un'altra, evita di perdere troppo tempo a compiacerti, sii felice per quello che hai raggiunto ma non perdere di vista l'obiettivo successivo, fa si che nella ricerca continua verso il miglioramento di te stesso, ci sia sempre un altro nuovo sogno da perseguire, è così che ti assicurerai la felicità a lungo termine.

12. Il 20% delle cause determina l'80% degli effetti; a esempio il 20% del tempo che investiamo nella nostra vita, realizza l'80% dei nostri obiettivi, quindi il 20% di quel che facciamo determina l'80% dei nostri risultati.

13. Nella professione, la regola dell'80/20 è basilare per adottare un modello efficace sulla gestione dei clienti: è importante dedicare il meglio di noi, concentrandosi maggiormente sul 20% dei clienti giusti perché, in questa maniera, si riuscirà a ottenere l'80% del nostro fatturato.

Convincendo

Se ne sei convinto, sarai convincente

Quel che faccio è aiutare le persone
a sviluppare la convinzione di essere splendide,
perché quando cominciate a crederlo,
cominciate anche a comportarvi di conseguenza:
è allora che iniziate a raccogliere fantastici risultati.
Richard Bandler

Il professionista deve essere fortemente convinto della propria funzione, perché il suo compito è quello di convincere il proprio cliente, cosa che non può verificarsi se non è convinto in prima persona. Ogni attività si basa su tre esigenze assolutamente necessarie, ossia che si abbia fiducia in se stessi, nella propria azienda e nel proprio prodotto o servizio. **La fiducia dà entusiasmo, e l'entusiasmo è una condizione vitale del successo.** È estremamente dannoso non avere fiducia nella propria azienda e ancor più non credere nel proprio prodotto, ma la cosa più deleteria in assoluto è non credere in se stessi. Nella teoria tutto ciò sembra estremamente logico e razionale, nonostante questo, nei corsi di formazione, negli stage migliori, nei workshop, nelle istruzioni date ai venditori, nei testi di formazione e nelle nozioni fornite ai professionisti, la cosa più trascurata è sempre, proprio questa profonda **necessità di sviluppare una profonda fiducia in se stessi.** Evidentemente, viene dato per scontato che ogni persona comprenda profondamente l'importanza del suo compito e ci creda con tutto se stesso, senza riserva alcuna. Troppo frequentemente si tiene in considerazione solamente l'aspetto pratico e materiale della vendita di un prodotto o servizio e si dedica veramente troppo poca attenzione all'uomo come persona, alle fonti delle sue capacità lavorative e personali. Appare evidente come questa mancanza, diventa particolarmente drammatica soprattutto in **un'attività che implichi il trasferire le proprie convinzioni ad altre persone.**
Nel caso della vendita, di solito tutti nuovi professionisti vengono informati sul mercato, sui loro prodotti e sulle tecniche di vendita. A volte, ma non sempre, viene anche controllato che tutte queste nozioni siano state ben recepite.

71

Purtroppo però, molto, ma molto raramente, qualcuno si preoccupa di generare all'interno del venditore **l'entusiasmo per la sua professione e per il prodotto che va a proporre e promuovere.** Si è notato che generalmente l'entusiasmo non nasce spontaneamente, non è in grado di sopravvivere senza un input e può spegnersi velocemente e in maniera automatica. Pertanto hanno necessità di una formazione in questo senso non solo i giovani professionisti, ma anche quelli più anziani ed esperti. Capita spesso che, professionisti affermati vedano improvvisamente il proprio giro di affari decrescere; frequentemente in questi casi, ci si impone di proseguire come si è fatto finora, ma facendo sforzi superiori. Questo approccio, in verità, non aiuta affatto il professionista che, infatti, inizia a perdere la fiducia nel suo servizio o prodotto, nell'azienda e infine anche in se stesso. Sentendosi abbandonato a sé nella sua professione e isolato dalla propria azienda, il professionista spezza automaticamente i legami di fiducia con ciò che riguarda il suo prodotto e l'azienda per cui lavora.

Le vostre convinzioni sono in grado di intrappolarvi o di rendervi liberi.
Ciò di cui siete convinti, determinerà cosa decidete di fare.
Richard Bandler

Per ogni professionista, credere profondamente nella propria azienda, in se stesso e nel prodotto o servizio che si promuove, richiede una convinzione personale e profonda e fornisce lo stimolo e il sostegno a tutta la sua professione.
Per trasmettere, ad esempio, a un promotore la convinzione essenziale del valore del suo prodotto, bisogna fornire molte informazioni, dimostrazioni concrete e parallele con i prodotti dei concorrenti perché solo questo può fornire la conoscenza vera dei vantaggi del proprio prodotto, su cui, poi, potrà parlare attraverso la sua profonda convinzione propositiva. Nel caso di un venditore, questo deve essere tenuto al corrente del successo del prodotto nei diversi mercati, perché ciò gli fornisce informazioni utili per poter argomentare con competenza con i clienti sul proprio prodotto. La direzione commerciale deve convincere ogni suo venditore di essere assolutamente capace e qualificato per il suo compito, deve trasmettergli la certezza di essere degno della società e del prodotto che rappresenta, deve condurlo a credere profondamente nelle sue abilità e capacità. Questo aumenta la dignità del professionista, rafforza la sua autostima e così facendo, le sue capacità aumentano notevolmente.

Invece, troppa pressione, intimidazioni o un'esagerata severità da parte della direzione, non sviluppano affatto le qualità necessarie al successo e trasformano un carattere fragile in un soggetto passivo, non in un professionista che, convinto della propria validità, può rappresentare l'azienda come farebbe un socio che si sente apprezzato e stimato. La fiducia nelle proprie capacità e in se stessi deriva dalle proprie convinzioni personali di essere all'altezza della propria missione e nasce solitamente dai successi personali.

Le nostre convinzioni possono plasmare,
influenzare o perfino stabilire il nostro grado
di intelligenza, di salute, di relazioni, di creatività,
addirittura il nostro grado di felicità e di successo personale.
Robert Dilts

Il consulente/venditore ha più bisogno di successi di altri professionisti, perché questo tipo di sicurezza lo aiuta moltissimo nel suo compito di influenzare i clienti, per questa ragione, saltuariamente molte aziende affidano ai venditori, una serie di vendite estremamente più semplici del solito, proprio per rilassarli e rafforzare la loro fiducia in se stessi. Si è riscontrato che, abitualmente dopo ciò, il venditore torna a applicarsi con molte più probabilità di riuscita su altri incarichi più complessi. Quando, ad esempio nell'attività di un promotore, si registra una forte diminuzione, si è quasi sempre portati a credere che venga utilizzata una cattiva tecnica di vendita, invece, è stato constatato in moltissime aziende che, molto più frequentemente, si tratta soltanto di una **crisi di convinzioni personali.** È statisticamente provato che quando, a esempio, al venditore viene il dubbio di non dare un servizio valido al suo cliente, egli non riesce più a essere persuasivo ne convincente, quindi diventa incapace di stimolare un desiderio di acquisto. Pertanto, diventa estremamente significativo che un direttore vendite abbia certamente competenza e capacità tecniche ma anche che sappia **stimolare l'entusiasmo e la fiducia nei suoi collaboratori,** questo significa essere un vero leader, un direttore che sa veramente guidare suoi uomini.
È effettivamente molto difficile che un professionista che non manifesti un'evidente entusiasmo verso il suo lavoro, sia o diventi un bravo. Se, ad esempio, prima ancora di far visita a un cliente si prendono in esame solo le possibilità d'insuccesso, in sostanza, lo si subisce prima ancora di iniziare a lavorare. Nella stessa maniera, se dentro di noi pensiamo che è indifferente se il cliente decida di affidarsi o meno alla nostra competenza, questo diventerà totalmente indifferente anche per il cliente.

73

Invece, se sin dall'inizio della conversazione con un cliente, ci si sente perfettamente dentro il proprio compito e si prova in anticipo la certezza che si avrà successo, questo, nella maggior parte dei casi, arriverà spontaneamente. Prima di incontrare un cliente, prendi sempre in esame tutte le ragioni che possono indurlo a affidarsi alle tue competenze, non metterti mai a riflettere sui tuoi precedenti insuccessi, ma concentrati invece su tutti i casi in cui ha raggiunto il tuo scopo. Vivi l'incontro con profondo entusiasmo, sicuro di te e ricordando che hai il compito e l'opportunità di fornire un eccezionale servizio al tuo cliente. Affrontalo senza dubbi, senza timori né pessimismo, nessuno sconforto e mai con indifferenza, **vivi la tua professione provando un profondo orgoglio professionale e personale, questo è il sentimento che fa la differenza nei professionisti eccellenti.**

Ho lavorato a lungo in America, dove una professione come a esempio quella del venditore riscuote un'altissima considerazione e non viene toccata da una serie di pregiudizi da noi molto comuni e frequenti. In quel Paese, conta la persona, il suo lavoro e i risultati che raggiunge, a prescindere dalla posizione che occupa, con una forte ed evidente preferenza per il professionista di successo, naturalmente.

In Europa, oggettivamente, dal punto di vista sociale il venditore è meno stimato perché l'incomprensione delle persone e una serie di idee un po' antiquate inducono a sminuire professionisti come i promotori e i rappresentanti. Istintivamente, la maggior parte delle persone tende a credere che un professionista come può essere un medico o un ingegnere meriti più stima di un promotore, un rappresentante, un consulente o un venditore eppure, sappiamo che sono questi i professionisti che garantiscono a tutti gli altri sia lavoro che stipendio, perché il commercio è l'anima di tutto, è il pioniere del progresso della civiltà e certamente lo sarà anche in futuro. Il venditore, apre la strada a progressi tecnici, offre al consumo prodotti nuovi, genera le basi per la produzione in serie offrendo così alla popolazione infiniti articoli di consumo, pertanto questa figura va decisamente stimata e stimolata per il suo profondo e intrinseco valore. È proprio per quanto esposto sopra che è importante che vengano organizzati regolarmente corsi ben preparati, conferenze studiate a hoc, testi strutturati specifici per promotori e venditori, con lo scopo di potenziare e definire le convinzioni di questi, per influenzare i loro atteggiamenti e sviluppare le loro attitudini e conoscenze. **Mentre crescono le loro conoscenze e competenze, personali e professionali, automaticamente, aumenteranno le loro capacità.**

Convinzioni e Credenze

"Tutto quello che siamo è il risultato di ciò che abbiamo pensato."
Buddha

Ogni individuo è unico e possiede personali convinzioni, queste influenzano ogni aspetto della sua vita. Le convinzioni costituiscono il filtro attraverso il quale percepiamo la realtà che ci circonda e determinano il modo con cui interagiamo con essa. Non solo, le convinzioni hanno il potere di determinare il nostro umore, quindi governano le nostre emozioni. La maggior parte delle nostre convinzioni si sviluppa nei primi 7 anni di vita, soprattutto grazie all'operato dei nostri genitori, tutori, insegnanti, fratelli, balie e amici. Praticamente da ogni relazione sociale prendiamo spunto per creare le nostre convinzioni, ma un ruolo incisivo viene giocato da quelle relazioni che per noi assumono maggiore rilevanza, da quelle persone che diventano i nostri riferimenti; tenderemo certamente a considerare più valida l'opinione dei nostri genitori, che quella di uno zio che vediamo saltuariamente, anche per fissare un dato nel proprio cervello, più precisamente nella parte sub-cosciente di questo, c'è bisogno che l'informazione venga ripetuta più volte. Se a un bambino si ripete di continuo che è distratto, lui se ne convincerà, quindi, per coerenza, si comporterà come tale. Al contrario, dicendogli che in questa occasione ha prestato poca attenzione, ma che siamo certi che la prossima volta starà più attento, lo avremo stimolato a prestare attenzione, quindi, in sostanza, lo avremo reso più attento. È particolarmente importante ricevere i giusti stimoli nell'infanzia, perché è li che si costruiscono le basi della personalità degli adulti. Ho sempre creduto che sarebbero estremamente utili corsi per diventare buoni genitori, in grado di trasmettere fiducia e autostima ai propri figli, perché, come per tutto, per ottenere buoni risultati ci vogliono buone tecniche e queste possono sempre essere imparate.

Quando una convinzione si radica in noi, agiamo sempre in relazione a essa, ma spesso non ne siamo consapevoli. Prendendo a riferimento 10 campioni sportivi, anche di diverse discipline, potremo certamente riscontrare alcune caratteristiche comuni. Tra queste, la più importante, quella che rende un campione diverso da un bravo sportivo, è la convinzione di poter essere un numero uno. A differenza di quanto credono alcuni di noi, campioni lo si è grazie a un atteggiamento mentale, non grazie a un fisico eccezionale. Certo, la preparazione atletica è importante, ma anche per raggiungere alti livelli di forma fisica bisogna avere la convinzione di potersi costruire un fisico eccezionale, con impegno e dedizione. Conosco molti uomini e donne che con gli anni hanno trascurato la loro forma fisica e credono che giunti a una certa età sia inevitabile un certo degrado. In questo modo agiscono coerentemente con la loro convinzione, quindi evitano di prestare attenzione all'alimentazione e di fare regolarmente esercizio fisico. Il nostro corpo, in realtà ci restituisce esattamente quanto gli diamo, se lo trascuriamo, lui si degrada, se ce ne occupiamo, si mantiene in forma. Conosco molti uomini e donne che con gli anni hanno trascurato la loro forma fisica e credono che giunti a una certa età sia inevitabile un certo degrado. In questo modo agiscono coerentemente con la loro convinzione, quindi evitano di prestare attenzione all'alimentazione e di fare regolarmente esercizio fisico.

Il nostro corpo, in realtà ci restituisce esattamente quanto gli diamo: se lo trascuriamo, lui si degrada, se ce ne occupiamo, si mantiene in forma.

Conosco molte persone che, pur essendo arrivate a 70 anni, vanno ancora in bicicletta per ore, corrono al mattino per 30 minuti, sembrano avere molta più energia di tanti giovani: mio padre, che ha visto medici solo un paio di volte nella sua vita, oggi quasi ottantenne, è un uomo con una energia illimitata che scia divinamente per un'intera giornata e poi riesce a affrontare in serata un volo e una cena di lavoro.

La realtà è che l'energia che possiede lui e le persone energiche e vitali a dispetto dell'età, risiede soprattutto nella loro testa: sono semplicemente convinti di poter mantenere una buona forma fisica a tutte le età, quindi lo fanno, di conseguenza il loro fisico li ringrazia con risultati evidenti.

Il fulcro è sempre nelle proprie convinzioni; alcune di queste vengono definite **potenzianti** e sono quelle che in qualche modo ci spingono a crescere, a poter fare sempre meglio e di più, a godersi la vita, a saper cogliere sempre il lato positivo nelle cose e così via; altre vengono definite **limitanti** e sono quelle che impediscono la crescita e lo sviluppo personale, ci bloccano in uno stato di inferiorità, impediscono i risultati positivi, mettono di cattivo umore e via proseguendo. Per fare alcuni esempi, se si è convinti di non essere dei buoni giocatori di tennis, quando si gioca non lo si fa per vincere, convinti che tanto non essendo dei bravi giocatori, quindi non ci si mette impegno e non si fanno progressi. Senza la voglia di vincere non si vince, quindi si conferma la convinzione di essere dei cattivi giocatori e si dà vita a un circolo vizioso che inibisce ogni miglioramento. Di fatto, quindi, si rimane a vita dei giocatori mediocri. Al contrario, se, anche da principianti, si è convinti che si può diventare dei buon giocatori, quando ci si misura con gli altri sul campo, si dà il massimo, si cerca di mettere in pratica ogni suggerimento dato dal proprio maestro, quando si colpisce la palla, la si immagina andare dove si vuole, dunque il cervello si impegna al massimo per trovare la giusta coordinazione, il movimento del corpo migliora e i progressi non tardano a arrivare. In questo modo, in tempi relativamente brevi, si diventa bravi nella propria categoria e si cerca lo stimolo giocando con avversari sempre più forti e le sconfitte non costituiranno un problema, perché verranno inquadrate nella giusta prospettiva, cioè come necessarie per crescere e migliorare.

> *"Le convinzioni determinano le azioni.*
> *Le azioni determinano i risultati che ottieni*
> *e i risultati determinano le convinzioni che crei."*
> *Richard Bandler*

Ognuno di noi può attuare uno dei suddetti comportamenti, indipendentemente dal suo livello di partenza e è sicuro che a seconda del comportamento adottato si otterranno risultati diversi. **Per vivere in armonia con se stessi e avere la possibilità di realizzarsi completamente è indispensabile comprendere quali sono le proprie convinzioni limitanti, così facendo, con la giusta tecnica, si potranno trasformare in potenzianti e ottenerne grandi benefici.**
Ogni convinzione, infatti, può essere rivista, ma per farlo bisogna comprenderne bene la struttura. **La Programmazione Neuro Linguistica costituisce un validissimo strumento per cambiare le proprie convinzioni.** Questa tecnica, o più precisamente, questo insieme di tecniche, sono nate dall'osservazione che persone eccellenti nei più diversi campi hanno convinzioni comuni e adottano comportamenti simili, che sappiamo essere conseguenza delle proprie convinzioni. Si è osservato che identificando queste caratteristiche tipiche nelle persone di successo, si potevano far proprie per raggiungere i medesimi risultati nei rispettivi settori.

Questo approccio è rivoluzionario perché **dona a ogni individuo la possibilità di eccellere,** per farlo basterà apprendere le giuste strategie e il corretto atteggiamento mentale. Spesso infatti il fallimento si presenta di continuo a persone che lo inquadrano in una prospettiva sbagliata. Alcuni vedono l'insuccesso come qualcosa di terribile, assolutamente da evitare. Agli stessi, probabilmente da bambini è stato ripetuto che erano dei buoni a nulla, che non riuscivano a imparare niente, che non ci si poteva fidare di loro. In questo modo, il fallimento viene demonizzato, quindi si cercherà in ogni modo di evitarlo. Sai qual è il modo migliore per non sbagliare mai? Non fare mai nulla! Se non giochi a calcio, non sbagli il tiro e non ti rendi ridicolo, se non ti iscrivi all'università non hai la possibilità di essere bocciato agli esami.

Giacché è noto che agendo sempre nello stesso modo si ottengono sempre gli stessi risultati, allo stesso modo non agendo mai, non si sbaglia mai.

Un approccio diverso e decisamente più costruttivo è quello di considerare l'insuccesso come parte integrante del processo di apprendimento, per far bene, bisogna prima provare, probabilmente si sbaglierà ma dall'errore si potrà trarre beneficio per fare la stessa cosa in modo differente, con la conseguenza che si avranno risultati differenti.

Come proclamato dal noto proverbio: "sbagliando si impara".

Quando si compie un'azione, si avrà un risultato come conseguenza inevitabile.

Il risultato potrà essere definito positivo, quindi verrà catalogato come successo, oppure negativo e allora lo si chiamerà fallimento. **In realtà il risultato serve solo per poter essere valutato, quindi va inteso come un feedback.**

Solo valutando le conseguenze di un'azione, si potrà trarre un'esperienza, quindi in realtà si impara tanto da un successo quanto da un insuccesso.

Solo evitando di temere il fallimento si potrà crescere.

Capisci come, cambiando le proprie convinzioni riguardo alla definizione di fallimento, possiamo dare un grandissimo input al proprio sviluppo personale e professionale.

Vediamo adesso quali sono alcune delle più sane e potenti convinzioni, ovvero quelle in grado di dare specifiche direzioni alla nostra vita, che sono poi anche tra **i presupposti fondamentali della PNL:**

1. **Ogni persona è unica.** Questa convinzione ci rende liberi dal continuo paragone con gli altri e ci dà la possibilità di esprimerci in maniera originale e creativa. Al contrario negare l'unicità individuale con generalizzazioni del tipo: "tutti i giovani sono maleducati priva i ragazzi della possibilità di uscire da schemi prestabiliti, quindi, in buona sostanza, tende a stimolare in essi la maleducazione. Il ragazzo, etichettato come "maleducato", nel comportarsi come tale si sentirà "normale" quindi tenderà a manifestare proprio il comportamento che da lui ci si aspetta.

2. **Qualunque scelta facciamo rappresenta per noi la migliore alternativa possibile, in un dato momento.** Questa convinzione ci esime dall'esprimere continui giudizi e ci insegna a perdonare, diventa infatti evidente che, quand'anche qualcuno abbia, a nostra opinione, sbagliato a comportarsi in una data maniera, lo ha fatto perché credeva fosse la cosa giusta, la migliore che fosse in grado di fare in quel momento. Ragionando in questo modo, si scongiura la "malafede", ovvero si evita di guardare sempre le cose per il verso sbagliato. È naturale che riguardo a una stessa situazione, persone differenti possano reagire in maniera differente, ma bisogna evitare di credere che il nostro modo di agire debba necessariamente essere quello giusto.

3. **La mappa non è il territorio, ma solo la rappresentazione di questo.** Essere convinti che la propria lettura del mondo debba considerarsi universalmente valida, ci rende rigidi, inflessibili e miopi, nel senso che si limitano infinitamente le possibilità di interrelazione con gli altri, si impedisce la cooperazione, ci si chiude al feedback e all'ascolto delle reali esigenze del prossimo. Ognuno di noi percepisce la realtà attraverso filtri personali, costituiti in parte dalle proprie convinzioni. Dopo questa operazione di filtraggio, a ognuno rimane una lettura differente del mondo esterno, nessuno escluso. Vi è mai capitato di andare a una festa con un amico e aver avuto una percezione della serata in maniera decisamente diversa da lui? Voi potreste esservi divertiti, quindi aver trovato la festa piacevole, mentre il vostro amico potrebbe essersi annoiato a morte, quindi avrebbe un'opinione certamente

differente da voi sulla serata; eppure la festa era la stessa! Ognuno di noi focalizza l'attenzione su particolari diversi, quindi ottiene una lettura diversa, costruisce una mappa mentale diversa. Comprendere che non vi è una lettura giusta e una sbagliata, apre la mente al confronto, al dialogo, alla crescita, al lavoro di gruppo, senza togliere a ognuno la sua individualità, al contrario, riconoscendo a questa il massimo valore.

4. **Il fallimento non esiste, esistono solo feedback.** Di questo abbiamo già parlato e valgono le stesse considerazioni; se si vuole imparare a accettare il cambiamento e a reagire al mutare delle condizioni, per poter trarre insegnamenti dall'esperienza fatta, questa convinzione è indispensabile.

5. **Quel che conta nella comunicazione non è quanto si dice ma quanto arriva al nostro interlocutore.** Siamo sempre responsabili delle nostre comunicazioni. Assumersi la responsabilità degli esiti della propria comunicazione è fondamentale per poterne controllare l'effetto. Il professore che parla alla classe, lamentandosi perché questa non gli presta ascolto, dovrebbe imparare a cogliere i segnali per modificare la sua comunicazione e renderla più interessante, assumendosi così la responsabilità di questa; se il suo pubblico non lo ascolta è perché la sua comunicazione annoia o non sa cogliere interesse. Comprendere questo è fondamentale per evitare di buttare al vento le proprie parole. L'ascolto è utile solo se di tipo attivo, per ottenere questo tipo di ascolto è fondamentale non perdere il contatto visivo e stimolare la propria platea con domande, invitandola all'interazione. È fondamentale comprendere che quando non si viene compresi, ciò dipende dal fatto che ci si è spiegati male, perché quand'anche il nostro interlocutore fosse "duro di orecchio," starebbe comunque a noi semplificare la comunicazione per renderla comprensibile a tutti. Questa convinzione apre le porte a una comunicazione efficace e costruttiva, indispensabile tanto in ambito professionale quanto personale.

6. **Ogni problema ha una soluzione.** Di fatto si tende a identificare come problemi quelli che invece sono dati, per esempio se dico: " mi si è rotto il computer", oppure "il mio inquilino non mi paga l'affitto", questi non sono problemi, siamo noi che li vediamo come tali, in realtà sono dati di fatto, diventano problemi se noi ci concentriamo sull'effetto che questi avvenimenti provocano su di noi, anziché cercare come reagire alla

situazione per evitare che ci crei disguidi. Un atteggiamento costruttivo sarebbe questo: il computer non funziona, come tutte le cose, usandolo può capitare che si danneggi, adesso lo porto a riparare così presto potrò tornare a usarlo. A che sarebbe servito invece imprecare e inveire contro "quella maledetta macchina infernale"? Forse il computer avrebbe utilizzato la nostra rabbia per auto-ripararsi? Uscire dalla logica del problema per entrare in quella della soluzione fornisce nuovi modi di affrontare le sfide e di reagire agli ostacoli. Questo è l'atteggiamento del leader, che è tale proprio perché negli ostacoli vede opportunità. Come recita un antico proverbio cinese: "Se il problema ha una soluzione, non preoccuparti, se non c'è l'ha, preoccuparti a cosa servirebbe?"

Questa convinzione consente di riprendere il controllo della propria vita e porta serenità e pace come poche altre.

"Le persone, per la maggior parte, finiscono col rendersi la vita difficile
e col porre un limite a quanta gioia possa farne parte,
perché non colgono le opportunità
che sono a loro disposizione
o non massimizzano le loro risorse.
È il modo stesso in cui pensano alle cose,
sono le loro stesse convinzioni a impedire loro di riuscire
a ottenere ciò che di meglio la vita ha da offrire."
Richard Bandler, Owen Fitzpatrick

7. **Mente e corpo sono un tutt'uno.** Se impariamo a ascoltare il proprio corpo, lui ci suggerirà di cosa ha bisogno la mente. Se impariamo a fidarci dell'istinto, della mente, preserveremo il nostro corpo. L'espressione: "Mens sana in corpore sano" ha un significato profondo. Lasciare che mente e corpo agiscano in sinergia ci rende sani, lucidi ed efficienti. Questa convinzione è determinante per il nostro benessere psico-fisico.

8. **Ognuno ha dentro se stesso tutte le risorse di cui ha bisogno.** Questa convinzione stimola la ricerca di nuove soluzioni, creative od originali, per ogni situazione che ci si presenti. Essere convinti di poter arrivare a un risultato, ci dà la spinta per realizzare il nostro obiettivo,

definire un obiettivo ci consente di trovare dentro noi tutto quello che ci occorre per riuscire, scopriremo di avere qualità nascoste anche a noi stessi, se saremo stimolati a cercarle dentro noi.

9. **Colui che padroneggia la flessibilità di pensiero e azione, esercita la maggiore influenza.** Se si vuole attrarre il prossimo, bisogna sapersi adeguare alle situazioni e adattare il proprio comportamento alle circostanze. Se quel che facciamo in un primo momento pare non dare buoni frutti, allora più alternative riusciamo a immaginare e attuare, maggiori saranno le possibilità di ottenere l'effetto desiderato.

Prova adesso a ricercare queste convinzioni nelle persone di successo che ti circondano, nei leader che conosci, scoprirai che nella maggior parte sono caratteristiche comuni. Come vedi **sono le nostre convinzioni che determinano in nostro successo, non viceversa. Compreso questo, bisogna comprendere come cambiare quelle convinzioni che limitano il nostro sviluppo.** Tra queste, potrebbero esserci, a esempio:

1. **L'erba voglio cresce solo nel giardino del re.** Questa frase, ripetuta spesso ai bambini, per scongiurarne i capricci, li convince che non è corretto esprimere i propri desideri, con termini come "voglio". Nota come invece esprimere frasi in questi termini, possa decisamente aiutare a concretizzare un obiettivo: Voglio dimagrire di 20 chili. Voglio recuperare il mio rapporto di coppia. Voglio superare questo esame. Comprendi come un genitore, con una frase espressa con tutte le buone intenzioni, possa essere determinante per il lo sviluppo personale di un figlio, in maniera del tutto inconsapevole?

2. **Per fare strada dovrai lavorare duramente.** Questa affermazione viene spesso interpretata male, infatti ci si convince che solo con un lavoro prolungato e intenso si possano raggiungere obiettivi professionali, mentre è decisamente più semplice ricoprire alti ruoli professionali impossessandosi delle giuste strategie che lavorando 15 ore al giorno.

3. **Sei un fannullone.** Questo giudizio gratuito, dato a esempio con l'intento di stimolare un proprio dipendente a fare di più, avrà come effetto solo l'inasprimento del rapporto. Nota come invece si potrebbe sortire l'effetto desiderato dicendo: "evita di comportarti come un

fannullone, sappiamo entrambi che vali molto più di questo, quindi ricordati chi sei e mettiti al lavoro."

4. **Non ci si può fidare mai di nessuno.** Credi che in questo modo si possano gettare le basi per il lavoro in team o per crescere adottando a esempio tecniche valide come quella del modellamento? Credi che così ci si potrà affermare come leader, non avendo alcun rispetto e fiducia per le altre persone? Nota some avrebbe un risultato diverso, un'affermazione del tipo: "ascolta tutti, senza mai perdere la tua integrità".

5. **I bravi bambini rimangono in silenzio.** Questo è il miglior modo per rendere tuo figlio un introverso, timido e insicuro, incapace di esprimere le sue opinioni e di rapportarsi con gli altri. Come andrebbe se invece si dicesse: "impara ad ascoltare gli altri e parla se hai qualcosa da dire, evitando di interrompere continuamente quando un'altra persona sta parlando".

6. **Sei la pecora nera della famiglia.** Etichettare negativamente il prossimo non fa che promuovere proprio il comportamento che non si desidera questo abbia. "Sei un cretino", stimola a comportarsi come tale, "sei un ingenuo" convince di non avere capacità di giudizio, quindi inibisce la critica costruttiva e le capacità di analisi. Diverso è dire; "sei il migliore, puoi realizzare tutto quello che vorrai", perché così si riporta l'attenzione sulle proprie risorse e se ne stimola l'utilizzo.

La PNL può aiutare molto nel processo di revisione e cambiamento delle proprie convinzioni. Adotta le giuste strategie e la tua vita cambierà. Se vuoi smettere di fumare, domanda a chi ha smesso come ha fatto, ti trasmetterà strategie e convinzioni utili per te; se ti dicesse, a esempio: "Io lo ho creduto possibile e lo ho fatto" la convinzione che ne trarresti è "volere è potere" sarebbe per te potenziante o limitante? Non stare a domandarti se è vero che basta "volere" per smettere, se crederlo ti potrà aiutare a realizzare il tuo obiettivo, fai tua questa convinzione. Oppure preferiresti ascoltare chi ti dice che tanto, quando smetti, ti rimane sempre la voglia? Questa convinzione sarebbe utile per te? Non stare a pensare se è vera o meno, scartala e basta. Evita di analizzare ogni convinzione, con l'intento di capire se è vera o meno, domandati invece se è utile per te o meno. Sai che puoi addirittura riscrivere il tuo passato, se averne una visione migliore servirà a farti vivere un presente migliore? Vivi il presente, prendi dal passato solo quanto può esserti di stimolo, rimuovi tutto quello che ti potrebbe frenare, il passato è passato, il futuro ancora deve venire, è il presente che conta e tu puoi plasmarlo, imparando a direzionare la tua mente e i tuoi pensieri. Devi infatti sapere che la mente inconscia è incapace di distinguere tra ciò che è vero e ciò che è immaginato. Se puoi costruire un'immagine di te migliore dell'attuale, potrai impersonificare nella tua mente quella immagine, e agirai "come se", attivando nella tua mente tutte le risorse utili per raggiungere l'immagine desiderata. Se il tuo passato ti frena, immaginane uno differente, uno che a tuo avviso potrebbe stimolare la tua crescita e felicità oggi, vedrai che risultati otterrai. **Sii tu l'artefice del tuo futuro,** non lasciati condizionare da ciò che è stato e non accettare limiti imposti sulla tua persona da altri. Nei differenti settori professionali, avere le giuste convinzioni fa la differenza tra avere pochi o molti clienti, fra avere clienti entusiasti e fedeli o oppure averne di occasionali, di passaggio. Oggi sarebbe impossibile per una qualunque azienda evitare di fare affidamento su un servizio clienti di qualità, ma come si ottiene questa qualità? Di certo non basta far compilare ai propri clienti un questionario o dire ai propri dipendenti di essere gentili e disponibili: bisogna costruire nella propria azienda l'idea di essere al servizio dei clienti, porre l'attenzione che sono questi a pagare gli stipendi, i bonus, le commissioni, non la direzione, così come sono i clienti a garantire il futuro dell'azienda, un'eccellente azienda, in grado di offrire prodotti straordinari a prezzi concorrenziali, ma priva di clienti, è un'azienda che ha breve vita. Il valore, oltre a possederlo, bisogna saperlo comunicare. È molto utile partire da convinzioni utili come quella che esiste una soluzione per ogni problema, o ancora che il fallimento non esiste, esistono solo feedback. Bisogna poi imparare a essere bravi negoziatori e far proprie convinzioni come queste:

1. Se il contratto è buono, entrambe le parti saranno soddisfatte.
2. L'altra parte può avere idee che possono giovare a tutti.
3. Per ogni parte è possibile trovare soluzioni che assicurano la propria soddisfazione
4. Esiste sempre un obiettivo comune, anche se potrebbe non essere chiaro al momento
5. Per trarre comune beneficio da un nuovo accordo, bisogna imparare a perdonare e a lasciarsi il passato alle spalle.

La negoziazione è un'arte che si può insegnare e imparare, ogni qual volta si ha un rapporto con un cliente, di fatto si sta negoziando, diventa quindi indispensabile saperlo fare al meglio, per il beneficio di ambo le parti. Qualora non si fosse del tutto convinti della validità di una strategia, di una convinzione, la cosa migliore da fare è adottarla, farla propria temporaneamente per valutarne gli effetti, se questi saranno soddisfacenti, allora la convinzione potrà essere adottata definitivamente, altrimenti, la si abbandonerà, evitando ci restarne imbrigliati.

Ricorda che le convinzioni sono un po' come un nuovo guardaroba, puoi adottare di volta in volta gli abiti più idonei alla situazione, scegliendo un atteggiamento flessibile.

È il tuo bagaglio di convinzioni a definire chi sei, quindi scegli con cura le tue convinzioni e sarai finalmente al timone della tua vita.

I Livelli di Cambiamento

"Chiunque smetta di imparare è vecchio, che abbia 20 o 80 anni.
Chiunque continui a imparare resta giovane.
La più grande cosa nella vita è mantenere la propria mente giovane."
Henry Ford

Abbiamo visto come ognuno di noi può cambiare il proprio modo di vedere e reagire al mondo esterno lavorando sulle proprie convinzioni. Perché si possa cambiare radicalmente e stabilmente il proprio punto di vista diventa però indispensabile che il lavoro di cambiamento avvenga su più livelli e dobbiamo far si che questi livelli siano allineati, bisogna che vi sia coerenza tra loro. Ma quali sono questi livelli?

Robert Dilts, uno dei più grandi formatori di PNL di fama mondiale, ha individuato 6 livelli fondamentali, che sono:

1. Scopo
2. Identità
3. Convinzioni e valori
4. Capacità
5. Comportamento
6. Ambiente

Se questi livelli logici sono allineati, cioè coerenti tra di loro, allora avremo la capacità di gestire al meglio l'ambiente circostante e, per quanto possa sembrare azzardato, quando si ha raggiunto un perfetto allineamento tra di essi, è l'ambiente circostante che inizia ad adattarsi a noi.

Andiamo adesso a vedere le caratteristiche di ciascun livello partendo dall'alto.

Lo scopo. Questo livello si identifica con la nostra "spiritualità" non necessariamente in ambito religioso, ma in riferimento a sistemi più ampi di cui facciamo parte, come la famiglia, la comunità, l'azienda di cui facciamo parte, il nostro team sportivo, la relazione di coppia e così via. Il livello dello scopo rappresenta le interconnessioni tra noi e questi sistemi più grandi, lavorare a questo livello significa comprendere quale contributo noi possiamo dare a questi sistemi, che possono avere anche carattere temporaneo, quindi, a esempio possono essere costituiti dal cliente che abbiamo di fronte o dal gruppo di amici con i quali ceneremo stasera o dal personale del ristorante dove ceneremo. Il livello dello scopo si riferisce al contributo che siamo capaci di dare agli altri in determinate circostanze, quindi è un livello rivolto verso il prossimo, non verso noi stessi. Questo costituisce il livello più alto di influenza inconscia e è in base a questo che gli altri ci identificheranno come affidabili o meno, modello da prendere a riferimento o da scartare. Se ci si riferisce a un'azienda, il livello dello scopo ha a che fare con il "come" l'azienda opera nel suo ambiente circostante, un'azienda che ha come scopo la realizzazione di profitti avvalendosi dello sfruttamento di manodopera giovanile a basso costo non ispirerà certamente fiducia nel prossimo, diversamente da un'altra, operante nello stesso settore, che si prefigge la realizzazione di un prodotto in grado di offrire i massimi benefici al suo clienti, nel rispetto delle esigenze dei suoi dipendenti. Lo scopo, infatti, deve sempre essere "ecologico", ovvero deve poter contribuire positivamente al sistema a cui fa riferimento. Quando nel mio lavoro con l'ipnosi, il mio scopo è farti smettere di fumare, ho certamente un obiettivo ecologico, se fosse quello di realizzare profitto a discapito dell'ambiente, difficilmente la mia discutibile "spiritualità" potrebbe ispirare fiducia. Ognuno, nel suo modo di manifestarsi, influenza inconsciamente il sistema di cui fa parte e la massima influenza si ottiene proprio attraverso il livello dello scopo. Stiamo parlando, a esempio, di quanto ci rimane in mente, a livello emotivo, dopo aver partecipato a uno stage, di quali sono gli esempi che abbiamo colto nell'educazione ricevuta dai nostri genitori e cosi via.

L'identità. Questa definisce il proprio senso di sé, ovvero come noi percepiamo noi stessi. L'identità viene portata a galla da frasi del tipo: sono uno sportivo, sono un vincitore, sono un estroverso, sono un buon genitore. La nostra identità è costituita dal modo in cui percepiamo noi stessi, non dalle azioni che compiamo. Nota bene: se dico di essere uno sportivo o dico di essere una persona che fa sport regolarmente, non ho detto la stessa cosa. Nel mio lavoro spesso mi trovo a spiegare ai miei clienti che se vogliono veramente operare un cambiamento nella loro vita devono imparare a vedere se stessi in modo differente. Se a esempio si è prigionieri di una dipendenza, come potrebbe essere quella dall'alcool, per vincerla definitivamente bisogna smetterla di etichettarsi come alcolisti, è decisamente più utile vedere se stessi come persone che per un periodo di tempo circoscritto hanno abusato dell'alcool. **Il livello dell'identità riguarda l'essere,** non il "fare", ha a che fare con la nostra essenza non con il nostro modo di manifestarla. Se parliamo di un'azienda, a definirne l'identità è la "mission", se lo scopo è ecologico, lo sarà il modo di operare dell'azienda, lo sarà l'identità stessa dell'azienda. Se l'amministratore delegato di un'azienda dice a una conferenza stampa che l'intento della sua compagnia è produrre, a esempio, i migliori telefoni cellulari in assoluto, sta incentrando il discorso sulla "mission" dell'azienda e difficilmente frasi di questo tipo potranno fornire uno stimolo ai suoi dipendenti, diverso sarebbe dire di essere un'azienda dove ogni singolo membro lavora per offrire al consumatore il miglior prodotto per la comunicazione mobile al mondo. Al centro del discorso qui è il servizio che si vuole offrire, non l'azienda, il dipendente si riconosce con l'azienda, si identifica come parte di essa, sente in parte suo il prodotto offerto da questa. Basta andare a visitare quei luoghi dove si producono, in piccoli numeri, quei prodotti che costituiscono le eccellenze italiane, come gli stabilimenti Ducati, per capire come ogni singolo operaio sente sua ogni moto che esce dalle linee di produzione, identificandosi totalmente con il prodotto. Lavorare sulla propria identità è fondamentale tanto quando si è genitori, che dipendenti, liberi professionisti o sportivi. Quando, nel modellamento, ci si comporta "come se" si stesse lavorando, attraverso il comportamento, sulla propria identità; mi comporto "come se" fossi uno sportivo, perché voglio diventare uno sportivo, essere uno sportivo, non voglio essere qualcuno che fa sport.

Convinzioni e valori. Le nostre convinzioni nascono dalla nostra identità e sono relazionate al nostro scopo, queste non sono basate su fatti, ma su opinioni. Prendere a riferimento convinzioni altrui, va bene solo se poi si intendono allineare a esse anche i propri comportamenti. Così come studiare un manuale di PNL per la crescita personale, senza poi mettere in pratica le strategie suggerite, equivale a perdere il proprio tempo; **per rendere utile, potenziante, una convinzione, bisogna adeguare a essa i propri comportamenti, tutto questo è valido tanto in ambito personale che in riferimento a un'azienda.** La coerenza dunque è sempre un caratteristica indispensabile, in ogni ambito e si manifesta quando le persone sentono che le azioni che compiono sono in linea con la propria identità e il proprio scopo.
Se un manager impone al suo team di lavorare in una maniera che si oppone ai valori

personali di ciascun membro, o per uno scopo inadeguato, le azioni che ne conseguiranno difficilmente saranno di grande portata. Le convinzioni rappresentano il concretizzarsi dei valori che utilizziamo per prendere ogni decisione, in ogni ambito della nostra vita. Rispetto a esempio a valori come l'onestà o la responsabilità, ogni individuo ha una interpretazione personale, così come ha un metodo unico per valutarne la propria coerenza nei comportamenti. Quando un individuo o un'azienda agisce con coerenza, questo traspare da ogni angolo li si osservi. Un'azienda che si vanta di una determinata politica in un ambito, come a esempio la gestione dei clienti e poi agisce in contrasto a questa politica, nella gestione dei propri dipendenti, lascerà trasparire la sua incoerenza ai suoi clienti, diventando così poco credibile. Un esemplare caso di coerenza è offerto dalla Apple: l'azienda propone i suoi prodotti innovativi esaltandone il valore, questo valore viene trasmesso dal packaging, dal design, dal servizio assistenza clienti e dagli store, oltre che dai prodotti, il cliente è sempre al centro di ogni processo, cosi' come lo sono i benefici ottenibili dall'uso del prodotto, non il prodotto stesso. Da dovunque si osservi la Apple, il messaggio aziendale è coerente: questo fa della Apple, la Apple, i valori dell'azienda sono sotto gli occhi di tutti, così come il valore del suo ideatore e dei suoi prodotti.

Le capacità. Queste sono le risorse di cui ognuno dispone, le sue abilità e le competenze che si possono acquisire. Tanto in ambito personale che professionale, sono indispensabili, per interagire con il prossimo, "doti" come la capacità di saper comunicare, la flessibilità, l'adattabilità e cosi via. In ambiti specifici, diventano invece necessarie capacità specifiche, un dottore deve possedere nozioni di medicina e deve essere in grado di fare una diagnosi, quindi deve sapere e saper fare, queste sono le sue capacità. Con lo studio e l'esperienza, ognuno può diventare dottore, ma se la capacità di esserlo non è in linea con le proprie convinzioni, se si ha la convinzione di essere incapace di svolgere la propria professione, quindi non ci si identifica con la professione di medico o non si possiede la vocazione per farlo, pertanto non si ha come scopo la guarigione del malato, difficilmente si potrà essere veramente di aiuto al prossimo. Se si è il leader di un gruppo, ci si trova nella condizione di poter riconoscere e valorizzare le competenze specifiche di ciascun membro del gruppo, facendolo si crea il futuro del proprio team, essere un buon leader vuol dire saper costruisce un clima dove ognuno potrà esprimere se stesso al meglio, per l'interesse e il beneficio dell'azienda e di tutti i suoi componenti. Quando invece l'obiettivo è la propria crescita personale, bisogna essere in grado di riconoscere le proprie capacità, i propri talenti, per sapersene avvalere al meglio il fine di evolversi.

Spesso l'incapacità di guardarsi dentro preclude la possibilità di sviluppo, più di quanto non lo faccia l'incapacità degli altri di individuare le nostre abilità e competenze. Quando invece ci si accorgesse che per svolgere un determinato lavoro siano indispensabili particolari competenze, agire con coerenza vuol dire cercare di acquisire quanto si ritiene manchi alla propria preparazione, quelle strategie indispensabili per eccellere in un settore. Abbiamo visto come sia possibile per ognuno manifestare se stesso al 100%, acquisendo le giuste strategie, cercare di volerlo fare saltando un passaggio, inevitabilmente porterà all'insuccesso, quindi bisognerà lavorare sui propri comportamenti, per poter raggiungere i propri obiettivi.

I comportamenti. Questo sono costituiti dalle nostre azioni e parole, sono quel che appare in superficie di noi stessi. Una conoscenza sommaria di una persona è quella che si può acquisire attraverso la valutazione dei sui comportamenti anche se questi evidenziano solo una parte dell'individuo. Quelli che sono i propri valori, i propri scopi, le proprie convinzioni, la propria identità potrebbero non apparire a un'analisi superficiale, mentre i nostri comportamenti sono sotto gli occhi di tutti. Comportandomi in un dato modo, non mostro chi sono, ma offro un'immagine di me, dipende da me trasmettere un'immagine coerente con quello che sono veramente. Ognuno può attuare sporadicamente comportamenti in disaccordo con la propria identità, agendo con incoerenza, ma i comportamenti non bastano a definire una persona. Quando un genitore rimprovera il proprio figlio, apostrofandolo come uno sciocco, mina la sua identità, quando invece apostrofa un comportamento giudicato inopportuno, dicendo a esempio: "Ti stai comportando come uno sciocco", incentiva un'analisi del proprio modo di esprimere se stesso, in buona sostanza spinge all'auto critica costruttiva. È importante accordare i propri comportamenti con il proprio modo di essere, ma è da tenere presente che lavorare solo sul livello dei comportamenti non garantisce il risultato. Se un fumatore decide di smettere di fumare, buttare via le sigarette e decidere di non fumarle più non basterà per sconfiggere il vizio: in questo caso si starà lavorando su di sé, facendo ricorso alla propria forza di volontà, quindi alle proprie capacità, ma come è noto, non si può contare, ogni giorno della propria vita, sulla forza di volontà, giacché questa, a volte c'è, a volte no. Diverso è il risultato ottenibile sul tabagismo decidendo di operare un cambiamento a livello della propria identità, quindi iniziando a considerarsi un ex-fumatore, una persona che ha fumato, che ha adottato temporaneamente il comportamento di un fumatore e che quindi è in grado di cambiare il proprio modo di comportarsi se sceglie di farlo. Operando in questo modo, quindi lavorando per uno scopo "ecologico", che è quello di smettere di fumare, assumendo l'identità di un ex-fumatore, con la convinzione di poter smettere di fumare, adottando le giuste strategie, acquisendo le competenze necessarie e assumendo comportamenti idonei, in linea con quanto sopra detto, i risultati arrivano con certezza, come provato dai miei anni di esperienza contro la dipendenza da tabagismo. Anche le aziende manifestano comportamenti, che possono essere la risultante dei singolo comportamenti dei membri che ne fanno parte o comportamenti generali. Ad esempio, il comportamento che adottano gli addetti al servizio clienti, avrà ripercussioni su tutta l'immagine aziendale, giacché questo funge da intermediario tra chi offre il prodotto e chi ne usufruisce, oppure l'agire con spirito d'iniziativa dei singoli dipendenti favorirà il rapido sviluppo dell'azienda, giacché le decisioni verranno prese in maniera più autonoma, veloce ed efficiente.

L'ambiente. Questo costituisce il contesto dentro il quale manifestiamo tutti i livelli sopracitati. Non si può prescindere dall'ambiente, in quanto questo condiziona fortemente, anche se spesso è possibile lavorare su questo singolo aspetto e cambiare il proprio ambiente. In ambito personale, l'ambiente è la nostra famiglia, il nostro quartiere, la nostra chiesa, il nostro tessuto sociale, e cosi via, mentre in ambito professionale questo è costituito dalla nostra azienda, il nostro ufficio, i nostri clienti, il territorio dove la nostra azienda opera, e cosi via. Chiaro è che se ci iscriviamo a un circolo sportivo e poi ci rendiamo conto di averlo scelto male, possiamo sempre cambiare, diverso è se ci troviamo a fare il commercialista in Italia, in questo caso dovremo adattarci all'ambiente e alle sue leggi e normative, ma potremo sempre cambiare la rilevanza che diamo allo stesso, quindi la nostra percezione di quanto ci circonda, per far sì che l'ambiente si limiti, a esempio, a influenzare il nostro modo di operare a livello professionale, ma non il nostro modo di vedere la vita, quindi la nostra sfera emozionale. Cosi, a esempio, se riteniamo intollerabile la situazione che stiamo vivendo in Italia, perché questa emotivamente ci sta logorando, possiamo decidere di trasferirci altrove all'estero o possiamo distaccare la nostra emotività dal contesto specifico, per subirne minore influenza a livello di stati d'animo.

Quando desideriamo effettuare un reale cambiamento della nostra vita, dobbiamo agire su tutti i suddetti livelli, ciascuno però segue le sue regole, quindi dovremo agire su ogni livello in una determinata maniera. Inoltre, cambiamenti a livelli più bassi, quindi di ambiente, comportamento e capacità non garantiscono cambiamenti anche ai livelli superiori, mentre è valido il contrario. Se modifichiamo a esempio la nostra identità, i nostri comportamenti cambieranno di conseguenza, questo è inevitabile. Decidendo di promuovere il cambiamento su un livello, tanto in noi quanto negli altri, è necessario operare su un livello superiore. Ed esempio, se qualcuno mi chiede aiuto perché non sa parlare in pubblico, gli dico di lavorare sulla convinzione di essere in grado di fare qualunque cosa decida di voler fare, poi di imparare la tecnica, di stimolare l'interesse nei suoi interlocutori, sarà lui stesso che, quando si sentirà in grado di parlare in pubblico, andrà a acquisire gli strumenti per poterlo fare al meglio. In ambito aziendale, quando si presenta un problema, l'errore più comune è quello di cercare di risolverlo sul piano in cui si è manifestato. Operando in questo modo, il problema forse verrà risolto momentaneamente, ma non si preverrà il ripresentarsi dello stesso sotto altra forma. Se a uomo offri un pasto, lo sfamerai per un giorno, se gli insegni un mestiere, si sfamerà da solo per il resto dei suoi giorni. Lavorare su un livello superiore, rispetto a quello dove il problema si manifesta, equivale a prevenirne il ripresentarsi, quindi il lavoro avrà modo di manifestare il suo effetto su larga scala. Per verificare che vi sia coerenza nella scala dei livelli logici di un individuo, in un determinato ambito, o per allineare i livelli, quindi risolvere un eventuale disarmonia tra questi, si può utilizzare lo strumento della "time-line". Questa consiste nel modo di organizzare immagini, suoni, emozioni e sentimenti nel nostro passato, presente e futuro. Avvalendosi di questo strumento, si potrà immaginare se stesso muoversi in ogni livello, per integrarsi perfettamente a esso. Ricordiamo che la mente sub-cosciente non sa fare distinzione tra quanto reale e quanto immaginato, pertanto maggiore sarà dettagliata la nostra immaginazione, migliori saranno gli effetti derivanti dall'immedesimazione. Chiariamo questo concetto con un esempio. Poniamo che tu, adesso sia in forte sovrappeso e decidessi di riacquistare una migliore forma fisica, quindi perdere qualche chilo e avere un fisico asciutto, tonico e allenato, attraverso il processo della time-line potresti entrare nel livello logico più basso, quindi quello dell'ambiente e immaginarti in una palestra insieme a gente sportiva, in forma, amante del fitness. Dal livello dell'ambiente potresti poi spostarti a quello del comportamento, quindi immaginare te stesso a fare ginnastica, a correte sul tapis roulant oppure a pedalare sulla cyclette. I tuoi comportamenti sarebbero allineati all'ambiente. Il tuo desiderio, a questo punto sarebbe quello di ottimizzare il tempo in palestra e di eseguire correttamente ogni esercizio, per realizzarlo ti rivolgeresti al tuo istruttore, per acquisire le giuste competenze, e magari anche a un dietologo per farti consigliare un regime alimentare appropriato. Una volta padrone delle tecniche di fitness e informato sulla corretta alimentazione, non sarebbe difficile immaginare te stesso capace di portare avanti con determinazione il tuo programma di allenamento, saresti convinto di poter ottenere da questo programma globale grandi benefici. Le tue convinzioni, a questo punto, sarebbero perfettamente allineate con le tue capacita, i tuoi comportamenti e l'ambiente corretto per attuarli. Di lì, immaginarsi completamente unito al proprio obiettivo, in un fisico nuovo, agile, snello e sano, il passo sarebbe breve. La tua identità sarebbe quella di uno sportivo e anche l'ultimo livello, quello dello scopo, sarebbe allineato. Ora, una volta allineati tutti i livelli logici, immagina di voltarti indietro e di camminare a ritroso lungo tutti i livelli attraversati: non dimenticare però di percorrere questo cammino dentro al tuo nuovo corpo, quello voluto fin dal principio, non quello che avevi prima di iniziare questo esercizio, appesantito e poco tonico. Vedi te stesso, con il tuo nuovo corpo, la tua nuova identità e le tue nuove convinzioni, muoverti agilmente in una palestra, immaginati a correre in un bosco o su una spiaggia, non mettere freni alla tua immaginazione, sentiti bene, felice, in forma. Terminato il processo descritto sopra, qualcosa dentro di te certamente cambierebbe, tutti i tuoi livelli logici sarebbero allineati, non ci sarebbero discrepanze, incoerenze, quindi ti sarebbe facile raggiungere i tuoi obiettivi, i tuoi scopi. Pensa se invece, ti immaginassi in palestra, ma senza avere la minima cognizione di cosa fare o senza esercitare alcun controllo sulla tua alimentazione. L'ambiente sarebbe allineato, ma non il comportamento. Magari potresti anche essere convinto di possedere le conoscenze indispensabili per dimagrire, quindi il livello delle convinzioni potrebbe essere allineato, ma appoggiando le tue convinzioni su presupposti finti, perché le tue conoscenze di fatto sarebbero inadeguate, difficilmente potesti sentirti veramente uno sportivo. Il livello dell'identità, quindi, sarebbe debole. Credi che potresti raggiungere il tuo scopo, in queste condizioni? Permettimi di dubitarne, ci sarebbero troppe discrepanze tra i tuoi livelli logici. Immagina ora un altro percorso. Partiamo dall'alto. Il tuo scopo ti è chiaro, vuoi ritrovare benessere e forma fisica. Ti senti in grado di farlo, sai di poter contare sulla tua determinazione e sai che impegnandoti potrai aggiungere il risultato. Sei profondamente convinto di potercela fare. I livelli superiori sono quindi perfettamente in linea. Quel che ti manca è sapere come puoi tornare in forma, sai che devi mangiare meglio, ma non sai come, sai che devi fare esercizio fisico, ma non sai quali fare, quale è indicato per te. Ti mancano le capacita, quindi hai un comportamento errato. Inoltre lavori in un fast-food, forse l'ambiente più lontano da quello che sarebbe adatto a qualcuno con i tuoi obiettivi. Come fare allora a risolvere la cosa? Ti premetto che non è affatto difficile. Come prima cosa potresti consultare un dietologo e farti consigliare una dieta adeguata, cosi potresti prepararti in anticipo i pasti e portati a lavoro solo cibo sano e nutriente. Poi potresti iscriverti in una palestra, per potertici recare regolarmente dopo il lavoro, o nel break tra due turni, a seconda di quali sarebbero le tue esigenze. In palestra, inizieresti con il presentarti al tuo istruttore, così da potergli esporre i tuoi obiettivi e ricevere la giusta assistenza, potresti dirgli che ti affidi totalmente a lui, alla sua competenza, per ritrovare il benessere che cerchi, cosicché lui possa farsi carico delle sue responsabilità e possa prendere a cuore la tua causa. Comportandoti così, sono certo che presto raggiungeresti i tuoi obiettivi, come vedi, allineare i livelli logici più bassi è molto più semplice che allineare quelli alti. Allineare solo quelli bassi non può garantirti il risultato, mentre allineare quelli alti, sprigionerà in te la ricerca delle risorse necessarie per allineare spontaneamente quelli più bassi. L'allineamento dei livelli logici dà risultati eccezionali anche se fatto una sola volta, non è necessario ripetere il processo più volte, una volta accordati i livelli su un obiettivo, tutto succederà spontaneamente e i tuoi desideri potranno materializzarsi. Puoi ripetere invece il processo di allineamento in ambiti differenti, per esempio nella tua vita professionale, privata, sociale e così via.

Analizza i tuoi livelli, allineali per ogni ambito e la tua vita cambierà radicalmente.

*"Cerco sempre di fare ciò che non sono capace di fare,
per imparare come farlo."*

Pablo Picasso

Persuadere attraverso la fiducia

"Noi siamo quello che facciamo costantemente,
l'eccellenza quindi non è un atto, ma una abitudine."

Aristotele

Attraverso la fiducia è possibile accrescere notevolmente la nostra forza di persuasione. Ciò che dobbiamo fare, al fine di mettere in atto in noi stessi, un sentimento di fiducia che accresca la nostra potenza persuasiva è: fare sempre attenzione alle parole che utilizziamo, alle frasi che formuliamo, con gli altri, ma anche con noi stessi.

Mai dire a se stessi: *"Non riuscirò mai a avere un appuntamento con il Dottor X!"*, così facendo non faremo che far avverare questa profezia.

Ricorda di formulare sempre frasi che mirano all'obiettivo: *"Come posso ottenere un appuntamento con il Dottor X?"*

Bisogna credere profondamente nelle proprie parole: *"Sono sicuro che farò colpo sul cliente grazie al mio entusiasmo!"*

Esprimere con convinzione delle forti emozioni su qualcosa, le attira verso di sé. Quindi, credi sempre nei tuoi desideri e ricorda di provare il piacere che proverai quando si avvereranno, sin da questo momento, assaporane la gioia anticipatamente.

Sii sicuro della realizzazione dei tuoi desideri, hai dentro di te, tutto quello di cui hai bisogno, impara a far crescere l'aspettativa, a esempio preparati minuziosamente, iniziando con l'elaborazione di un'offerta speciale e personalizzata per un tuo cliente significativo.

Metti tanta energia su te stesso, investi il tuo tempo e il tuo denaro nell'aggiornamento professionale e nel miglioramento delle competenze; avere più conoscenza aiuta a accrescere la fiducia del tuo prodotto e nella sua utilità per il cliente, inoltre ciò dimostra la tua fiducia nel tuo successo.

Comportati come se il successo fosse già arrivato nella tua vita, fosse già tuo. Presentati, pensa, muoviti e parla come una persona di successo, vestiti come un professionista eccellente, una persona che merita la stima di tutti, esprimiti come una persona che ha sempre qualcosa di speciale da dire.

Libera la tua mente da timori, ansie, dubbi e paure, sostituisci tutte le negatività con pensieri positivi sulla realizzazione dei tuoi traguardi. I dubbi e le paure minano drammaticamente il tuo successo, quindi liberatene immediatamente. Quando questi si affacciano nuovamente alla tua mente, tu, immagina immediatamente di raggiungere l'obiettivo che sogni e ripetiti continuamente e con determinazione: "Credo in me stesso e nel successo che merito!"

Individua con precisione un obiettivo, focalizzalo e visualizzalo vividamente, prevedendo ogni dettaglio, pianificando ogni azione per il suo raggiungimento, studiando tutto ciò che devi fare per raggiungerlo. Mantieni il tuo focus sul tuo obiettivo e avanza deciso nel tuo percorso!

Accetta le sfide, non fuggire dalle situazioni critiche, non temere il confronto con la concorrenza né le obiezioni dei tuoi clienti, ricorda che a ingigantirla sono solo le tue paure, annientale affrontandole, chiedendoti: "Cosa posso fare per superare alla grande queste sfide?"

Considera gli insuccessi semplicemente per quello che sono: lezioni che insegnano molto e che ci indicano la giusta via per raggiungere il traguardo ambito.

Non sono mai fallimenti!

Aiutate sempre i vostri clienti nel migliore dei modi e in ogni particolare situazione. Mettetevi realmente nei loro panni per trovare la soluzione ottimale per ogni eventuale loro problema e gioitene con lui, ogni volta che l'avrete individuata.

È vero che può essere difficile credere profondamente e costantemente in se stessi quando c'è una forte concorrenza spietata, quando i clienti sono difficili e spesso pieni di obiezioni, comprendo che non sempre è semplice conservare un atteggiamento positivo ma, anche in questo casi negativi, c'è molto che puoi fare per uscirne positivamente: quando hai dei pensieri negativi, dei pessimi presentimenti sulla validità della tua offerta, sostituiscili subito con immagini brillanti del tuo successo, immagina la perfetta riuscita della tua presentazione. I pensieri critici e negativi, distruggono la tua pro positività e, ricorda che, anche pregiudizi negativi verso le altre persone sono segno di una carenza di autostima e ti rendono estremamente più fragile. Sii comprensivo con i clienti ma anche con i concorrenti, cerca di avere sempre pensieri benevoli e positivi. Non permettere ai tuoi timori di sminuire i tuoi obiettivi e i tuoi desideri. Anzi, intensifica fortemente ogni giorno, i tuoi pensieri ottimisti e fiduciosi sull'obiettivo che sogni. Abbi sempre fede nelle tue capacità, ricorda sempre i successi ottenuti che ti hanno permesso tante volte di raggiungere obiettivi straordinari; possono anche essere stati successi nella tua vita privata, non necessariamente professionale, tu vivi e senti profondamente quella sensazione e sii felice. Accetta gli insuccessi, ricorda che possono sempre offrire nuove opportunità, ciò ti consentirà sia in caso di successo che di insuccesso, di provare comunque una sensazione positiva e non essere teso. **Tieni sempre presente che per vincere bisogna cambiare perché, se continuiamo a comportarci come sempre, otterremo, inevitabilmente, i risultati di sempre.**

*"Il fatto di credere intensamente in un obiettivo
è una delle forze più potenti sulla Terra."*

Zig Ziglar

Reminder

1. Il professionista deve essere fortemente convinto della propria funzione, perché il suo compito è quello di convincere il proprio cliente, cosa che non può verificarsi se non è convinto in prima persona.

2. Ogni attività di si basa su tre esigenze assolutamente necessarie, ossia che il professionista abbia fiducia in se stesso, nella propria azienda e nel proprio prodotto o servizio.

3. Per ogni professionista, credere profondamente nella propria azienda, in se stesso e nel prodotto o servizio che si promuove richiede una convinzione personale e profonda e fornisce lo stimolo e il sostegno a tutta la sua professione.

4. Quando, a esempio, nell'attività di un promotore si registra una forte diminuzione, frequentemente si tratta soltanto di una crisi di convinzioni personali.

5. La fiducia nelle proprie capacità e in se stessi deriva dalle proprie convinzioni personali di essere all'altezza della propria missione.

6. La fiducia dà entusiasmo e l'entusiasmo è una condizione vitale del successo. Vivi con passione l'entusiasmo per la tua professione e per il prodotto che vai a proporre e promuovere, ossia, vivi la tua professione provando un profondo orgoglio professionale e personale, questo è il sentimento che fa la differenza nei venditori eccellenti.

7. Troppo frequentemente si tiene in considerazione solamente l'aspetto pratico e materiale della vendita di un prodotto o servizio e si dedica veramente troppo poca attenzione all'uomo come persona, alle fonti delle sue capacità lavorative e personali.

8. Ogni individuo è unico e possiede personali convinzioni, queste influenzano ogni aspetto della sua vita. Le convinzioni costituiscono il filtro attraverso il quale percepiamo la realtà che ci circonda e determinano il modo con cui interagiamo con essa.

9. Per vivere in armonia con se stessi e avere la possibilità di realizzarsi completamente è indispensabile comprendere quali sono le proprie convinzioni limitanti, così facendo, con la giusta tecnica, si potranno trasformare in potenzianti e ottenerne grandi benefici.

10. Ricorda che sono le nostre convinzioni che determinano il nostro successo, non viceversa. Compreso questo, bisogna comprendere come cambiare quelle convinzioni che limitano il nostro sviluppo.

11. È il tuo bagaglio di convinzioni a definire chi sei, quindi scegli con cura le tue convinzioni e sarai finalmente al timone della tua vita.

12. Al fine di rendere utile e potenziante una convinzione, bisogna adeguare a essa i propri comportamenti, tutto questo è valido tanto in ambito personale che in riferimento a un'azienda.

13. Quando invece l'obiettivo è la propria crescita personale, bisogna essere in grado di riconoscere le proprie capacità, i propri talenti, per sapersene avvalere al meglio il fine di evolversi. Spesso la nostra personale incapacità di guardarsi dentro preclude la possibilità di sviluppo, più di quanto non lo faccia l'incapacità degli altri di individuare le nostre abilità e competenze.

14. La PNL è un approccio rivoluzionario perché dona a ogni individuo la possibilità di eccellere, per farlo basterà apprendere le giuste strategie e il corretto atteggiamento mentale.

15. Ogni persona è unica. Questa convinzione ci rende liberi dal continuo paragone con gli altri e ci dà la possibilità di esprimerci in maniera originale e creativa.

16. La mappa non è il territorio, ma solo la rappresentazione di questo. Ognuno di noi percepisce la realtà attraverso filtri personali, costituiti in parte dalle proprie convinzioni; dopo questa operazione di filtraggio, a ognuno rimane una lettura differente del mondo esterno, nessuno escluso.

17. Ognuno ha dentro se stesso tutte le risorse di cui ha bisogno; colui che padroneggia la flessibilità di pensiero e azione, esercita la maggiore influenza.

18. Comportati come se il successo fosse già arrivato nella tua vita, come fosse già tuo. Presentati, pensa, muoviti e parla come una persona di successo, vestiti come un professionista eccellente, una persona che merita la stima di tutti, esprimiti come una persona che ha sempre qualcosa di speciale da dire.

19. Individua con precisione un obiettivo, focalizzalo e visualizzalo vividamente, prevedendo ogni dettaglio, pianificando ogni azione per il suo raggiungimento, studiando tutto ciò che devi fare per raggiungerlo. Mantieni il tuo focus sul tuo obiettivo e avanza deciso nel tuo percorso!

20. Tieni sempre presente che per vincere bisogna cambiare perché, se continuiamo a comportarci come sempre, otterremo, inevitabilmente, i risultati di sempre.

Vendendo

Tutti vivono per vendere qualcosa.

Robert Louis Stevenson

Strategie Professionali

Quando si è un professionista della vendita non bisogna demoralizzarsi né farsi abbattere, neanche nelle situazioni che appaiono senza via d'uscita, perché anche in quei casi esistono molte strategie che ci consentono di uscirne vincenti. Ad esempio, il professionista esperto sa che anche in una situazione di stallo, possiamo riuscire a concludere la vendita, persuadendo il nostro cliente con fascino e l'entusiasmo e cercando di condurlo nello stato d'animo giusto, perché **il professionista sa che il cliente concluderà positivamente se è in uno stato d'animo positivo ed entusiasta,** che lo guida a agire istintivamente in quel senso, anche per questa ragione, **l'ottimismo ha un potente influsso positivo ai fini del successo nella vendita.** Un professionista invita sempre al confronto con altri prodotti perché è sempre fortemente convinto della superiorità del suo. Ha sempre una ampia apertura mentale e si tiene ben lontano dai pregiudizi.

Esistono dei venditori eccellenti che hanno un sesto senso per trovare sempre la via che conduce al successo. Coloro che non possiedano questo senso, devono necessariamente avere come requisito un'altra qualità: una mente sempre estremamente lucida. Debbono cioè, essere assolutamente coscienti dei successi e degli insuccessi, analizzandoli con molta razionalità, memorizzarli bene e richiamarli alla mente ogni volta che è utile o necessario. Nessun impegno può sostituire la strategia giusta, ho conosciuto moltissimi venditori e si impegnano fortemente nello lavoro e nonostante questo continuano a collezionare fallimenti a causa di una strategia scorretta. Osservando questa professione, ci si accorge subito che il venditore ha cambiato totalmente ruolo, precedentemente era un venditore di prodotti, oggi è un esperto di logistica, un risolutore di problemi, un fornitore di servizi, un consulente aziendale, prima aveva una visuale che includeva soltanto ordini, mentre oggi vede i problemi reali, il risultato finale e spera in una cooperazione futura, analizza il tutto nel suo complesso e disegna prospettive per il domani. Precedentemente parlava di prodotti, di prezzi, di concorrenti, di consegne, attualmente invece parla di risparmio sulle spese, struttura il lavoro in termini di tempo, cooperazione, vantaggi straordinari, sistemi logistici e risparmi di tempo. **Tecnicamente e praticamente, un buon consulente-venditore potrebbe impostare il suo colloquio in quest'ordine: verificare il fabbisogno del cliente, destare l'interesse del cliente, rendere il cliente consapevole delle sue esigenze, proporre una valida soluzione alle suddette esigenze, offrire un aiuto concreto per completare la soluzione e garantirsi il raggiungimento dell'obiettivo finale.**

Quando nel tuo ruolo di professionista dovessi trovarti a vivere una fase di crisi, non svalutarti e non autocommiserarti, non pensare di non avere nessuna possibilità di riuscire a vendere: questo atteggiamento frena ogni tua iniziativa positiva e impedisce in te qualsiasi cambiamento costruttivo. Comunica, chiedi ai tuoi clienti quali sono le loro vere necessità, quelli più impellenti, che vogliono risolvere al più presto e proponi in una soluzione valida e completa, mantenendoti sempre pronto a individuarla. Coinvolgi la tua azienda se hai idee innovative, per poterle trasformare in soluzioni allettanti, non smettere mai di continuare a cercare nuove idee e proposte per i clienti finché non potrai offrir loro un vero, oggettivo vantaggio. La soluzione sarà quella giusta quando ti permetterà di svegliarvi ogni giorno con enorme entusiasmo, dopodiché manifesta e comunica la tua fede nella tua soluzione, convincendo con entusiasmo i tuoi clienti a fare un tentativo nella direzione che tu indichi.

Lavora accuratamente sulla tua immagine finché non ti vedi come un vero esperto e ti senti trattato come un consulente di primissimo livello dai tutti i tuoi clienti.

Comportati in modo tale che i tuoi clienti ti ricevano sempre molto volentieri.

Inizia da questo momento a lavorare su te stesso nella nuova eccezionale prospettiva di trasformarti in un consulente eccellente.

La gente non compra per ragioni logiche.
Compra per ragioni emotive.

Zig Ziglar

Infine, fai un tuo check personale, regolarmente, con queste cinque caratteristiche importanti:

Ti è sufficiente dare una breve spiegazione sui vantaggi del tuo prodotto?

Ottieni ordini superiori?

I clienti non hanno mai dovuto attenderti e non ti interrompono mentre spieghi?

Seguono i tuoi suggerimenti?

Accettano le tue spiegazioni e proposte senza esagerate obiezioni?

Poniti con cadenza regolare queste domande, fino a che non sarai nella condizione di poter rispondere con convinzione "sì" a ognuno dei quesiti.

"Vendi la tua intelligenza e compra stupore."
Claudia di Matteo

Vendere meglio, vendere di più

Ogni volta che ci relazioniamo con altri individui, in realtà stiamo vendendo o comprando qualcosa, tutto, sostanzialmente, è una vendita. Non si vende solo un prodotto o un servizio, ma un'immagine di sé, un futuro, un'idea politica o religiosa e così via. Ogni venditore che si rispetti conosce bene le principali regole della vendita, ovvero parlare sempre prima dei benefici che si ottengono "acquistando", poi delle caratteristiche di ciò che si vende, senza dimenticare di rassicurare l'acquirente a trattativa conclusa. **Quando si compra, lo si fa sempre prima con il cuore, si acquistano dunque emozioni, poi si giustifica l'acquisto con la ragione, non viceversa.**

Per diventare venditori eccellenti bisogna poter padroneggiare alcune strategie, valide indipendentemente dal prodotto che si propone. Vediamone le più importanti:

1. Prima regola, **porsi obiettivi concreti:** se non si ha un'idea chiara di cosa si vuole ottenere, sarà impossibile avere successo, qui valgono tutte le considerazioni relative alla formulazione degli obiettivi.

2. Identificati gli obiettivi, bisogna essere certi di **possedere tutte le competenze necessarie** per operare con la massima efficienza, qualora si comprendesse di avere significative lacune in tal senso, sarebbe opportuno colmarle.

111

3. Indispensabile diventa adesso **pianificare il lavoro.** Molto utile risulta fare una pianificazione settimanale, suddivisa in pianificazioni giornaliere.

4. Per vendere bisogna **incontrare i clienti,** diventa dunque necessario **prendere appuntamenti, dunque fare telefonate.** Gli appuntamenti si possono prendere anche via mail, ma in questo caso è necessario avere una conferma di questi dai clienti e i tempi si allungano.

5. Più appuntamenti si prenderanno, maggiori saranno le possibilità di concludere le vendite. Evidente è che per reagire a un calo di vendite è opportuno aumentare il numero appuntamenti: **maggiore impegno = migliori risultati.**

6. Per accorgersi se le vendite aumentano o diminuiscono bisogna **analizzare i risultati a cadenza regolare.**

7. L'analisi dei risultati porta a **identificare gli errori da correggere.**

8. È assolutamente da evitare imputare i propri insuccessi ad altri: **assumersi la responsabilità dei propri risultati** consente di migliorare le proprie strategie correggendo i propri errori. È cosi che si acquisisce esperienza e si aumenta la competenza.

9. Bisogna poi **eliminare dal proprio vocabolario la parola "fallimento",** in quanto questo non esiste, esistono solo feedback, riscontri positivi o negativi, entrambi utili per crescere professionalmente.

10. Per fare "i numeri" nella vendita occorre **tenacia, dedizione e combattività;** di venditori è pieno il mondo e la concorrenza è spietata.

11. Per distinguersi dalla concorrenza bisogna **avere personalità, essere estrosi e originali nell'approccio e avere etica professionale;** oggi, a esempio essere onesti è anticonformistico, l'onestà viene sempre letta positivamente dall'acquirente e è la base per la costruzione di rapporti duraturi.

12. **Per conquistalo, bisogna entrare in contatto con l'emotività del cliente,** a tal fine è molto utile l'uso sapiente di metafore o storie personali che creano un rapporto confidenziale e inducono uno stato d'animo positivo e aperto al prossimo.

13. **Il cliente ama sentirsi speciale,** per far sì che questo accada bisogna **impararne a memoria il nome.** Esistono molte strategie per memorizzare i nomi, la migliore è quella di associare a questi immagini originali e distorte o storie di fantasia; tanto più queste sono assurde quanto più sarà difficile dimenticare l'associazione ai nomi da imparare.

14. **La gentilezza e la cordialità pagano,** è imperativo <u>lasciare il cliente in uno stato mentale migliore di come lo si ha incontrato</u>, se si vuole essere riconosciuti, a propria volta, come un venditore "speciale".

15. **I pregiudizi sull'esito della vendita non hanno alcun senso,** se una volta non si è riusciti a concludere una vendita, nulla stabilisce che con lo stesso cliente andrà sempre così. Molto più utile è usare un precedente insuccesso a proprio vantaggio, ad esempio per **anticipare le obiezioni:** *so che la scorsa volta non era troppo convinto, proprio per questo oggi desidero chiarirle tutti i benefici che otterrebbe con il prodotto "x".*

16. Quando capita la "giornata d'oro" è decisamente più utile **prolungare l'orario di lavoro per goderne di tutti i benefici di un trend positivo** anziché perdere tempo a auto-gratificarsi dopo il primo buon risultato. Se capita che in 2 ore di lavoro si riesce a fare quanto di solito si fa con 8, meglio proseguire per altre 6 e fare con un giorno quanto di solito si farebbe in 4.

17. **Un prodotto non è unico in quanto tale, ma può essere unico il modo con il quale viene percepito dal cliente.** In sostanza, tutto dipende da come viene percepito, non presentato; è il cliente che paga, non bisogna dimenticare mai che è lui che ha la precedenza.

18. **L'entusiasmo è contagioso,** come lo è il buon umore. Il cliente non vuole sentire parlare della crisi, ma di come far andare bene i suoi affari, come ricavare suoi benefici da quanto gli viene proposto. Non bisogna mai sottovalutare la forza di un sorriso.

19. **Saper parlare in pubblico aiuta le vendite** anche nel rapporto a tu per tu con un cliente singolo, per imparare a parlare in pubblico, bisogna, parlare in pubblico. Allenamento, allenamento e ancora allenamento, questa è la chiave del successo del venditore.

20. Il venditore diventa straordinario se sa **capire di cosa il cliente ha bisogno** e sa fornirgli il mezzo per ottenerlo. Se si mostra al cliente cosa gli occorre, sarà lui a cercare di ottenerlo.

21. **Le domande costituiscono il migliore strumento di vendita.** Se il cliente parla molto, compra. Se a parlare molto è il venditore, il cliente scappa.

22. Se il cliente rifiuta l'acquisto, è utile domandare per quale ragione lo fa. Spesso la prima ragione per un rifiuto è una scusa; **anziché demordere bisogna proseguire** domandando per quale altra ragione si rifiuta, quasi sempre la seconda motivazione è quella vera e scoprendola si potrà **guidare il cliente verso l'eliminazione dell'impedimento.**

23. Per **conquistare il cuore** a un uomo di successo, per indurlo a diventare proprio cliente, basta domandargli come ha ottenuto tutto quello che ha; si può essere certi che parlerà per ore e vi congederà con un acquisto.

24. Il principio della reciprocità nella vendita è riconosciuto in ogni forma di società, **dare qualcosa senza pretendere nulla in cambio** induce i clienti a ricambiare in qualche modo, e come farlo se non tramite un acquisto?

25. L'eccessiva loquacità è cattiva compagna di un venditore, ma anche essere troppo diretti e arrivare subito al punto non è indicato. L'ideale è introdurre un argomento, far parlare il cliente e solo dopo essersi avvalsi di un ascolto di tipo attivo, quindi di aver compreso il proprio interlocutore, si può essere diretti e concisi.

26. L'organizzazione nella vendita è fondamentale, bisogna **avere quante più informazioni possibili sul proprio cliente e bisogna appuntale per avvalersene al seguente incontro.** L'ideale è aggiornare la propria agenda clienti subito dopo un incontro per non perdere preziosi dettagli.

27. Alla conclusione di una vendita bisogna sempre **congratularsi con il cliente e rassicurarlo di aver fatto un buon affare,** bisogna guidare sempre i pensieri del cliente, tanto più quando si viene congedati o si congeda.

Imparare dai Numeri Uno

Al termine della vostra esistenza non sarà importante chi siete stati,
ma se avete fatto la differenza.

Claudia di Matteo

Ti è mai capitato di ammirare una persona particolarmente abile in qualcosa, come a esempio un bravissimo venditore e sperare di riuscire a operare esattamente come lui? Sappi che le attitudini si apprendono e raffinano, e come le ha imparate un'altra persona, puoi farlo alla stessa maniera ed eccezionalmente, anche tu. A volte si ritiene erroneamente che alcune persone siano più fortunate, più capaci, più intelligenti più dotate ma non è così, in verità, qualsiasi cosa fanno bene, la fanno mettendo in pratica una sequenza di pensieri e comportamenti che loro hanno esercitato e praticato costantemente sino a farli divenire programmi di successo automatici e istintivi. Ogni qualvolta tu voglia imparare o comprendere come un individuo che ammiri fa qualcosa, osserva attentamente la persona da cui vuoi trarre il tuo modello. Dopodiché ricorri al modellamento di cui ci siamo già occupati, ossia, prova a entrare in quella persona, utilizzando il tuo corpo nello stesso modo in cui lui utilizza il suo, sappi che il loro comportamento non è che un'abitudine. Mente e corpo sono strettamente connessi, per questa ragione, facendo assumere al tuo corpo la postura di un'altra persona, si inizia a avere anche lo stesso tipo di pensieri; camminando, muovendoti, atteggiandoti, sorridendo e respirando come fa la persona che vuoi modellare, inizierai a sviluppare la sua condizione interiore, la sua qualità di pensiero e la sua esperienza si trasformerà in vita vissuta.

"Alla fine quelli che vincono, sono coloro che pensano di poterlo fare."
Richard Bach

117

Conquistare i clienti

Essere un consulente nel ventunesimo secolo, significa soprattutto saper padroneggiare l'arte della comunicazione. Le relazioni con i clienti avvengono sempre attraverso questo strumento, ma ciò che fa la differenza tra il saper utilizzare correttamente tutte le tecniche di vendita e diventare il primo riferimento del cliente è la capacita di entrare in contatto con la sua emotività per poter rendere irresistibili per lui i propri prodotti rispetto a quelli della concorrenza. Per raggiungere questo scopo bisogna costruire rapporti con i propri clienti basati su alcuni fattori, vediamo quelli di primaria importanza: **prima di tutto ci deve essere una correlazione forte tra i bisogni del cliente e i prodotti/servizi che si intende proporgli.**

Per conquistare un cliente bisogna individuare correttamente i suoi bisogni, che solitamente sono tanto materiali quanto personali.

Tra i **bisogni materiali** troviamo le caratteristiche tecniche che un prodotto deve avere per essere appetibile. Se parliamo, ad esempio, di un prodotto di tipo assicurativo, per interessare il cliente dobbiamo proporgli una polizza con un premio adeguato alla copertura assicurativa, un massimale soddisfacente, un servizio assistenza clienti disponibile 7 giorni su 7, 24 ore al giorno e cosi via.

Tra i **bisogni personali**, troviamo a esempio la simpatia o l'antipatia dell'agente che propone la polizza; con la concorrenza che esiste oggi nel settore assicurativo e la varietà di prodotti disponibili sul mercato, quanti veramente si impegnano in estenuanti comparazioni di benefici economici e quanti, invece, si rivolgono al proprio agente di fiducia?

119

Certo è che una cosa è conquistarsi la fiducia del cliente e altra è saperla mantenere nel tempo; se l'agente di fiducia, certo di avervi fidelizzato vi propone un prodotto che costa il doppio di uno concorrente, a parità di copertura assicurativa, sarebbe un folle, ma fin tanto che le differenze in termini di soddisfazione di bisogni materiali sono minime, il cliente tenderà a rivolgersi a chi saprà soddisfare i suoi benefici di tipo personale. Tra i bisogni di tipo personale vi è anche l'esigenza di un cliente di sdebitarsi verso chi lo ha trattato con riguardo in passato, chi si è ricordato di lui a Natale mandandogli un cesto di dolci, o cose di questo tipo, apparentemente banali, ma in grado di costruire un legame tanto invisibile quanto impensabilmente forte a livello emotivo. Il motivo per il quale il ritorno pubblicitario, anche di campagne di grande originalità e sostanza difficilmente è elevato, è che per quanto ci si provi, difficilmente si riesce a entrare nella sfera emotiva di clienti sconosciuti e diversissimi tra loro per professione, valori, religione, credo politico, cultura, etc. Al contrario, un buon consulente, conoscendo il suo cliente, avrà la possibilità di soddisfare ogni suo tipo di bisogno, tanto materiale quanto personale. Soddisfare i bisogni materiali è relativamente semplice, basta conoscere le reali esigenze del cliente; questo, di solito le espone spontaneamente. La domanda da porsi, dunque, è **come conoscere i bisogni personali del cliente, senza invadere la sua privacy? Per fare ciò bisogna saper ascoltare il cliente e "leggere tra le righe", ovvero saper interpretare quei messaggi che trasmette pur dicendo altro**: se per esempio vi dicesse che per venire a ritirare un dato prodotto ha perso due ore perché nella zona non ci sono parcheggi, vi sta chiedendo di avere maggiore rispetto del suo tempo; se voi gli proponeste la possibilità di ricevere con un piccolo sovrapprezzo il prodotto in questione presso il suo domicilio, avreste soddisfatto brillantemente un suo bisogno personale, questo sarebbe certamente più proficuo che scusarsi con il cliente per qualcosa che è indipendente da voi, come la mancanza di parcheggi in zona e sarebbe certamente più apprezzato da lui rispetto a quanto non lo sarebbe un piccolo sconto offerto nel tentativo di soddisfare bisogni di tipo materiale, come il prezzo.

È importante sapersi allineare con i bisogni del cliente, se si vuole diventare il suo riferimento. Molto utile poi è domandare direttamente al cliente quali sono, oltre le esigenze di tipo pratico, i suoi reali bisogni personali, cosa è importante per lui, quali sono i suoi valori, cosa detesta in un consulente/venditore e cosa invece apprezza, che caratteristica deve avere quest'ultimo perché si possa instaurare un rapporto di fiducia che possa dare benefici a lungo a entrambi? Se il cliente sarà lieto di rispondere a domande di questo tipo, come quasi sempre accade, vuol dire che è ben disposto a costruire un rapporto emotivamente soddisfacente, che porterà senza meno a raggiungere risultati significativi.

A volte è proprio la mancanza di feeling tra consulente e cliente che spinge quest'ultimo nelle braccia della concorrenza. Il dialogo emotivo risulta utile anche nel caso che, per qualche ragione, si vengano a creare dei contrasti, dovuti a semplici incomprensioni. Ad esempio Il cliente potrebbe aver interpretato un certo tipo di comportamento, magari imposto dall'azienda a ogni consulente, come un fatto personale, quindi potrebbe aver covato un rancore che lo spinge a interrompere ordini o a sospendere contratti in corso, senza che il consulente ne comprenda la ragione. Basterebbe dunque al consulente porre al suo cliente una semplice domanda diretta del tipo: Avverto insoddisfazione nei confronti della ditta che rappresento, abbiamo in qualche modo sbagliato qualcosa nei suoi confronti? Se cosi può indicarmi la maniera di recuperare, giacché certamente non è mia intenzione contrariarla, al contrario sono qui proprio per soddisfare i suoi bisogni. Frasi di questo tipo sono capaci di ribaltare completamente lo stato emotivo del cliente, che da avverso, irritato diventa disponibile, in relazione alla disponibilità manifestata nei suoi confronti, all'attenzione particolare ricevuta. **Portando l'attenzione sul piano dei valori del cliente promuoviamo la comunicazione emotiva, rafforziamo il rapporto, risolviamo eventuali conflitti e lavoriamo per costruire un reciproco rispetto.**

Altro fattore importante per conquistare il cliente è **avere per lui proposte uniche e originali,** diverse da quanto propone la concorrenza. Se il nostro prodotto è simile a quello della concorrenza, la guerra si vince con il prezzo, mentre se è unico, diventa difficile da paragonare; magari la concorrenza ha un prodotto che supera in alcune caratteristiche il nostro, ma nessuno può essere formidabile come il nostro su determinati aspetti che abbiamo selezionato come i propri punti di forza.

Se prendiamo a esempio le compagnie che propongono servizi di telefonia mobile noteremo che nessuna è la migliore in assoluto, ovvero non ne esiste una che offre, sempre e indistintamente la tariffa più vantaggiosa; ognuna è più vantaggiosa in una data fascia oraria, oppure offre tariffe speciali per gli SMS verso tutti gli operatori, pur essendo cara per le chiamate verso telefoni fissi e cosi via. **È attraverso l'unicità del nostro prodotto che possiamo diventare i numeri uno per i nostri clienti, ma è anche importante che il cliente percepisca tale unicità, bisogna sapergliela comunicare,** altrimenti noi potremmo anche essere speciali, unici, ma lui non lo saprà mai. **Bisogna dunque conoscere bene il proprio prodotto e quanto offre la concorrenza,** per evidenziare le caratteristiche di quanto proponiamo e portare l'attenzione del cliente sui propri punti di forza, sulla propria unicità, su quanto si è i soli a poter offrire, cosi lui non potrà scegliere che noi, per avere quel "quid" che in altri non è disponibile. **Quel che va ricercato è la maniera di offrire**

ai propri clienti un'esperienza emotiva unica, per farlo a volte basta poco, basta un fiore fresco ogni giorno nella camera d'hotel a 5 stelle, che solitamente manca, a farci sentire speciali. Una volta mi capitò di andare in vacanza in Messico e mi trovai a alloggiare in una modesta camera di una pensione in una zona rurale, dove non vi erano hotel di livello tra cui scegliere. Ebbene la famiglia che gestiva il posto aveva pochi mezzi, le stanze erano spoglie, l'arredo essenziale, ma la signora che rifaceva la stanza lasciava sul letto un asciugamano ripiegato in modo particolare, raffigurante ogni giorno un simpatico e creativo animale diverso. Sono passati anni da allora, di alberghi ne ho visti molti, anche di estremo lusso, ma ancora ricordo questo particolare e ho conservato il biglietto da visita della pensione ripromettendomi di tornare a trovarli quando mi troverò nuovamente in quella zona; un gesto che ha richiesto solo pochi secondi, una banalità del genere ha saputo toccare la mia emotività più di un arredo ricercato, fiori e champagne di benvenuto trovati nelle più sofisticate suite degli "Hyatt" e dei "Le Meridien"di mezzo mondo. **A volte a fare la differenza sono veramente i dettagli,** a esempio non ho feeling con le persone mai puntuali, perché dimostrano di non rispettare il mio tempo e apprezzo molto i professionisti che si presentano dando un biglietto da visita, perché mostrano sicurezza e desiderio di lasciare un segno; se poi i biglietti suddetti non sono banali e leggibili solo con una lente d'ingrandimento, ancor meglio. Altra cosa che non amo sono gli auguri natalizi di massa, quelli che le ditte mandano a tutti i loro clienti senza alcuna diversificazione: "Affezionato cliente, con la presente....", ricordo invece tutti coloro che hanno speso 5 minuti per scrivere di pugno, due righe di auguri indirizzate solo a me e con la loro firma. Un biglietto personalizzato può commuovermi, cesti abbondanti di.varie prelibatezze con un augurio prestampato non mi toccano emotivamente. Sono le piccole attenzioni che rivolgete ai vostri clienti che daranno a loro la possibilità di ricordarsi di voi, quindi evitate di sottovalutare i dettagli. Una cosa è la tua banca che ti regala un'agenda, altra è il suo direttore che nel consegnartela, ti scrive a penna gli auguri per il nuovo anno, altra ancora è il mio assicuratore che, simpaticamente, oltre agli auguri, a Natale ogni anno mi regala un biglietto della lotteria in una busta intestata. Da non sottovalutare poi è la cura della propria persona e del proprio aspetto, con particolare attenzione per le mani e le scarpe, se l'abito non fa il monaco, a un monaco in t-shirt e bermuda difficilmente affiderei le mie confessioni. Per primeggiare nella professione del consulente, bisogna essere disposti a dare di più rispetto ai propri colleghi, a impegnarsi di più, a non trascurare il minimo dettaglio, a prepararsi accuratamente prima di ogni incontro e a essere disposto a sbrigare anche noiose scartoffie. Ogni mestiere possiede un lato noioso, quella particolare mansione che nessuno ama svolgere e che quindi si tende a trascurare. Il professionista, per distinguersi dalla massa, deve essere disposto a fare proprio questa parte del proprio lavoro, con lo stesso entusiasmo ed energia che dedica al resto, deve, in pratica, avere l'abitudine di impegnarsi proprio nelle cose che invece la massa rifiuta di fare. Abbiamo visto che una delle cose fondamentali per avere successo è **mantenere il focus sui propri obiettivi, ebbene per raggiungere questi, bisogna assumere delle giuste abitudini. Si riesce a mantenere le abitudini solamente se queste sono allineate con le nostre capacità motivazioni e conoscenze, altrimenti dopo i primi giorni di entusiasmo, le abitudini verranno abbandonate.** La differenza tra chi ha successo e chi non ne ha è proprio nella tenacia e costanza con la quale si portano avanti anche gli incarichi spiacevoli con regolarità, perché sono pochi coloro che riescono a farlo, per la maggior parte dei professionisti risulta più facile adattarsi a una vita mediocre, conseguenza della mediocrità raggiunta con la propria professione, che superare la pigrizia che impedisce di cambiare l'abitudine a organizzare la scaletta della propria giornata dando la priorità a quanto si preferisce fare, piuttosto che a quanto va fatto per ottenere risultati eccellenti. Del resto il successo non è per tutti, ma solo per coloro che sono disposti a pagare il prezzo per ottenerlo.

Un ultimo consiglio. In un vecchio film, anni fa ho sentito questa frase: *"Per conquistare una donna basta un regalo originale in un momento inaspettato"*, non sarà sempre vero, ma certamente è molto utile per rimanere impressi nella mente dei propri clienti, provare per credere.

"L'autorevolezza di una persona non si misura esclusivamente sul posto di lavoro e nel rapporto con i colleghi, ma anche nella vita privata, a scuola, nello sport, in famiglia e persino nelle relazioni di coppia. Essere leader significa suscitare entusiasmo e sentimenti positivi nelle persone che ci circondano."
Daniel Goleman

I fattori per emergere

Ciò che siamo oggi è influenzato da tutto ciò in cui crediamo. Il nostro sistema di credenze, alcune potenzianti, altre limitanti, di fatto, è quanto ha contribuito massimamente a identificarci come individui unici e irripetibili. **Per raggiungere il successo, è basilare comprendere che ogni azione ha una conseguenza e che possiamo cambiare i risultati ottenuti fino a oggi, modificando il nostro modo di agire.** Lo stesso discorso è valido per quel che riguarda le nostre convinzioni, identificando quelle potenzianti potremo concedere loro il massimo spazio, mentre potremo cambiare quelle limitanti, quando abbiamo compreso quali sono.

Di fatto, non ha importanza se una convinzione è vera o meno, ciò che conta è l'effetto che produce sul nostro modo di agire, perché questo condiziona i risultati che avremo. **Ognuno di noi, per crescere deve essere disposto a cambiare alcuni aspetti del suo sistema di credenze, ognuno, infatti ne ha di limitanti, senza che ne abbia consapevolezza.** Il primo lavoro da fare, per raggiungere il successo, è proprio un'analisi e una conseguente classificazione delle proprie convinzioni.

Se vogliamo raggiungere l'eccellenza, dobbiamo far nostri i sistemi di credenze delle persone che la hanno raggiunta prima di noi, questo è senza meno il metodo più veloce per crescere.

Ecco perché desidero sottoporre alla tua attenzione alcune delle credenze più utili da adottare per allentare i freni che limitano la corsa verso la realizzazione personale e professionale.

Vediamole insieme:

Il fallimento non esiste. Ogni azione produce risultati, alcuni in linea con le aspettative, altri no. Dai risultati inaspettati si può apprendere sempre qualcosa.

Di fatto il per raggiungere risultati positivi, è indispensabile passare attraverso insuccessi, analizzando i quali si potrà avvicinarsi ai propri obiettivi. Ogni ricercatore universitario conosce perfettamente questa procedura, il metodo di ricerca consiste proprio nel fare dei tentativi e valutare i risultati ottenuti. Senza errori non vi può essere miglioramento. La differenza tra chi è abituato a avere successo e chi viene considerato un perdente, è la considerazione dell'errore: il perdente, quando sbaglia si abbatte emotivamente, collega l'errore alla propria autostima, consentendo al primo di sminuire la seconda, il vincente utilizza l'errore per perfezionare l'azione, quindi sbaglia finché non riesce, senza mai abbattersi. Se prendiamo in esame la vita dei più grandi uomini della storia, ci accorgeremo che ognuna è piena di insuccessi ed errori, solo chi non fa niente non sbaglia mai.

Tutto quello che ci capita ha un senso. Alcuni si fermano a considerare quanto capita sul cammino della loro vita in termini di giustizia, (perché questo capita proprio a me..., che ho fatto di male, o di bene, per meritarlo...) in realtà tutto questo non ha molto senso. Da ogni esperienza possiamo trarre insegnamento, e ogni giorno vissuto arricchisce la nostra esperienza. Di fronte a un evento, possiamo assumere due atteggiamenti, possiamo perderci nel giudizio per capire se è positivo o negativo o possiamo adottare la strategia degli uomini di successo, ovvero capire come quanto accaduto più tornarci utile, cosa possiamo apprendere da esso. Ragionare in termini di possibilità apre molte porte e stimola la creatività. Leggendo la biografia di Steve Jobs si potrebbe avere l'impressione che egli, lasciando l'università dopo i primi anni, abbia potuto commettere un grave errore, eppure la sua storia ci ha insegnato come, da ogni esperienza vissuta, Jobs abbia saputo trarre insegnamento e, come lui stesso scrive, se non avesse frequentato un corso di calligrafia, apparentemente incoerente con il suo percorso formativo, oggi i computer Mac non possederebbero tutti i bellissimi font che ci mettono a disposizione, di conseguenza neanche i PC, ispirati ai font di Mac, avrebbero potuto offrire ai loro fruitori una tale varietà di font. Il consiglio dunque è quello di accettare tutto quello che la vita ci propone come utile o necessario, esimendosi dal dare un giudizio a priori.

Non è necessario comprendere ogni dettaglio per acquisire una visione d'insieme. Quando valutiamo un progetto, possiamo analizzare ogni aspetto con la massima attenzione, cercando di comprenderne ogni recondito lato, oppure possiamo avvalerci dell'aiuto di altri per tale analisi, in modo da poterci soffermare solo sui passaggi chiave. Lo stesso accade quando leggiamo un libro, potremmo decidere di memorizzare e apprendere ogni singola informazione in esso contenuta, oppure potremmo utilizzare i vari sistemi di lettura veloce, che consentono di estrapolare dal testo solo quanto veramente è utile per noi, nel nostro caso specifico, risparmiando molto tempo che potremo utilizzare per prendere in esame altri testi sul medesimo argomento, aumentando le nostre possibilità di accesso a informazioni realmente attinenti alla nostra ricerca. **Il segreto delle persone di successo è proprio la capacita di soffermarsi solo su quanto veramente utile, tralasciando i dettagli inutili.** Molti di noi considerano erroneamente questo atteggiamento come superficiale, credendo che non si debbano trascurare i dettagli, in verità le persone di successo non li trascurano, ma escludono con determinazione e fermezza quanto ritengono poco utile, senza rimorsi ne incertezze.

Solo assumendosi la responsabilità delle proprie azioni, se ne può assumere anche il merito. Il leader sa demandare quanto ritiene esuli dal suo planning, ma si assume sempre la responsabilità delle sue azioni e di quelle del suo team.
La ricerca del colpevole, quando succede qualcosa di non voluto, è quanto meno inutile. L'attenzione va portata sull'errore, non su chi lo ha commesso.
È il capo di un team ad avere la responsabilità del lavoro e dei risultati che da esso si ottengono, il vero leader ripete spesso che è sua responsabilità di controllare che tutto proceda per il meglio, il mediocre, quanto si evidenzia un problema, cerca subito un colpevole per liberarsi la coscienza. È solo assumendosi la responsabilità dei propri comportamenti che si può crescere. Chi crede fermamente in se stesso e nel suo valore, sa che un risultato negativo fa parte de percorso di crescita, quindi evita di ragionare in sciocchi termini di colpe ma si assume sempre la responsabilità degli esiti per controllare lo sviluppo delle azioni a essi relazionate.
Del resto altrimenti quale sarebbe il ruolo del leader, guidare gli altri e scaricare su di essi la responsabilità degli insuccessi, assumendosi solo i meriti dei risultati positivi?

La più grande risorsa di un azienda sono i suoi dipendenti, che hanno decisamente più valore del capitale sociale. Lo stesso discorso vale per una famiglia, una squadra sportiva, un esercito e così via. **Il successo si ottiene più velocemente se a pensare si è in tanti, questo è il motivo per cui il lavoro in team è tanto efficace.** Per massimizzare i benefici del lavoro di squadra, bisogna lasciare a ogni membro di questa la possibilità di esprimere le sue idee, il vero leader non offusca gli altri, al contrario li utilizza come preziose risorse.

Il fattore comune a tutte le aziende di successo è il rispetto dell'individuo e delle sue idee, a prescindere dal ruolo che svolge all'interno dell'azienda stessa. **Non si può essere dei leader se non si sa riconoscere il valore negli altri.**

È impossibile eccellere in un lavoro che non piace. Per avere risultati eccezionali, ci vuole la passione, questa può esserci solo per qualcosa che piace. Quando si svolge un lavoro che da soddisfazione, il tempo vola e ci si ritrova a lavorare per orari lunghissimi senza accusare alcuna fatica, a contrario, quando il proprio lavoro non stimola, il tempo sembra non passare mai, a anche se si lavora mezza giornata, si è sempre stanchi e affaticati. Ognuno di noi può trovare un'occupazione che sia in grado di stimolarlo, così facendo, nello svolgere i propri compiti potrà ritrovare molte delle sensazioni che prova giocando. Quando il proprio lavoro piace, non si smetterebbe mai di lavorare, proprio come quando ci si diverte molto.

"La leadership riguarda le comunicazioni magnetiche.
I leader hanno un modo di comunicare che attrae le persone
verso la visione e l'orizzonte."

Doug Firebaugh

Eccellere richiede impegno, senza questo, i risultati saranno sempre mediocri. **Qualunque compito ci accingiamo a svolgere richiede impegno e dedizione, senza i quali è impossibile ottenere risultati soddisfacenti.**
Se si è abili a utilizzare il proprio tempo con efficienza, si potrà concludere di più a fine giornata, infatti, impegnarsi non basta, bisogna avvalersi delle giuste strategie per eccellere, ma se queste si posseggono e non vengono utilizzate per pigrizia, difficilmente si farà strada. **Spesso a emergere non sono individui straordinari, ma individui determinati al successo,** pronti a dare tutto per averlo, a lavorare il doppio della concorrenza; il mondo dello sport è pieno di esempi che dimostrano quanto appena asserito, molti allenatori affermano che i loro elementi migliori non sono in possesso di doti fisiche sopra la norma, ma determinazione e buona volontà da vendere.
Per ambire al successo, bisogna essere pronti a pagare il prezzo, che spesso si identifica con l'impegno.

Comunicare per vendere

*La tendenza a giudicare gli altri
è la più grande barriera alla comunicazione e alla comprensione.*
Carl Rogers

L'arte di saper comunicare oggi costituisce di gran lunga l'abilità di più importante per il professionista che opera a contatto con i suoi clienti. È solo mediante la comunicazione che si ha una relazione con coloro che costituiscono la propria fonte di reddito e è solo comunicando che si può offrire loro un servizio. Questa capacità è fondamentale tanto in ambito professionale che privato, infatti in ogni momento della giornata comunichiamo: anche quando non diciamo niente, in realtà stiamo comunicando il nostro desiderio di non comunicare. Quando ci si relaziona con il prossimo, infatti si effettua sempre una vendita, si vende un prodotto, un'idea, se stessi, la propria professionalità, personalità, competenza, etc. La regola più importante della comunicazione è che non conta quello che vogliamo comunicare, ma quello che l'oggetto della nostra comunicazione percepisce, se a esempio il nostro interlocutore fraintende le nostre parole, la responsabilità è nostra che avremo dovute esprimerci con maggiore chiarezza; saper comunicare significa saper interpretare la persona con cui si interagisce, per poter adattare la comunicazione alle sue capacita di intendere. Pensate alla comunicazione tra due adulti e a quella tra un adulto e un bambino, è naturale che se un adulto desidera essere compreso da quest'ultimo, dovrà adeguare il proprio linguaggio al suo interlocutore, tanto verbale che non verbale e para verbale, differente sarà a esempio l'attenzione che un bimbo presterà a un adulto, che per parlargli, si abbasserà al suo livello fisico, nel senso che si porterà alla sua altezza, piegando le gambe, per poterlo guardare negli occhi senza guardarlo dall'alto in basso. La situazione non cambierebbe nel caso che un venditore alto 1,90 metri decidesse, restando in piedi, di effettuare una vendita a un'anziana signora di bassa

129

statura, guardandola da un punto di vista più alto di 50 centimetri, quindi costringendola a assumere una faticosa postura; certamente si avrebbe più possibilità di essere ascoltati con interesse invitandola a sedersi, per eliminare le distanze e la soggezione, anche questa è comunicazione e a volte questo aspetto predomina sulla scelta delle parole opportune da utilizzare per attrarre l'altro a sé. Comunicare, infatti, significa proprio attrarre gli altri, il grande comunicatore ha un fascino magnetico focalizza su di sé l'attenzione del suo pubblico, indipendentemente che questo sia costituito da una persona o da mille.

La comunicazione completa avviene quando, oltre al messaggio, passa anche una buona dose di anima.
Claudia di Matteo

La comunicazione è parte integrante di ogni vendita e tutte le tecniche di vendita non possono prescindere dalla comunicazione, il buon venditore, deve essere prima di tutto un abile comunicatore. La comunicazione è lo strumento con il quale si contratta, si litiga, si fa pace, si acquista, si vende, si trasmettono le emozioni, i sentimenti, gli esempi. L'esempio è una dei più efficaci strumenti per comunicare, per trasmettere coerenza tra i propri pensieri e le proprie azioni.

La comunicazione ha bisogno di coerenza tra i suoi livelli, se con la parola diciamo "si" ma con la testa diciamo "no", prima di tutto trasmettiamo incoerenza, confusione e perdiamo di credibilità, lo stesso avviene quando, a esempio, una donna comunica al suo compagno di essere in attesa di un figlio, e lui, quando gli si chiede se è felice, risponde con un " sì" sottotono e completamente privo di entusiasmo, ho assistito ieri a questa scena dal vivo, nella vita di una cara amica e il non verbale e il para verbale del suo uomo, purtroppo, gridavano l'opposto di quanto il suo compagno affermava con le parole. La parola, nella comunicazione, è spesso sopravvalutata, quello che il nostro interlocutore sentirà maggiormente infatti non è "quanto" diciamo, ma "come" lo diciamo.

Molto importante è anche saper ascoltare, più che mai per il venditore.

Il buon venditore sa che **per conquistare il cliente, bisogna fare parlare lui, il cliente non vuole che gli si venda qualcosa, vuole essere lui a comprarla.**

Il venditore abile comprende l'esigenza di apparire agli occhi del cliente sempre innanzitutto come il consulente che è, una persona in grado di dare un consiglio, cosa possibile solo dopo aver ascoltato le esigenze del cliente.

Ascoltare non vuol dire sentire, sentire è un processo passivo, l'ascolto da utilizzare per la vendita e in generale per innalzare la qualità di ogni comunicazione, deve essere di tipo attivo. Alcune persone sono naturalmente propense all'ascolto di tipo attivo, sono quelle a cui tutti fanno istintivamente le loro confidenze, anche se non richieste, infatti l'ascolto attivo costruisce l'empatia, caratteristica fondamentale della comunicazione. **Per poter portare gli altri verso noi, è indispensabile fare breccia nel loro mondo emotivo, saper toccare il loro lato più interiore; bisogna, in pratica, saper emozionare.**

Pensate a uno scrittore di romanzi, se è bravo, riesce a entrare nella sfera emotiva dei suoi lettori, pur non conoscendoli e non avendo la possibilità di parlargli direttamente, quindi non utilizzando strumenti come l'intonazione, il tono, ciononostante, con la sola parola scritta riesce a appassionare, a toccare l'anima, riesce a fare la differenza.

Ci sono parole che hanno un peso diverso rispetto a altre nella comunicazione e nella vendita, prendiamo a esempio una semplice congiunzione come "ma" e inseriamola in un contesto: "mi piace il tuo lavoro, ma potresti essere più specifico su questo argomento". Proviamo ora a sostituire "ma" con "e", e notiamo la differenza: "mi piace il tuo lavoro e potresti essere più specifico su questo argomento".

Adesso proviamo a entrare nella sfera emotiva dell'oggetto della comunicazione, se la frase fosse rivolta a voi, quale avreste preferito sentire? Quale avrebbe avuto su di voi la capacità di stimolare una correzione e quale vi sarebbe sembrata un po' falsa nella prima parte? La congiunzione "ma" ha la capacità di annullare tutto quanto viene detto prima di essa, in pratica si presterà attenzione solo a quanto viene detto dopo. Naturalmente l'intento di chi ha voluto porre l'attenzione sulla correzione da fare è quello di ottenere l'attenzione con un commento positivo, prima di una critica.

Anche questa è comunicazione, **se si vuole essere ascoltati, bisogna saper scegliere non solo le parole, ma anche il loro ordine.** Un altro elemento importante per essere attraente in comunicazione è la quantità delle parole usate, non sempre parlare tanto è costruttivo, chi parla tanto, solitamente ascolta poco, è troppo preso da quello che vuole dire per poter veramente interagire, inoltre diventa difficile per chi ascolta individuare il succo del discorso, quella parte da ricordare.

I bravi comunicatori, riescono a dire molto anche in poche parole, i chiacchieroni, spesso vengono lasciati parlare e poi liquidati con facilità.

Saper esprimere i concetti in maniera precisa e concisa, è anche un segno di rispetto del tempo del proprio interlocutore. Diverso è il caso di coloro che per vendere utilizzano tecniche prese in prestito all'ipnosi, vi sono infatti alcuni oratori che tengono conferenze dalla lunghezza anomala, per indurre in una sorta di trance il proprio pubblico, in modo da poter imprimere, successivamente, messaggi diretti al lato subcosciente della mente.

Un esempio di questo modo di comunicare sono state le campagne elettorali di Obama, nelle quali l'ex-presidente con discorsi della durata superiore alle due ore, riusciva a "ipnotizzare" gli elettori per effettuare una sorta di condizionamento a sposare la sua causa.

Il fallimento di una relazione
è quasi sempre un fallimento di comunicazione.
Zygmunt Bauman

Vi è uno strumento a mio avviso principe nella vendita, questo è costituito dalle domande. **È ponendo domande specifiche che si riesce a far parlare i propri clienti, guidando la conversazione su argomenti specifici scelti in anticipo.** Se per esempio si chiede a un potenziale cliente; *"quale prodotto preferisce tra i due?"*, si è già presupposto che uno dei due prodotti sia interessante, diverso sarebbe chiedere se dei due c'è né uno che interessa. **Chi domanda, comanda**, questo è un vecchio e sempre valido detto, noto a molti venditori. Le domande sono anche utili per recuperare l'attenzione di un gruppo o di una platea nel caso ci si accorga di una perdita di interesse, è statisticamente dimostrato che quando si parla in pubblico bisogna saper mantenere vivo l'interesse dell'interlocutore con richiami frequenti, perché ogni 7 minuti circa, gli ascoltatori tendono a distrarsi: in questa logica, è anche importante mantenere sempre il contatto visivo, quindi bisogna dirigere alternatamente il proprio sguardo verso differenti settori della propria platea, per far si che ognuno si senta oggetto della comunicazione. Mantenere il contato visivo è altrettanto importante nel rapporto a due, è difficile dare un peso a una persona, che mentre ti parla, guarda da un'altra parte, si ha l'impressione che quanto detto sia falso e che ci si voglia nascondere, quindi si perde la fiducia, che invece è alla base della comunicazione e presupposto indispensabile per la vendita. Il cliente, deve avere fiducia nel venditore, altrimenti non crederà a quanto questo cerca di dirgli, per ottenere fiducia è indispensabile essere calmi, mostrare sicurezza, quindi avere competenza, essere "padroni del proprio prodotto", perché senza competenza, non si è mai convincenti.

Una buona vendita è condotta in diverse fasi, tra cui individuiamo la prima, quella con la quale catturiamo l'attenzione del nostro cliente, la seconda, quella in cui portiamo l'attenzione sui suoi bisogni emotivi, cioè quella in cui cerchiamo di emozionarlo, parlando dei benefici che otterrebbe da un dato prodotto/servizio, la terza, quella in cui provvediamo a fornire le caratteristiche di quanto proponiamo, per indurre il cliente a giustificare l'acquisto, e la quarta, quella in cui gratifichiamo il cliente per averci dato il suo consenso, con frasi tipo: *"sono certo che sarà felice di quanto acquistato, lo troverà certamente utile, etc."*. La comunicazione cambia, come cambia il tono della voce, in ogni fase della vendita. Interessanti studi sono stati fatti proprio sul "colore" della voce, ovvero le variazioni d'intonazione, volume e velocità che danno luogo a differenti combinazioni, per promuovere una voce di tipo autorevole, amichevole, rassicurante o stimolante.

La comunicazione non è quello che diciamo,
bensì quello che arriva agli altri.

Claudia di Matteo

Chi lavora nei call center sa che dal tono delle prime parole potrà guidare l'interlocutore in uno stato mentale selezionato, disponendolo o indisponendolo a accogliere una proposta commerciale; la prima impressione è molto importante nella comunicazione con un soggetto sconosciuto, è nel primo minuto che ci si forma un'opinione su una persona, poi difficilmente questa viene cambiata, ribadiamo che **non si ha una seconda occasione per una buona prima impressione.** Superfluo dire che anche come si stringe una mano, quando si viene presentati, lascia intuire agli altri la propria personalità, il venditore, come il consulente, per essere ascoltato, deve essere riconosciuto come un leader e un leader deve trasmettere forza, determinazione, non può farlo se ha la voce o le mani che gli tremano. Molto utile per rafforzare la propria sicurezza, prima di un incontro, è visualizzare mentalmente una occasione passata in cui si è stati dei vincenti, per riaccedere a quel particolare e costruttivo stato mentale, utilissimo nel momento attuale, **se si è convinti di essere convincenti, sicuri, determinati, si apparirà come tali, i pensieri, di fatto, condizionano la realtà e lo stato emotivo del venditore/consulente condiziona notevolmente l'esito della sua comunicazione.** Molto utili per ottenere un "sì" sono anche le "catene dei sì", ovvero sequenze di domande poste al cliente dove già si

133

suppone che risponda affermativamente, per esempio, se chiedo: "le piacerebbe aumentare il proprio reddito? (chi direbbe di no?)

Poi proseguo chiedendo: - vorrebbe avere più tempo da dedicare ai suoi interessi? (anche qui il si è scontato), - Sceglierebbe un prodotto in grado di garantirle i suddetti punti senza richiedere alcun sacrificio? Dopo aver ottenuto i primi 3 sì concludo chiedendo: "se adesso le proponessi un prodotto garantito, affidabile, sarebbe disposto a firmare immediatamente un contratto?" A questo punto il cliente sarebbe naturalmente portato ad accettare, molto più che se gli avessi rivolto quest'ultima domanda, per prima. Altro consiglio è quello di instaurare un rapporto cordiale con i propri clienti ma evitare di andare troppo sul personale, non conoscendo la storia di ognuno, si potrebbe correre il rischio di creare distacco portando l'attenzione su un argomento che potrebbe risultare spiacevole per il proprio interlocutore, quindi è meglio rimanere sul generico. Quando a esempio si desidera coinvolgere emotivamente il cliente, risulta utile avvalersi di suggestioni, queste però saranno tanto più efficaci quanto si darà al proprio interlocutore la possibilità di farle proprie. Se volessi evocare, per esempio, uno stato di energia nel mio interlocutore, potrei parlargli di quanto si sentiva bene dopo la vittoria della propria nazionale di calcio ai campionati mondiali, ma se il mio interlocutore odiasse il calcio, non otterrei l'effetto voluto; altro metodo potrebbe quello di ricordagli come si sentiva dopo aver ricevuto il voto più alto al suo esame più importante, in questo casa sarà l'interlocutore stesso a immaginare il suo esame, e il suo voto; in pratica l'essere vaghi ha garantito l'esito positivo della rievocazione, consentendo all'oggetto della comunicazione di riempire gli spazi da me lasciati vuoti, in questo caso la suggestione è potente e si potrà predisporre una vendita condizionando lo stato emotivo di chi ci sta di fronte. Se volessi vendere una motocicletta con un motore con 200 cavalli, userei questa tecnica, naturalmente la mia comunicazione sarebbe diversa se volessi vendere un titolo dal rischio basso e dal profitto minimo ma sicuro, in questo caso vorrei che il mio interlocutore vivesse la rassicurazione, a esempio quella che si tende a provare quando si va in vacanza per 10 anni in uno stesso posto. Queste tecniche possono essere fraintese, in quanto alcuni potrebbero credere che in questo caso, più che di comunicazione si stia parlando di manipolazione. La differenza tra le due è notevole, un conto è cercare di portare l'acqua al proprio mulino, nella maniera più efficace possibile, ma nel rispetto dell'altro, altro conto è avvalersi di tecniche di persuasione per indurre truffe. **L'etica deve essere di primaria importanza in ogni trattativa, in ogni vendita, anche perché solo operando in maniera etica ci si può garantire un rapporto continuativo con i propri clienti e ottenere benefici a lungo termine per entrambi.**

Ogni cliente va visto non solo per quello che può dare oggi, ma per quanto può costituire una garanzia del proprio futuro. La ricchezza di ogni professionista, sta nella sua lista clienti, non nei suoi prodotti, con i prodotti non si comunica, con i clienti si, perciò la qualità dei rapporti che si riesce a instaurare con essi, sarà determinata dalla qualità della propria comunicazione. Concludo questo paragrafo sottolineando la differenza tra l'essere disponibile per i propri clienti e l'essere a disposizione degli stessi; l'essere disponibile sottolinea la propria professionalità e il riguardo che si riserva ai propri clienti, l'essere a disposizione porta a esser svalutati dagli stessi, che avranno poca considerazione e rispetto del tuo tempo e tenderanno a non prestare attenzione alle tue parole, il cliente deve sempre poter contare sul suo consulente, ma nel rispetto degli orari e dei giorni in cui può richiedere la sua disponibilità, possibilmente previo appuntamento telefonico.

Reminder

1. Il professionista sa che il cliente concluderà positivamente se si trova in uno stato d'animo positivo ed entusiasta, l'ottimismo ha un potente influsso positivo ai fini del successo nella vendita.

2. Tecnicamente un buon consulente-venditore potrebbe impostare il suo colloquio in quest'ordine: verificare il fabbisogno del cliente, destare l'interesse del cliente, rendere il cliente consapevole delle sue esigenze, proporre una valida soluzione alle suddette esigenze, offrire un aiuto concreto per completare la soluzione e garantirsi il raggiungimento dell'obiettivo finale.

3. Ogni volta che ci relazioniamo con altri individui, in realtà stiamo vendendo o comprando qualcosa, tutto, sostanzialmente, è una vendita.

4. Quando si compra, lo si fa sempre prima con il cuore, si acquistano dunque emozioni, poi si giustifica l'acquisto con la ragione, non viceversa.

5. Essere un consulente nel ventunesimo secolo, significa soprattutto saper padroneggiare l'arte della comunicazione. La mancanza di feeling tra consulente e cliente spinge quest'ultimo nelle braccia della concorrenza.

6. Portando l'attenzione sul piano dei valori del cliente promuoviamo la comunicazione emotiva, rafforziamo il rapporto, risolviamo eventuali conflitti e lavoriamo per costruire un reciproco rispetto.

7. È basilare una correlazione forte tra i bisogni del cliente e i prodotti/servizi che si intende proporgli. Per conquistare un cliente bisogna individuare correttamente i suoi bisogni che sono tanto materiali quanto personali. Soddisfare i bisogni materiali è relativamente semplice, basta conoscere le reali esigenze del cliente; questo, di solito le espone spontaneamente, invece è più complesso conoscere i bisogni personali del cliente, senza invadere la sua privacy; per far ciò' bisogna saper ascoltare il cliente e "leggere tra le righe", ovvero saper interpretare quei messaggi che trasmette pur dicendo altro. È importante sapersi allineare con i bisogni del cliente, se si vuole diventare il suo riferimento.

8. È attraverso l'unicità del nostro prodotto che possiamo diventare i numeri uno per i nostri clienti, ma è anche importante che il cliente percepisca tale unicità, quindi bisogna sapergliela comunicare.

9. Quel che va ricercato è la maniera di offrire ai propri clienti un'esperienza emotiva unica. Sono le piccole attenzioni che rivolgete ai vostri clienti che daranno a loro la possibilità di ricordarsi di voi, quindi evitate di sottovalutare i dettagli.

10. Mantieni il focus sui tuoi obiettivi, per raggiungerli, impegnati a assumere le giuste abitudini. Si riesce a mantenere le abitudini, solamente se queste sono allineate con le nostre capacita, motivazioni e conoscenze, altrimenti dopo i primi giorni di entusiasmo, le abitudini verranno abbandonate.

11. Per raggiungere il successo, è basilare comprendere che ogni azione ha una conseguenza e che possiamo cambiare i risultati ottenuti fino a oggi, modificando il nostro modo di agire. Ognuno di noi, per crescere deve essere disposto a cambiare alcuni aspetti del suo sistema di credenze, ognuno, infatti ne ha di limitanti, senza che ne abbia la consapevolezza.

12. Tra i segreti delle persone di successo vi è la capacita di soffermarsi solo su quanto veramente utile, tralasciando i dettagli inutili; non è necessario comprendere ogni dettaglio per acquisire una visione d'insieme.

13. Solo assumendosi la responsabilità delle proprie azioni, se ne può assumere anche il merito.

14. Il successo si ottiene più velocemente se a pensare si è in tanti, questo è il motivo per cui il lavoro in team è tanto efficace.

15. Qualunque compito ci accingiamo a svolgere, richiede impegno e dedizione, senza i quali è impossibile ottenere risultati soddisfacenti. Spesso a emergere non sono individui straordinari, ma individui determinati al successo.

16. L'arte di saper comunicare oggi costituisce di gran lunga l'abilità più importante per il professionista che opera a contatto con i suoi clienti.

17. La comunicazione è parte integrante di ogni vendita e tutte le tecniche di vendita non possono prescindere dalla comunicazione, il buon venditore, deve essere prima di tutto un abile comunicatore.

18. La comunicazione ha bisogno di coerenza tra i suoi livelli, se con la parola diciamo "sì ma con la testa diciamo "no", prima di tutto trasmettiamo incoerenza, confusione e perdiamo di credibilità.

19. Per conquistare il cliente, bisogna fare parlare lui, il cliente non vuole che gli si venda qualcosa, vuole essere lui a comprarla.

20. Ascoltare non vuol dire sentire, sentire è un processo passivo, l'ascolto da utilizzare per la vendita e in generale per innalzare la qualità di ogni comunicazione, deve essere di tipo attivo.

21. Se si vuole essere ascoltati, bisogna saper scegliere non solo le parole da usare, ma anche il loro ordine. È ponendo domande specifiche che si riesce a far parlare i propri clienti, guidando la conversazione su argomenti specifici scelti in anticipo.

22. Per poter portare gli altri verso noi, è indispensabile fare breccia nel loro mondo emotivo, saper toccare il loro lato più interiore; bisogna, in pratica, saper emozionare.

23. Se si è convinti di essere convincenti, sicuri, determinati, si apparirà come tali, i pensieri, di fatto, condizionano la realtà e lo stato emotivo del venditore/consulente condiziona notevolmente l'esito della sua comunicazione.

24. Ogni cliente va visto non solo per quello che può dare oggi, ma per quanto può costituire una garanzia del proprio futuro. La ricchezza di ogni professionista, è nella sua lista clienti, non nei suoi prodotti.

Motivando

La motivazione al successo

Chi sa concentrarsi su qualcosa e perseguirla come unico scopo,
ottiene, alla fine, la capacità di fare qualsiasi cosa.

M. Gandhi

Ognuno di noi ha delle "cose" che ci stimolano dentro una forte motivazione e altre cose verso cui non ci si sente affatto motivati. Esiste la motivazione istantanea, quella cioè che ci conduce a agire immediatamente, come a esempio quando la nostra casa è in fiamme e, certamente, non attendiamo di terminare quel film splendido che stavamo guardando, prima di chiamare i pompieri. Questo è il tipo di motivazione in cui l'attivazione è stimolata dall'esterno di noi stessi.

Possiamo però utilizzare un diverso tipo di motivazione, azionata da noi stessi, da dentro di noi, senza attendere che un evento esterno ci spinga l'azione.

Facciamo insieme questo esercizio:

1. Chiediti: cosa ti piacerebbe essere davvero motivato a fare?

2. Scegli, adesso, qualcosa che veramente vorresti essere fortemente motivato a fare!

3. Ripensa a una situazione del tuo passato in cui ti sei sentito veramente fortemente motivato: una situazione particolare in cui hai compiuto un'azione positiva che ha fatto un'enorme differenza nella tua vita. Torna a mentre la vivevi, immedesimati completamente in quella circostanza, coinvolgi intensamente tutti i tuoi sensi: ascolta ciò che ascoltavi, vedi ciò che hai visto e sentiti profondamente bene, esattamente come allora.

4. Mentre rivivi nella mente quel momento, rendi tutti i colori più vivaci, le sensazioni più forti e i suoni più incisivi, con la tua voce interiore ripetiti chiaramente e più forte che puoi: "Perfetto! Proseguì così!"

5. Blocca queste sensazioni positive tra il pollice e l'indice delle tue mani, unendoli tra di loro. Da questo momento in avanti, ogni volta che farai il gesto di unire le tue due dita, ritroverai e rivivrai le stesse sensazioni positive.

6. Ripeti questi primi passaggi più volte, aggiungendo ogni volta nuove esperienze positive e fortemente motivanti, finché, premendo pollice e indice tra loro, ti sentirai stracolmo di emozioni positive e sarai impaziente di passare immediatamente all'azione.

7. Continuando a tenere le dita premute tra loro, immagina una situazione nella quale vorresti sentirti più motivato, visualizza che tutto va per il meglio, esattamente come vorresti: vedi ciò che vedresti, sentiti bene come ti sentiresti nel passare all'azione, ascolta ciò che ascolteresti e fai in modo che le cose vadano esattamente come vuoi.

Praticando quest'esercizio azionerai un grande potere dentro di te e qualsiasi cosa deciderai di fare ti apparirà più facile di quanto non lo sia stata precedentemente, perché adesso sei in grado di innescare la tua personale motivazione.

La forza dell'ottimismo

Tutti i nostri sogni possono diventare realtà,
se abbiamo il coraggio di perseguirli.

Walt Disney

Un professionista di successo è sicuramente dotato di ottimismo, è certamente in grado di carpire sempre una possibilità, anche e soprattutto là dove i pessimisti notano soltanto limiti e ostacoli. **Un ottimista non rinuncia mai a causa di pregiudizi o esperienze negative di altri; anche se incontra un fallimento, lo vive solo come un'esperienza, un feedback, una lezione preziosa. Gli ottimisti analizzano le nuove sfide, modificano le loro strategie e vanno avanti fortemente convinti di riuscire; non ascoltano mai le previsioni pessimistiche, abitualmente proseguono dove molti rinunciano,** provano e riprovano continuamente finché non ottengono ciò che vogliono, colgono ogni opportunità, incluse tutte quelle che le persone pessimiste si lasciano sfuggire per timore del fallimento. Al fine di aumentare l'ottimismo dentro di te, prova a:

1. Non demordere quando una nuova idea non ti dà i risultati che speravi, continua a perfezionarla finché non troverai il giusto metodo per attuarla.
2. Non permettere alle opinioni altrui e alle statistiche di demoralizzarti.
3. Prepara una presentazione attraverso la quale i tuoi clienti possano capire immediatamente i notevoli vantaggi della tua offerta.
4. Metti il massimo impegno in ogni tentativo che fai.
5. Conserva sempre un atteggiamento positivo, rafforzandolo continuamente con pensieri che ti diano nuovi e stimolanti motivazioni, perché la quantità di fiducia che riponi nella certezza del raggiungimento dell'obiettivo farà senza dubbio la differenza.

6. Quando ti imbatti in un ostacolo, non temere di non riuscire, domandati invece cosa puoi fare per uscirne vincente e fai un nuovo tentativo.

7. Pensa al futuro con positività, agisci e parla in maniera entusiasta, questo ti aiuta a allontanare i pensieri negativi e induce anche i tuoi clienti all'ottimismo, predisponendoli all'acquisto.

8. Agisci, sempre e comunque, essere ottimisti significa anche proseguire senza indugio, a prescindere dalle difficoltà, pertanto presta attenzione al tuo dialogo interiore, che sia positivo, cioè che sia sempre in grado di motivarti sempre più all'azione.

Al fine di accrescere la propria dose di ottimismo personale, e anche di supporto ricordare sempre che:

1. Non esistono fallimenti ma solo feedback; quando una nuova idea non funziona, non demordere, perché puoi sempre perfezionarla e troverai il metodo giusto.

2. Non lasciarti mai scoraggiare dalle statistiche e dalle opinioni altrui, non rinunciare in partenza, concentrati in maniera positiva.

3. Confida sempre nella possibilità di avere ogni giorno opportunità migliori. Rinforza sempre la tua convinzione che, quando avrai trovato la giusta strategia, venderai il tuo prodotto con molto più successo, continua a sperimentare nuovi metodi finché le tue vendite non avranno decollato in maniera eccezionale.

4. Metti il massimo impegno in ogni tentativo che fai, agisci sempre con grande entusiasmo altrimenti otterrà risultati ben poco entusiasmanti; o addirittura drammaticamente negativi, se così immagini te stesso nella tua mente, pertanto credi fortemente nel tuo successo, le tue convinzioni sono quello che farà la differenza. È importantissimo l'atteggiamento positivo e la fiducia totale che devi riporre nel raggiungimento del tuo obiettivo. Rinforza continuamente i tuoi pensieri con le tue convinzioni potenzianti, che ti diano sempre più forti e nuove motivazioni.

5. Individua tutti i vantaggi dei tuoi prodotti, esaminali accuratamente, soprattutto quelli che finora hanno avuto poco successo. Osservali con ottimismo e nuova ambizione, vedrai che scoprirai in loro altre possibilità e nuovi vantaggi.

6. Elabora una presentazione grazie alla quale i clienti ricordino i vantaggi della tua offerta, in fase di crisi l'unico modo per far sì che i prezzi che applichi siano ritenuti corretti e validi anche dai tuoi clienti più scettici.

7. Evidenzia ai clienti quali vantaggi sei in grado di offrire loro, con il tuo prodotto e la tua consulenza e assistenza.

8. Pensa al futuro con ottimismo, trasmetti a te stesso e agli altri positività, non concentrarti mai sugli insuccessi, ma credi fortemente nel tuo futuro successo.

9. Pensa, vivi, muoviti e agisci con grinta ed entusiasmo.

10. Agisci, agisci, agisci con dinamismo e ottimismo e conservando sempre un dialogo interiore positivo che possa motivarti costantemente all'azione.

Ci sono tre grandi cose al mondo:
gli oceani, le montagne e una persona motivata.

Winston Churchill

Successo e Leadership

*La storia della razza umana
è la storia di uomini e donne che si sottovalutano.*

A. Maslow

Successo: cosa significa veramente questa parola? Il successo è una condizione che tutti possono raggiungere in qualsiasi ambito decidano veramente di farlo; non è una frase fatta, ma il risultato di un'analisi condotta su quelle persone che ieri come oggi, hanno saputo raggiungere questa condizione. **Conseguire il successo è una naturale conseguenza dell'adozione di valide strategie, impegno e determinazione.** Le strategie oltre a indicarci come procedere in tal senso, ci evidenziano soprattutto come non procedere, gli errori da evitare e l'atteggiamento mentale da assumere. Analizzando, a esempio, il successo economico, viene fuori che molti credono, erroneamente, che coloro che oggi possano essere definiti miliardari, siano tali perché partiti da una posizione di vantaggio, magari con una fortuna economica ereditata. Questo, quasi mai, corrisponde alla realtà, i più grandi miliardari di tutti i tempi si sono quasi sempre, "fatti da soli", ovvero sono stati capaci di creare una fortuna dal nulla, ma come hanno fatto? Scopriamolo insieme. Il primo passo verso la libertà economica consiste nel **vincere la paura degli altri.** Questo tipo di paura è subdolo e spesso si instaura in noi in giovane età. Quando abbiamo paura, la prima reazione è spesso quella di allontanarci da ciò che ci spaventa, sia essa una belva feroce o un capo intransigente, ma è proprio il fuggire che alimenta la nostra paura, quella che sembra essere una conseguenza di un'emozione, è spesso la causa dell'emozione stessa.

Successo non è solo ciò che realizzi nella tua vita,
ma anche ciò che ispiri nella vita degli altri.

Claudia Di Matteo

Del resto cosa è il coraggio? Sicuramente non è evitare di avere paura; **il coraggio consiste nel vincere la paura, nel reagire con un comportamento che tenderà a superare la nostra paura, non allontanare noi da ciò che ci spaventa.** Quando proviamo paura, cambia la nostra fisiologia, viene la tachicardia e le gambe tremano e cedono: come possiamo dunque riprendere il controllo? Lavorando sullo stesso piano, ovvero auto-imponendoci un cambio di fisiologia: la respirazione, in questi casi, è l'elemento determinante, impariamo a controllare la nostra respirazione e impareremo a controllare le nostre emozioni. Hai mai pensato al motivo per il quale molti fumatori credono che fumare rilassi? Credi forse che la velenosa nicotina possa fungere veramente da rilassante camomilla? La verità è che quel che rilassa è la respirazione che adottiamo quando fumiamo una sigarette, ovvero lenta e prolungata. Mille volte avrai sentito dire: se sei nervoso, fermati, fai un bel respiro profondo e vedrai che tutto andrà meglio, è vero, riuscirai a allentare la tensione: è proprio di questo che sto parlando, controlla la tua respirazione e controllerai le tue paure. Come vedi, vincere la paura non è difficile, ma l'obiettivo primario deve essere quello di curare la malattia, non il sintomo. **Perché abbiamo paura degli altri? Quasi sempre la ragione è situata nella nostra scarsa autostima o nella sopravvalutazione del prossimo.** In entrambi i casi, quello che viene a crearsi è un dislivello tra noi e i nostri modelli di riferimento, questo succede spesso perché abbiamo degli altri solo una visione superficiale, tendiamo spesso a attribuire loro capacità che, di fatto, non hanno, oppure nascondiamo a noi stessi i nostri talenti. Quando ci viene presentata una persona di successo, tendiamo a mitizzarla e a notarne solo i pregi; se avessimo ogni volta l'occasione di conoscerla a fondo, scopriremo che tutti hanno le proprie debolezze, nessuno escluso. Vi ricorda qualcosa Achille? Ognuno di noi eccelle in qualche ambito, potremmo essere forse dei manager mediocri, ma magari siamo dei formidabili giocatori di biliardo. Se durante un torneo ci venisse presentato da un amico un potenziale cliente, questi noterebbe la nostra abilità al gioco e sarebbe istintivamente portato a crederci dei vincenti anche in ambito lavorativo. Quasi mai, quel che riusciamo a trasmettere in un primo approccio, corrisponde alla nostra reale personalità, altrimenti ogni qual volta ci sentissimo attratti da una persona, o fosse lei a essere attratta da noi, si verrebbero a creare i

152

presupposti per una relazione stabile: quel che succede, invece nel 90 % dei casi, è che già il giorno successivo ci capita di avere una percezione differente di quella stessa persona che la sera prima ci attraeva tanto. È insito nella nostra natura metterci continuamente a paragone con il prossimo e spesso è proprio perché **ci svalutiamo che impediamo a noi stessi di eccellere.**

Se l'opportunità non bussa, costruisci una porta.

Milton Berle

Dobbiamo imparare a avere più fiducia in noi stessi e nelle nostre capacità ed evitare di considerare noi e gli altri per quello che fanno, anziché per quello che sono. Prendiamo come spunto l'attuale situazione economica del nostro paese, oggi è per moltissimi, molto difficile trovare la realizzazione nel proprio lavoro, si parla molto di crisi e ci si lamenta che di soldi non ne circolano più. Questo atteggiamento negativo, di fatto condiziona ognuno di noi, in maniera diretta o riflessa, pertanto il fatturato annuo di molte aziende tende a scendere, come tende a diminuire il lavoro di molti liberi professionisti. Questo cosa vorrebbe dire, che sono diventati tutti incapaci improvvisamente, dall'oggi al domani? Se il nostro lavoro cala, noi valiamo meno come persone? Certamente no! I nostri insuccessi sul lavoro non denunciano una diminuzione del nostro valore, che si presume che con l'esperienza tenda a aumentare, non a decrescere, piuttosto denunciano la nostra poca reattività di fronte a un mercato in vertiginosa evoluzione, o involuzione. Sarà sufficiente far nostre strategie nuove, acquisire nuove competenze e torneremo sulla cresta dell'onda. Certo diventa difficile farlo se invece ci autocommiseriamo, se ci riteniamo dei falliti, se pensiamo di essere degli incapaci. **Tutto parte sempre e solo da noi, dalla nostra visione di noi stessi e delle nostre potenzialità, fondamentalmente, si tratta di concentrare l'attenzione sulle nostre doti, sui nostri talenti, anziché sui nostri limiti.** Gli altri non sono migliori di noi, anche quando lo sembrano, non vi sono persone migliori o peggiori, **ma persone che vogliono fare o non fare.** Quando si è **coscienti del proprio valore, quando non si teme nessuno, se non la propria pigrizia, si entra in uno stato di grazia che diventa contagioso, affascinante, attraente.** Il manager fiducioso nelle sue capacità sarà carismatico, non presuntuoso e i clienti se ne accorgeranno, avranno fiducia, si lasceranno guidare. Non sono forse queste caratteristiche da leader?

Questo è il secondo segreto per avere successo, **bisogna avere le qualità di un leader,** bisogna comportarsi come leader e se non lo si è ancora, attraverso il modellamento e agendo "come se...", lo si diventerà molto presto.
Ma quali sono queste qualità? Individuiamone le principali:

1. La prima dote di un leader è la capacità di vedere le cose da una prospettiva diversa, da un punto di vista globale. **Solo vedendo l'insieme delle cose se ne potrà cogliere il significato,** che invece sfugge a chi si limita a giudicare solo l'apparenza, esclusivamente l'evidenza.
2. La seconda dote è **l'autorevolezza,** un vero leader deve suscitare rispetto e offrire protezione, deve diventare il punto di riferimento.
3. La terza dote è la **tenacia,** la determinazione. Se un leader si lascia abbattere facilmente, è schiavo degli eventi, non padrone, quindi difficilmente verrà riconosciuto come "il capo". Il leader autentico non molla mai, è di esempio per tutti, il primo a arrivare, l'ultimo a andarsene.
4. La quarta dote è la **fede in una causa,** se non si ha fede, non si può ispirare fiducia negli altri, bisogna credere in quel che si fa, così si porterà la comunità, l'azienda, il team a fare altrettanto.
5. L'ultima dote del leader è forse la più importante e non riguarda una qualità, una caratteristica, ma una dote in senso materiale. Il capitale del leader non è nel conto in banca, ma nelle persone che lo seguono, lo ammirano, lo stimano. **Se non si hanno seguaci, non si è un buon leader. Il leader ha bisogno di un gruppo, quanto un gruppo ha bisogno di un leader.**

Se le vostre azioni ispirano altri a sognare di più,
imparare di più, fare di più e trasformare di più,
voi siete leader.

John Quincy Adams

Se si posseggono le qualità del leader si hanno ottime possibilità di affermarsi nella vita, nei campi che corrispondono ai nostri interessi, quelli che ci appassionano, ma non sono sufficienti queste doti. Per avere successo, l'altro nemico da sconfiggere è la pigrizia. Vi sono Paesi dove è considerato normale lavorare 12 ore al giorno e ognuno lo fa senza lamentarsene, altri invece dove il lavoratore medio, dopo 6 ore di lavoro si sente distrutto, sfinito, stremato, anche se la gran parte del suo lavoro si svolge seduto in poltrona, dietro a una scrivania. La nostra attitudine al lavoro è fortemente condizionata dal nostro ambiente, quando non facciamo sport da mesi, vediamo una persona fare jogging e ci sentiamo già stanchi al suo posto, solo per averlo guardato. Se invece siamo abituati a andare a nuotare per due ore, 4 volte a settimana, se un giorno nuotiamo solo per un'ora, abbiamo l'impressione di non aver fatto nulla. Quel che maggiormente condiziona il nostro quotidiano sono **le nostre abitudini, molto spesso ne siamo schiavi, anziché padroni.** Sappi che **tutto quello che ripetiamo per 3 settimane consecutivamente diventa abitudine, noi facciamo le nostre abitudini, poi le nostre abitudini fanno noi.** Da numerosi studi condotti sulle caratteristiche che possiedono i rappresentanti del 20% della popolazione che detengono l'80 % della ricchezza totale, si è evinto che tra le diverse caratteristiche comuni, quella di maggior spicco è proprio l'operosità. Chi nella vita ha molto, solitamente fa molto per averlo. Con questo non intendo dire che basta fare per avere, **bisogna saper fare e fare bene**, ma senza fare, il sapere è inutile. Se si studia molto e si **apprendono tutte le migliori ed efficaci tecniche di Programmazione Neuro Linguistica, ma poi nessuna di queste viene messa in pratica, se non si entra in azione, l'essersi adoperati per impararle diventa inutile, senza azione non vi sono risultati.** Saper individuare e visualizzare i propri obiettivi è importante, ma per avere successo, bisogna **impegnarsi**, bisogna **vincere la paura degli altri, quella di sbagliare e la propria pigrizia.** Il successo è conseguenza di uno stato d'animo che a esso lascia spazio, bisogna saperlo accogliere a braccia aperte, bisogna programmare se stessi per averne.

Coloro che vogliono essere leader ma non lo sono, dicono le cose.
I bravi leader le spiegano. I leader ancora migliori, le dimostrano.
I grandi leader le ispirano.

Claudia di Matteo

Tutto dipende dal nostro atteggiamento mentale che deve sempre essere positivo, a esempio è fondamentale:

1. Essere padroni della propria mente, quindi saper governare le proprie emozioni.
2. Saper mantenere il focus solo su quanto si desidera e si vuole attrarre a sé.
3. Togliere ogni attenzione ai pensieri negativi e a tutto quel che nella vita si vuole allontanare da se.
4. Essere flessibili e tolleranti.
5. Avere fiducia in se stessi e riconoscere il proprio valore, a prescindere dai risultati.
6. Essere attivi e dinamici, il successo non passeggia mai, è veloce, corre.
7. Avere etica e rispetto per gli altri.
8. Essere capaci di rispettare i tempi prefissati, essere puntuali.
9. Essere tenaci, persistenti e pretendere ogni giorno il 200% da se stessi, prima che dagli altri.
10. Essere consapevoli della propria unicità e originalità.
11. Essere grati per quanto di buono si ha e gioirne.
12. Essere nella causa, non nell'effetto, ovvero saper plasmare il proprio destino, evitare di subirlo.
13. Essere umili per poter apprendere da tutti, soprattutto da chi è migliore di noi.

Possedere queste caratteristiche vuol dire avere "potere", nel senso di sentire che tutto è alla propria portata. Alcune di queste caratteristiche sono già dentro di noi, altre sono facili da acquisire, basta di fatto riconoscerle come importanti ed esse verranno "a galla". Per acquisire quelle che sembrano mancare, bisogna invece "lavorarci su", ovvero fare esercizio. Nell'esercitarsi, ci sono alcune queste cose che è necessario saper padroneggiare. **Innanzitutto bisogna saper Gestire la propria impulsività, ovvero saper comandare le proprie emozioni, scegliere quelle adeguate come si scelgono gli abiti in un guardaroba, per poter indossare sempre quelli giusti a seconda dell'occasione.** Se ci lasciamo travolgere dalle emozioni, anziché controllarle, siamo confusi, smarriti. Bisogna imparare a avere controllo di sé e una delle tecniche migliori per farlo, lo abbiamo detto è la respirazione.

Prova, a questo scopo, a respirare nel modo seguente: inspira, gonfiando l'addome anziché i polmoni, per la durata di un secondo, poi trattieni l'aria per 4 secondi e infine getta fuori tutta l'aria lentamente, impiegando 2 secondi per farlo, dopodiché ricomincia. Utilizza questa respirazione, consigliata dalla medicina ayurvedica, per alcuni minuti e troverai un'insolita pace interiore, una maggiore padronanza di te, che a esempio potrebbe esserti estremamente utile prima di un esame o di un colloquio di lavoro o di qualsiasi situazione che ritieni potrebbe renderti ansioso. **L'ansia è uno stato d'animo poco costruttivo e bisogna imparare a dominarla, cosi come la paura, anche solo di non sapere cosa dire, che poi è frequentissima.** Sapevi che, per noi umani, la paura più grande dopo quella per la morte è quella di parlare in pubblico? Diversi anni fa, a me è sembrata un'affermazione esagerata, quando lo ho appreso per la prima volta, non ci credevo, forse perché a me non ha mai fatto alcun timore parlare alla folla, ma fonti autorevoli e numerosi studi confermano questa statistica, quindi comprenderai la rilevanza di possedere le giuste tecniche per dominare le proprie emozioni e accrescere la padronanza di sé. Altre tecniche per raggiungere questo scopo, a esempio, consistono nel fare cose che facciamo abitualmente, ma in modo diverso, a esempio imparare a utilizzare la mano sinistra in situazioni in cui siamo soliti usare la destra, oppure imponendoci di fare ogni giorno qualcosa che solitamente lasciamo fare a altri, perché non abbiamo voglia di farle noi, o crediamo di non esserne capaci. Queste situazioni stimolano la nostra mente in maniera differente dal solito e migliorano il nostro controllo. Avete mai notato come i maestri di arti marziali, che sono solitamente tra le persone con maggior autocontrollo, tendono a suscitare in noi un effetto positivo, trasmettendoci pace e forza allo stesso momento? Quando abbiamo il pieno controllo di noi, si nota, questa condizione può aiutarci molto a avere successo nella vita, diverremo per gli altri un esempio, saranno attratti da noi, si fideranno, tenderanno a mettersi nelle nostre mani, ci riconosceranno come leader, del resto non è forse noto che la calma è la virtù dei forti? Se dunque riconosciamo di non possedere queste doti, ma le riconosciamo in persone che fanno parte della nostra vita, professionale o personale, non dobbiamo aver timore di modellarle, di domandare come loro raggiungono questo controllo interiore, le tecniche posso essere molteplici e se portano a risultati concreti, ognuna può andare bene per noi. Questo è un altro aspetto importantissimo sul quale dobbiamo esercitarci, ovvero **dobbiamo vincere la paura di chiedere agli altri, che si tratti di aiuto o di un semplice e banale consiglio. Porre e porsi le giuste domande è sempre la maniera migliore per apprendere, la più veloce, la più semplice, la più efficace. Inoltre bisogna**

evitare di farsi condizionare da vecchie e spesso erronee convinzioni, bisogna partire senza pregiudizi nei confronti di quelle che sono le nostre possibilità evitando di auto-imporci limiti a priori. Ricorda che si può arrivare solo fin dove arriva il nostro sguardo, se lo si punta in basso, si faranno pochi passi, se al contrario si guarda, a mente aperta, l'orizzonte, le possibilità individuali di ognuno di noi sono infinite, molto più grandi di quelle che si è soliti considerare. Vi è mai capitato di fare una lezione in palestra con un personal trainer? Sono certo che, come è capitato a me, in quell'occasione avete scoperto di poter chiedere molto più al vostro corpo di ciò' che credevate possibile. A me è capitato si scoprirmi all'altezza di fare cose che credevo fossero appannaggio solo di sportivi estremamente allenati, non sto parlando di sollevare chissà quale peso o nuotare veloce come un razzo, ma semplicemente di scoprire che fare 500 addominali non è impossibile, così come correre per trenta minuti consecutivi pur non avendo mai provato a farlo prima. Il segreto per ottenere queste piccole conquiste è alla portata di tutti, basta pensare che sia normale, anziché straordinario, farlo, perché i più sono, per indole, portati a non sentirsi straordinari, quindi abbassano le loro ambizioni, fino a renderle "normali" perché si sentono nella impossibilità di poter realizzare le loro vere ambizioni. Quello che ti consiglio io, è sentirti, da oggi, da questo momento, proprio mentre leggi questo testo, **una persona straordinaria, in grado di fare cose straordinarie, quindi non, "volare basso" e non aver timore di porti obiettivi ambiziosi, perché non esiste veramente niente che sia impossibile da realizzare.** Questa è la mentalità dei geni, che non sono geni per nascita, ma per atteggiamento. Sai quanti tentativi ha fatto Thomas Edison prima di inventare la lampadina? Oltre mille. Se avesse creduto che inventarla fosse stato impossibile, lo avrebbe mai fatto? Ciò che lo ha reso geniale agli occhi di molti è stata semplicemente la sua tenacia, ha avuto un'idea, ha provato e riprovato, finché non ha ottenuto quello che aveva immaginato possibile. E questa è l'occasione buona per parlare di un altro aspetto su cui è importante lavorare, mai farti scoraggiare dai fallimenti o dal pensiero negativo e pessimistico degli altri, rispetto a quanto noi crediamo possibile. Sai cosa rispondeva Edison a quanti lo criticavano per i suoi fallimenti nell'inventare la lampadina? Che lui in realtà non aveva mai fallito, bensì' ogni giorno aveva avuto successo, trovando un altro modo per "non" inventare la lampadina. Capisci la potenza e la genialità di questa forma di pensiero?

E a tal proposito ti invito anche a evitare di esprimere giudizi, perché questi non sono utili a nessuno, al contrario delle critiche costruttive. **Il giudizio dell'operato altrui ti allontana dal tuo successo, chi esprime sempre giudizi risulta antipatico, la simpatia invece è una dote apprezzata da tutti, cosi' come il rispetto delle**

opinioni altrui. La critica costruttiva fa crescere, quella gratuita indispone.

È importante credere che ognuno agisce sempre credendo che il suo comportamento, in una data situazione, sia il più sensato possibile, evitando di avere "malafede".

È chiaro che poi a tutti capita di sbagliare, ma difficilmente lo si fa di proposito. Sbagliare è costruttivo, perché insegna, giudicare le persone dai loro errori o successi è molto riduttivo: scegli di risparmiare ogni forma di giudizio e valutare le persone per il loro atteggiamento mentale e, quando se ne riconosce uno, a nostra opinione, poco costruttivo, puoi suggerirne uno migliore, (nota bene: suggerirne, non imporne). **Le persone di successo tendono sempre a incentivare chi gli sta intorno al miglioramento,** loro a volte sono le uniche a scorgere le abilità nascoste in chi si imbatte sulla loro strada e difficilmente tendono a soffocare le doti altrui, semmai desiderano metterle al proprio servizio, nell'interesse comune. Non conosco persone di successo invidiose, ma molte persone che invidiano le persone di successo, capite che i conti non tornano. Se proprio si vuole essere critici, molto meglio esserlo con sé stessi, ma senza esagerare. **Mettere in discussione le proprie idee è sintomo di intelligenza, mettere continuamente in discussione quelle altrui è un'inutile perdita di tempo e uno spreco di energia, anzi, le fondamenta della comunicazione empatica, strumento indispensabile per avere successo, si trovano proprio nel rispetto dell'opinione altrui.** Ricordo che rispettare non significa condividere, è proprio quando non si condivide un opinione, quando si è in disaccordo, che emergono le doti del bravo comunicatore. L'ultimo segreto delle persone di successo è che sono capaci di provare grande altruismo, empatia, amore.

Si può amare perché è naturale farlo, come nel caso dei genitori con i figli, oppure per ricambiare l'amore che si riceve, come il sentimento nelle coppie, poi, si può amare senza aspettarsi niente in cambio, come l'amore che si offre a chi si crede ne abbia bisogno, come l'amore caritatevole. Infine, vi è quello che, tra le forme di amore, è certamente il più nobile e il più potente, è **l'amore verso chi non ci vuole bene.** Questa forma di amore è talmente travolgente e forte che può cambiare la mentalità di un intero popolo, attraverso l'esempio di un suo leader. Certamente chi è capace di questo tipo di amore non avrà difficoltà ad avere successo, questa è una dote che possiedono in pochi e molti di questi sono noti al mondo.

Un esempio? Gandhi.

Ogni bambino è un artista.
Il problema è come rimanere un artista, una volta cresciuti.
Pablo Picasso

Conoscere persone in grado di provare questo amore è un privilegio, se ognuno di noi si impegnasse a poter provare questo livello di amore, il mondo sarebbe certamente un posto migliore. **La passione è una forma di amore, avere passione per quel che si fa è indispensabile per poter eccellere nel proprio campo.** La passione è quello che ci tiene sul posto di lavoro, ben oltre l'orario di chiusura, con energia ed entusiasmo, dimenticandoci totalmente della parola "straordinari". La passione genera creatività, stimola l'ingegno e l'impegno, promuove la tenacia e annulla i limiti. Senza passione, il successo è un miraggio, una vetta irraggiungibile. Con la passione tutto ci è possibile, è la passione che ci ha portati sulla luna e può farci attraversare l'oceano a remi.

Un buon guerriero non è aggressivo,
un buon combattente non si lascia prendere dall'ira,
chi sa vincere non ha bisogno di dar battaglia,
chi sa guidare gli essere umani si mette al loro servizio.

Lao Tse

Oramai, in tutto il mondo, tutte le organizzazioni vincenti si stanno spostando verso la cultura del "saper fare". Anche questo senso, emerge e si evidenzia in modo estremamente significativo la programmazione neurolinguistica che rappresenta un percorso significativo e innovativo per quel che concerne la leadership efficace. Come abbiamo detto, **la leadership non è più intesa come in passato, ossia nel senso di "comando" bensì, si valuta attraverso l'attenta gestione dei valori, la capacità di comunicare e condividere con gli altri i propri punti di vista, la capacità di utilizzare le energie personali di ogni collaboratore, così da poter creare dal nulla, con il suo team, idee ed eventi eccezionali che prima non esistevano.** Un leader, sviluppa innanzitutto se stesso, scoprendo al suo interno molte risorse sconosciute, poi induce gli altri a unirsi a lui nel suo percorso, quindi, necessariamente, la leadership include le abilità di comunicare e di influenzare. Possiamo dire che, sostanzialmente, **la leadership è una miscela di ciò che siamo, unito alle nostre capacità e abilità di capire il contesto, cioè la situazione in cui ci troviamo.** La leadership si basa su uno scopo, una visione e dei valori: lo scopo definisce la destinazione, la visione ti mostra dove stai andando e i valori ti guidano sulla strada verso il futuro successo. Attraverso la PNL possiamo comprendere cosa fanno i leader e come ottengono i loro risultati, in maniera che poi ognuno di noi possa apprendere ciò che corrisponde ai suoi obiettivi e valori. La visione è un aspetto molto importante, sia relazionale che strategico, nella leadership. Consiste nella capacità di formulare delle ragioni che inducano il nostro interlocutore a credere nella nostra visione. **La visione è l'ispirazione che coinvolge gli altri e li spinge a agire; così facendo la visione guida l'azione e l'azione cambia il mondo, secondo la nostra visione.** La Visione non è però un programma preciso, è, in verità, una direzione, una miscela di ciò che vogliamo assieme ai nostri valori. Partendo da questa visione possiamo fissare i nostri obiettivi. Un leader può avere una sua visione da condividere con gli altri, oppure far nascere una visione insieme agli altri, ciò' che conta è che la visione sia realizzabile, valida e ispiratrice prima per noi e poi per tutti gli altri. **La visione si nutre di valori, che sono fondamentalmente nostri punti di riferimento; bisogna quindi chiedersi cosa veramente importante è per noi.** Quando questo ci sarà chiaro, troveremo automaticamente tutta l'energia che ci occorre per raggiungere i nostri obiettivi. Prendere coscienza dei nostri valori è l'unico modo per poter essere leader di noi stessi; poi ci verrà spontaneo scoprire cosa è importante per gli altri, in modo da poter essere dei giusti leader anche per loro. Le persone osservano il leader come il loro esempio, pertanto quel che fa è sempre più importante di ciò che dice. Per essere un buon esempio, una guida, i leader devono essere sempre coerenti, in questa maniera il messaggio che trasmettono non ci dice di diventare come loro, ma di saper essere noi stessi, sviluppando le nostre personali potenzialità di leader. Quando ti poni alla guida di altri, sia nella vita professionale che in quella privata, devi innanzitutto capire dove si trovano e cosa è vero per loro. Ciò significa incontrarli nel loro mondo, **capire cosa gli interessa, qual è la loro esperienza della realtà, senza cercare di modificarla. Il leader è sempre autorevole ma non autoritario. Mentre la dirigenza è un'abilità, potremmo dire che la leadership è più una questione di identità.** I leader modificano e rinnovano le procedure, si concentrano sulla trasformazione, motivano gli altri attraverso il loro valore e le cose in cui credono. Potremmo riassumere dicendo che mentre la dirigenza fa fare le cose agli altri, i leader fanno in maniera che gli altri vogliano fare le cose.

L'ispirazione esiste, ma ci deve trovare già all'opera.
Pablo Picasso

161

La Mentalità Vincente

Non è perché le cose sono difficile che non osiamo farle,
è perché non osiamo farle che diventano difficili.

Seneca

I veri leader hanno molto spesso una mentalità vincente, si considerano quasi sempre dei vincitori, **sono ottimisti perché sentono, dentro di loro, di essere capaci di influenzare gli avvenimenti.** Per loro, vincere è soprattutto un atteggiamento mentale, infatti, il loro risultato vincente nasce proprio dalla loro mentalità vincente; esattamente come i perdenti sono convinti che probabilmente non ce la faranno. **La mentalità vincente è un'abilità che anche tu puoi sviluppare, cambiando il modo in cui costruisci le tue aspettative.** Ad esempio, mentre il perdente usualmente trasforma l'errore in tragedia, il leader trasforma sempre l'errore in conoscenza. Se vuoi diventare un leader, devi mettere in atto un nuovo modo di pensare, pertanto, ricorda sempre: il significato di ogni comunicazione è nel risultato e non solo nell'intenzione, non confondere la comunicazione con l'informazione: informare significa dire, comunicare vuol dire condividere il messaggio, infine, i risultati sono sempre feedback, dagli errori si può imparare molto e si può aiutare gli altri a imparare. **Il vero leader si assume sempre le proprie responsabilità, ascolta attentamente le opinioni di tutti ma decide in maniera autonoma, è aperto alle critiche che ritiene diano notevoli possibilità di miglioramento, è una persona che sa delegare così da far crescere le altre persone e il suo gruppo, è una persona che sa trasmettere e condividere molto bene la sua visione, sa stimolare l'emulazione ispirando gli altri e sa bene che solo l'unione può fare veramente la forza.** Un vero leader è una persona estremamente consapevole di sé, ma sa anche valutarsi dall'esterno ed essere critico con se stesso, facendo delle accurate autovalutazioni. Il leader non è invulnerabile come un capo, è invece vulnerabile ma questo non è affatto un sintomo di debolezza, anzi, è vero il contrario: una persona vulnerabile è capace di apprezzare gli altri senza nascondere le proprie fragilità, per questa ragione la critica non rappresenta una minaccia. Questa vulnerabilità rende il leader più vicino a noi, a differenza del capo che è sempre estremamente distante. Un vero leader sa gestire le proprie emozioni, perché perdere il controllo delle emozioni e delle reazioni, fa perdere rapidamente la leadership del suo gruppo, perché, naturalmente, nessuno vuol farsi guidare da chi non sa guidare se stesso. **Un leader è una persona trasparente che mostra le sue fragilità, è l'esempio della volontà di migliorare e migliorarsi.** È sicuramente una persona molto flessibile, sa uscire dalla sua zona di comfort senza timore, ed è sempre aperto al cambiamento. È sempre orientato al risultato e non all'azione, ciò significa che non si chiede: - Cosa devo fare? Bensì, si domanda: Quali risultati voglio ottenere?

Questo ragionamento in termini di risultati cambia completamente la prospettiva e modifica le sue priorità. Il leader ha un forte spirito d'iniziativa e è sempre una persona ottimista. **È padrone della comunicazione perché è impossibile essere dei buoni leader senza avere la capacità di comunicare, ossia la capacità di essere persuasivi ed efficaci.**

L'unica persona che sei destinato a diventare
è la persona che decidi di essere.
Ralph Waldo Emerson

Per concludere, il leader è sempre concentrato sullo sviluppo e le potenzialità degli altri, rafforzare la sua squadra è un elemento che rafforza la sua posizione e la squadra stessa. Il leader non calma conflitti, li gestisce, sapendo che esistono anche conflitti positivi e costruttivi. Egli sa sempre creare uno spazio in cui le persone possano esprimersi, solitamente ha un'energia che attira le persone e è una persona con cui è piacevole entrare in sintonia, per finire, abitualmente, fa ciò che è giusto, ossia è sempre in linea con i suoi valori.

Le Caratteristiche del Successo

La sicurezza in sé è la preparazione in azione.

Ron Howard

Il successo non è mai casuale, ma sempre una conseguenza di un modo di agire. Per arrivare bisogna adottare determinati modelli di comportamento ricorrenti. Ognuno può ambire al successo, che non è prerogativa di una ristretta cerchia di persone, ma per ottenerlo deve possedere alcune caratteristiche, che statisticamente sono state riscontrate nella quasi totalità di persone che lo hanno conseguito.

Il sapere non è sufficiente, dobbiamo applicare.
Il volere non è sufficiente, dobbiamo fare.

Leonardo da Vinci

Le **caratteristiche** più frequenti negli uomini di successo sono le seguenti:

Fiducia del proprio valore e nelle proprie idee: senza questa è difficile trovare la forza di superare le difficoltà che si presenteranno lungo il cammino. La fede, in un'idea, un pensiero, una religione, può portare intere masse a compiere azioni dalla portata enorme. Non si può prescindere da questa per avere risultati eccezionali. Thomas Edison ha effettuato ben oltre 1000 tentativi prima di riuscire a inventare la lampadina, credete che gli sarebbe stato possibile riuscire, se non avesse avuto fede nella sua idea? Molte persone posseggono diverse delle caratteristiche elencate a seguire, ma mancano di fede e questo gli impedisce di perseverare fino a ottenere il risultato stabilito, senza la fede, non vi è grandezza.

165

Conoscenza: ovvero quanto necessario per realizzare una strategia vincente. Si possono avere le idee giuste, la motivazione per portarle avanti, la fede in esse, la passione e quant'altro, ma se non si adottano strategie vincenti, difficilmente si raggiungono obiettivi significativi. La pianificazione, il metodo, l'organizzazione e via dicendo sono indispensabili se si vuole eccellere. Per ogni situazione vi sono strategie specifiche, quindi è superfluo fare qui un elenco delle migliori.

Passione: è ovvio che senza questa non si va da nessuna parte. La passione spinge ognuno a attingere alle sue migliori risorse e fornisce l'energia indispensabile per portare avanti i propri progetti. Chi non è appassionato al proprio lavoro, fugge il lavoro e utilizza solo una piccola parte delle sue potenzialità. Se non si ha passione per ciò che si fa, non è possibile raggiungere l'eccellenza, quindi meglio cambiare lavoro per esprimere se stessi al 100% che perseverare in qualcosa da cui non si potrà trarre alcuna soddisfazione.

Empatia: Questa è la dote che garantisce la migliore interazione con il prossimo. Nessuno può raggiungere la più alta vetta dell'eccellenza senza l'aiuto degli altri, coni quali è indispensabile costruire rapporti qualitativi, basati sulla reciproca comprensione e rispetto. Avere empatia significa saper entrare in contatto con il mondo interiore del nostro interlocutore, significa costruite un invisibile ponte che unisce le rispettive menti. Vi sono molte tecniche per creare empatia, l'elemento a esse comune è la capacità di osservare e ascoltare gli altri, per poter imitare la loro gestualità e il tono e volume di voce, a tutti piace rapportarsi con persone che gli assomigliano.

Apertura al prossimo: ovvero estroversione. Se ci si chiude al rapporto con gli altri, bisognerà poter contare solo sulle proprie risorse, al contrario, la capacità di relazionarsi, di piacere, di essere positivi e ottimisti, consente di farsi apprezzare e permette di ampliare le proprie risorse. Le persone di successo sono sempre ben disposte verso il prossimo, come lo sono i leader. L'estroversione si può migliorare imparando a adottare il pensiero positivo, l'ottimismo è contagioso e difficilmente si resiste al suo fascino.

Energia: senza di essa non vi è azione. Tutta la conoscenza di questo mondo è inutile se non la si mette in pratica, per farlo bisogna agire e per agire ci vuole energia. Ognuno di noi, quando fa ciò che lo appassiona, diventa instancabile, al contrario l'energia scarseggia se non si è motivati. L'energia è indispensabile per eccellere, perché senza essa non si possono ottenere risultati, né buoni né cattivi.

Competitività: ognuno di noi tende a esprimere il meglio di sé se è sotto pressione. La competizione stimola e tramite essa è possibile valutare i propri progressi. Ogni settore dell'industria trova il suo massimo sviluppo quando è messa in competizione, lo stesso vale per l'individuo. Perché esiste la formula uno, la moto GP, e via dicendo? Perché partecipare a queste gare costituisce il modo più veloce per migliorare i propri prodotti, per sperimentare la validità di nuove strategie e materiali e così via. La competizione è il viagra del progresso. Se si è privi di competitività e si ha paura delle sfide, vuol dire che non si crede nelle proprie possibilità e se non si è conviti di poter vincere, non si vincerà.

Capacità di fare autocritica: chi non si mette mai in discussione, non progredisce perché non apprende dai propri errori, l'unica maniera per imparare a fare qualcosa che non si è mai fatta è farla. Se non si è disposti a sbagliare, meglio non tentare nemmeno e rassegnarsi alla propria mediocrità. La capacità di apprendimento è soggettiva, personalmente preferisco lavorare con persone che apprendono facilmente cose nuove che con persone che si sentono forti di quanto sanno e sono chiuse al cambiamento. Migliore è la capacita di apprendimento, più si riesce a imparare dai propri errori, più si ricorre all'autocritica, maggiori saranno i risultati ottenibili in tempi stretti.

Credibilità: se non si riesce a sembrare credibili, non si è ascoltati dagli altri. La chiave del successo oggi passa per la comunicazione, non basta essere validi professionisti, bisogna saper comunicare, trasmettere il proprio valore. La credibilità è conseguenza di vari fattori, tra i quali la competenza, l'immagine di sé e l'autostima. Se anzi non si è credibili, come può essere riconosciuta la propria eccellenza?

Consapevolezza dei propri valori: ogni azione che intraprendiamo è funzione dei nostri valori, sono questi che in massima parte determinano la nostra etica e la nostra personalità. Alcuni valori sono universalmente riconosciuti come validi, altri cambiano da persona a persona e risulta difficile valutarne la validità generalizzando. Se non si ha consapevolezza dei propri valori, non si può assumere il controlla della propria vita. I valori sono conseguenza del proprio sistema di credenze, tramite essi si è capaci di distinguere quanto è giusto da quanto non lo è. se non si hanno chiari in mente i propri valori, diventa difficile agire con coerenza. Per avere successo è dunque indispensabile sapere ciò che per noi davvero conta, quali sono i compromessi ai quali non si è disposti a cedere, quali i punti fermi da mantenere. È impossibile essere riconosciuto come persona di valore se non si hanno chiari in mente i propri valori.

Infine abbiamo la **capacità di comunicare efficacemente**. Ultima, ma prima in ordine di importanza è la capacità di interagire con gli altri, di comunicare in maniera efficace. La comunicazione non è costituita da quanto diciamo, ma da quanto di quel che viene detto, viene percepito correttamente dal nostro interlocutore. Non è l'intento che conta, ma il risultato. Oggi più che mai è indispensabile saper comunicare, essere padroni delle tecniche di modellamento, saper creare "Rapport", empatia, essere abili nell'ascolto attivo, avere chiaro il potere delle parole e conoscere almeno due lingue. La comunicazione è potere, ogni leader deve essere prima di tutto un abile comunicatore, come sarebbe opportuno che lo fosse anche un capo famiglia, un coach sportivo e chiunque abbia ambizione di esercitare un controllo, quindi di saper manifestare la propria eccellenza.

Reminder

1. Un'ottimista non rinuncia mai a causa di pregiudizi o esperienze negative di altri; anche se incontra un fallimento, lo vive solo come un'esperienza, un feedback, una lezione preziosa. Gli ottimisti analizzano le nuove sfide, modificano le loro strategie e vanno avanti fortemente convinti di riuscire; non ascoltano mai le previsioni pessimistiche, abitualmente proseguono dove molti rinunciano.

2. Non permettere alle opinioni altrui e alle statistiche di demoralizzarti. Pensa al futuro con positività, agisci e parla in maniera entusiasta, questo ti aiuta a allontanare i pensieri negativi e induce anche i tuoi clienti all'ottimismo, predisponendoli all'acquisto.
È importantissimo l'atteggiamento positivo e la fiducia totale che devi riporre nel raggiungimento del tuo obiettivo. Rinforza continuamente i tuoi pensieri con le tue convinzioni potenzianti, che ti diano sempre più forti e nuove motivazioni.

3. Conseguire il successo è una naturale conseguenza dell'adozione di valide strategie, impegno e determinazione.

4. La paura degli altri ci blocca e quasi sempre è causata dalla nostra scarsa autostima e dalla sopravvalutazione del prossimo; quando ci svalutiamo, impediamo a noi stessi di eccellere. Dobbiamo quindi imparare a avere più fiducia in noi stessi e nelle nostre capacità.

5. Il coraggio consiste nel vincere la paura, nel reagire con un comportamento che tenderà a superare la nostra paura, non nell'allontanare noi da ciò che ci spaventa.

6. Tutto parte sempre e solo da noi, dalla nostra visione di noi stessi e delle nostre potenzialità, fondamentalmente, si tratta di concentrare l'attenzione sulle nostre doti, sui nostri talenti, anziché sui nostri limiti.

7. Solo vedendo l'insieme delle cose se ne potrà cogliere il significato, che invece sfugge a chi si limita a giudicare solo l'apparenza. Quel che maggiormente condiziona il nostro quotidiano sono le nostre abitudini, molto spesso ne siamo schiavi, anziché padroni.

8. Apprendere tutte le migliori ed efficaci tecniche di Programmazione Neuro Linguistica, ma non metterle in pratica, non entrare in azione, rende l'essersi adoperati per impararle del tutto inutile, senza azione non vi possono essere risultati.

9. Per avere successo, bisogna impegnarsi, bisogna vincere la paura degli altri, quella di sbagliare e la propria pigrizia. Il successo è conseguenza di uno stato d'animo che a esso lascia spazio, bisogna saperlo accogliere a braccia aperte, bisogna programmare sé stessi per il successo.

10. Ricorda di gestire l'impulsività, ovvero saper comandare le proprie emozioni, scegliere quelle adeguate come si scelgono gli abiti in un guardaroba, per poter indossare sempre quelli giusti a seconda dell'occasione.

11. L'ansia è uno stato d'animo poco costruttivo e bisogna imparare a dominarla, cosi come la paura, anche solo di non sapere cosa dire, che poi è frequentissima. Vinci la paura di chiedere agli altri, che si tratti di aiuto o di un semplice e banale consiglio. Porre e porsi le giuste domande è sempre la maniera migliore per apprendere, la più veloce, la più semplice, la più efficace.

12. Evita di farti condizionare da vecchie e spesso erronee convinzioni. Bisogna partire senza pregiudizi nei confronti di quelle che sono le nostre possibilità evitando di auto-imporci limiti a priori.

13. Tu sei una persona straordinaria, in grado di fare cose straordinarie, quindi non "volare basso" e non aver timore di porti obiettivi ambiziosi, perché non esiste veramente niente che sia impossibile da realizzare.

14. Ricorda che il giudizio dell'operato altrui ti allontana dal tuo successo, chi esprime sempre giudizi risulta antipatico, la simpatia invece è una dote apprezzata da tutti, cosi' come il rispetto delle opinioni altrui.
La critica costruttiva fa crescere, quella gratuita indispone. Mettere in discussione le proprie idee è sintomo di intelligenza, mettere continuamente in discussione quelle altrui è un'inutile perdita di tempo e

uno spreco di energia, anzi, le fondamenta della comunicazione empatica, strumento indispensabile per avere successo, si trovano proprio nel rispetto dell'opinione altrui.

15. La passione è una forma di amore, avere passione per quel che si fa è indispensabile per poter eccellere nel proprio campo.

16. La leadership non è più intesa come in passato, ossia nel senso di "comando" bensì, si valuta attraverso l'attenta gestione dei valori, la capacità di comunicare e condividere con gli altri i propri punti di vista, la capacità di utilizzare le energie personali di ogni collaboratore la leadership è una miscela di ciò che siamo, unito alle nostre capacità e abilità di capire il contesto, cioè la situazione in cui ci troviamo.

17. La visione è l'ispirazione che coinvolge gli altri e li spinge a agire; così facendo la visione guida l'azione e l'azione cambia il mondo, secondo la nostra visione. Si tratta di una direzione, una miscela di ciò che vogliamo assieme ai nostri valori. La visione si nutre di valori, che sono fondamentalmente nostri punti di riferimento; bisogna quindi chiedersi cosa veramente importante è per noi. Prendere coscienza dei nostri valori è l'unico modo per poter essere leader di noi stessi.

18. Mentre la dirigenza è un'abilità, potremmo dire che la leadership è più una questione di identità. I leader sono ottimisti perché sentono, dentro di loro, di essere capaci di influenzare gli avvenimenti. Per loro, vincere è soprattutto un atteggiamento mentale.

19. La mentalità vincente è un'abilità che anche tu puoi sviluppare, cambiando il modo in cui costruisci le tue aspettative.

20. Il vero leader si assume sempre le proprie responsabilità, ascolta attentamente le opinioni di tutti ma decide in maniera autonoma, è aperto alle critiche che ritiene diano notevoli possibilità di miglioramento, è una persona che sa delegare così da far crescere le altre persone e il suo gruppo, è una persona che sa trasmettere e condividere molto bene la sua visione, sa stimolare l'emulazione ispirando gli altri e sa bene che solo l'unione può fare veramente la forza.

21. Un leader è una persona trasparente che mostra le sue fragilità, è l'esempio della volontà di migliorare e migliorarsi. È sicuramente una persona molto flessibile, sa uscire dalla sua zona di comfort senza timore, e è sempre aperto al cambiamento. È padrone della comunicazione perché è impossibile essere dei buoni leader senza avere la capacità di comunicare, ossia la capacità di essere persuasivi ed efficaci. Il successo non è mai casuale, ma sempre una conseguenza di un modo di agire.

Comprendendo

La mente e le sue meccaniche

La mente è come un paracadute:
funziona solo se è aperta.

Albert Einstein

In qualità di coach, ho lavorato con tanti diversi tipi di persone, con ogni genere di individui, ognuno con problematiche diverse, ho quindi avuto l'opportunità di notare e studiare che quasi i tutti problemi sono originati dalla medesima causa: programmi negativi inseriti nella nostra mente inconscia. **La nostra mente è come un computer, è munita di un software che ci aiuta a coordinare pensiero e comportamento; pertanto, in breve, se vogliamo cambiare un comportamento, è solo una questione di programmazione.** La nostra mente non è poi così complessa come crediamo, non è né positiva né negativa e funziona in base a pochi e piuttosto semplici meccanismi, per semplificare, potremmo dire che è fondamentalmente una questione abbastanza meccanica.

175

Mente Conscia e Inconscia

I processi cognitivi che ci conducono a fare esperienza del mondo sono due, quello conscio e quello inconscio. La mente conscia è quella di cui ci serviamo per pensare attivamente, quotidianamente. Questa è limitata in ciò che può fare da sola perché è in grado di gestire solamente una porzione di dati per volta, questa la motivazione per cui, grande parte della nostra esistenza, è controllata meccanicamente dalla nostra altra mente. **La mente inconscia è quella più grande, è in grado di elaborare milioni di messaggi al secondo, contiene la memoria, l'intelligenza e il senno. È la fonte della creatività e è in grado di conservare e far girare tutti programmi che regolano i comportamenti automatici che utilizziamo per vivere la vita di ogni giorno.** La mente inconscia può essere paragonata a un pilota automatico installato nel nostro cervello e ci permette di fare diverse cose contemporaneamente, senza doverci concentrare su tutte in una sola volta: per fare un esempio, quando siamo adolescenti e iniziamo a guidare l'auto per le prime volte, dobbiamo necessariamente concentrarci consapevolmente ricorrendo alla mente conscia; quando però guidiamo da anni, abbiamo appreso il programma, la nostra mente inconscia ci dirige istintivamente senza che abbiamo la necessità di concentrarci sul processo a livello conscio. Naturalmente questi programmi, che poi si trasformano in abitudini, sono molto utili, perché ci consentono di lasciare libera la mente conscia di pensare a altre cose. Sostanzialmente la maggior parte delle nostre abitudini è costituita da cose che abbiamo acquisito e non abbiamo più eliminato, alcune delle quali, potrebbero non esserci mai neppure utili. Alcuni di noi si sono sentiti dire quando erano bambini di non essere capaci in alcune aree della loro vita; divenuti adulti, spesso permettiamo a quei vecchi programmi di guidare ancora i nostri comportamenti, ancora convinti del fatto di non essere abbastanza capaci e criticandoci duramente perché non riusciamo bene come avremmo dovuto; è qui che dobbiamo lavorare e modificare i nostri programmi sbagliati e nocivi.

L'Intelligenza Emotiva

Nella realtà quotidiana nessuna intelligenza
è più importante di quella interpersonale.

Daniel Goleman

Le ricerche scientifiche ci dicono che la base emotiva di ognuno di noi si forma nei nostri primissimi anni di vita. Se viviamo particolari esperienze nel corso della nostra esistenza, più o meno ci sentiremo come abbiamo imparato a essere in quella prima fase di vita. **Le emozioni sono una parte importante dell'intelligenza, sono il sistema che la mente inconscia possiede per dirci che sta accadendo qualcosa della nostra vita su cui è opportuno porre la nostra attenzione, la nostra concentrazione.** La nostra cultura occidentale per secoli ha scelto di sopprimere e ignorare le reazioni emotive, questa si è dimostrata una scelta estremamente negativa, perché ha condotto molte persone a inviare un messaggio emozionale negativo per lungo tempo, rifugiandosi nella tristezza, nel cibo esagerato, nelle droghe, nell'alcool, invece di affrontare le sensazioni spiacevoli che vivevano; tanto più ignoriamo i nostri sentimenti e le nostre sensazioni, tanto più questi si rendono intensi fino a che, si arriva alla depressione, alla malattia, alla violenza, cioè a problemi che non possono più essere ignorati. Fortunatamente questo sta iniziando a cambiare, si scrive e ci si documenta sempre più sull'intelligenza emotiva e il mondo scientifico così come la società stanno iniziando a riconoscerne l'importanza, comprendendo quanto è rilevante essere consapevoli e in contatto con i nostri sentimenti più profondi. Le emozioni cambiano e si evolvono insieme a noi, è importante essere capaci di definire la differenza tra le sensazioni che sorgono come reazioni inconsce, dalle immagini ai suoni e le emozioni più profonde che vanno considerate messaggi importanti da cui possiamo trarre preziosi insegnamenti; **tanto più si è connessi con le proprie emozioni, tanto più si sarà il padroni della propria vita, si sarà veloci nel**

coglierle e nell'agire in base ai messaggi che ti mandano, diventando così, sempre più emotivamente intelligenti. Posso assicurarti che quando smetti di reprimere e allontanare i tuoi sentimenti e le tue emozioni e inizi a ascoltarli, a leggere i messaggi che ti mandano sei già a un notevole punto di svolta. Ad esempio, quando ti arriva un messaggio emotivo che vuole trasmetterti un messaggio di tristezza, significa che manca qualcosa della tua vita, forse perché si è perso o magari si è perso solamente il contatto con il messaggio che vuole darti quell'emozione, ti chiede di comprendere quello che si è perso e di essere grato per quello che hai, oppure potrebbe voler dirti di tornare indietro nel caso di un sogno abbandonato o di un amore del passato. Ascolta i messaggi per te. Quando diventano di disapprovazione, e vivi una sensazione spiacevole che vuole mandarti messaggio di invito all'azione, se la analizzi ti accorgi che probabilmente, non è vero che non hai raggiunto i livelli di prestazione che ti aspettavi nel tempo previsto; il messaggio probabilmente è di prenderti il tempo per riflettere onestamente sul livello di impegno che hai dedicato e sulla strategia che hai adottato, dopodiché puoi riprovare e centrare l'obiettivo oppure cambiare strategia.

Mai troppo Ego

Amare significa comunicare con l'altro
e scoprire in lui una particella di Dio.

Paulo Coelho

Ci sono molti professionisti che considerano le obiezioni dei clienti come un attacco personale al loro ego, mentre invece sono solamente e semplicemente un diverso punto di vista. Quando c'è da fronteggiare le obiezioni dei clienti, è basilare mettere da parte il proprio ego e non sentirsi mai attaccati personalmente. Diventa molto importante rimanere calmi, padroni di noi stessi, in modo da poter riflettere obiettivamente sul contesto, concentrarsi sul cliente e poter reagire in maniera equilibrata e tranquilla. Capita invece di frequente, che, di fronte all'obiezione, il consulente distolga l'attenzione dal cliente e dalle sue esigenze, proprio perché impaurito dalle conseguenze possibili: si lascia travolgere dai pensieri della perdita del suo ordine, la provvigione che non avrà, la delusione del direttore delle vendite; è proprio agendo così, che lascia sfumare ogni possibile successo, annientato solamente per dare, scioccamente, la priorità al proprio egoismo. Se, invece, rifletti con calma sulla situazione e rispondi in maniera equilibrata, ti metti al servizio del cliente, anziché affrontare le obiezioni, cercando di liquidarle rapidamente, ignorarle, sminuirle, dando magari delle risposte standard e prevedibili, si ottiene soltanto che il cliente se ne renderà conto e reagirà con un'opposizione ancor più forte e decisa; è ovvio che a questo punto ci troviamo in una tale atmosfera di tensione che il fallimento è pressoché inevitabile. Nella stessa maniera, se, mentre il colloquio va avanti, il professionista che si sente ferito nel suo ego, si limita a difendersi, invece di gestire equilibratamente la situazione, commette l'enorme errore di consegnare l'esito del colloquio al cliente, oppure al caso e poi, comportandosi così rinuncia alla sua autorevolezza e perde del tutto il suo ruolo di persona competente. Inoltre, il

181

consulente che si sente colpito nel suo ego da un'obiezione, perde di vista la **concentrazione e la giusta motivazione. Quando un professionista è invece capace, reagisce con pacatezza, rimane calmo, sicuro di sé, cerca di migliorare la situazione e trova la soluzione più adatta**, infine pone delle domande al proprio cliente per comprendere i motivi nascosti dietro un'obiezione; al contrario, il professionista mediocre, è estremamente nervoso e teso, teme di perdere l'affare, sente il proprio ego fortemente minacciato, cerca di sminuire l'obiezione o la ignora e contraddice cliente; è sempre un grande errore contraddire il cliente, che, strategicamente, non va mai attaccato personalmente.

Il rapporto emotivo con il cliente

Non importa quanto si dà,
ma quanto amore si mette nel dare.
Madre Teresa di Calcutta

Ogni professionista deve poter sempre instaurare un rapporto emotivo con il cliente perché è attraverso questo rapporto che due comunicano tra loro. La comunicazione si instaura su due piani, quello dell'informazione che corrisponde a " quel" che diciamo ossia il nostro linguaggio verbale, e dall'insieme dei segnali del linguaggio del corpo, la mimica, la voce, la prossemica, il portamento, cioè "come" diciamo qualcosa. Questi due piani però non permettono di avvicinare veramente cliente e stabilire un rapporto emotivo con lui, per ottenere questo è necessario il piano relazionale, è quello che ci permette di raggiungere una comunicazione efficace e una vera vicinanza umana, cioè quello che ci consente di instaurare un rapporto personale con il cliente, di avere quella sintonia preziosa che consente la comunicazione armonica e senza ostacoli. **Riuscire a creare un rapporto relazionale con il vostro cliente vi consente di dimostrargli quanto lo stimiate e per inviare questo messaggio non sempre è sufficiente una parola gentile e un sorriso cordiale.** Personalmente ti consiglio di usare con tutti vostri clienti la tecnica del **rispecchiamento** e del **ricalco**, per entrare in **rapporto** e poter poi **guidare il vostro cliente** verso il vostro obiettivo. Dopodiché, possono senz'altro essere di aiuto per creare un rapporto emotivo con i propri clienti, delle simpatiche battute spiritose, perché, solitamente, con le persone che non si stimano difficilmente viene voglia di fare dell'umorismo. Poi, preparare dei progetti individuali molto personalizzati per dimostrare che si è dedicato del tempo specifico solo per quel cliente, quindi non mostrare mai dei progetti standard. **Mostrare un sincero interesse per il vostro interlocutore, chiamarlo per nome, accennare alle**

iniziative e alle preoccupazioni di cui aveva accennato in passato, dimostrando così un interesse personale, e, naturalmente, prestare sempre un ascolto estremamente attivo ed empatico, senza mai giudicare. Non avere mai un'impostazione rigida e dirigenziale, quindi rinunciare totalmente a un ruolo dominante e avere sempre un atteggiamento estremamente collaborativo; porre sempre delle domande di cortesia all'inizio dell'incontro o di una telefonata, domandare, per esempio, se preferisce essere contattato in un altro momento, per far notare che si rispetta il suo tempo e si è disponibili a tornare a trovarlo oppure a fare una seconda chiamata. Dimostrare sempre al cliente che non gli farebbe mai perdere tempo e pertanto avere sempre una preparazione accurata e non fare visite improvvisate, per la stessa ragione, essere sempre estremamente puntuali perché ciò mostra rispetto per il cliente e per il suo tempo. Fare dei regali particolari, personalizzati, riferiti ai gusti personali del cliente. Infine, assieme alla nostra presentazione poniamo sempre il nostro biglietto da visita, perché questa scelta dimostra che forniamo serenamente informazioni su di noi. Resta prioritario dimostrare sempre estrema affidabilità e quindi fare solo promesse che si possono mantenere e tenere sempre fede alla parola data. Mai e poi mai inviare degli auguri impersonali. Sul piano relazionale ogni gesto richiede uno sforzo personale e rivela, meglio di ogni sorriso, di ogni parola gentile, quel che si prova per il cliente, non solo dopo i primi incontri, ma anche dopo anni e anni.

Reminder

1. La nostra mente è come un computer, è munita di un software che ci aiuta a coordinare pensiero e comportamento; pertanto, in breve, se vogliamo cambiare un comportamento, è solo una questione di programmazione.

2. La mente inconscia è quella più grande, è in grado di elaborare milioni di messaggi al secondo, contiene la memoria, l'intelligenza e il senno. È la fonte della creatività e è in grado di conservare e far girare tutti programmi che regolano i comportamenti automatici che utilizziamo per vivere la vita di ogni giorno.

3. Le emozioni sono una parte importante dell'intelligenza, sono il sistema che la mente inconscia possiede per dirci che sta accadendo qualcosa della nostra vita su cui è opportuno porre la nostra attenzione, la nostra concentrazione.

4. Tanto più si è connessi con le proprie emozioni, tanto più si sarà il padroni della propria vita, si sarà veloci nel coglierle e nell'agire in base ai messaggi che ci mandano, diventando così, sempre più emotivamente intelligenti.

5. Ci sono molti professionisti che considerano le obiezioni dei clienti come un attacco personale al loro ego, mentre invece sono solamente e semplicemente un diverso punto di vista. Quando c'è da fronteggiare le obiezioni dei clienti, è basilare mettere da parte il proprio ego e non sentirsi mai attaccati personalmente. Il consulente che si sente colpito nel suo ego da un'obiezione, perde di vista la concentrazione e la giusta motivazione. Quando un professionista è invece capace, reagisce con pacatezza, rimane calmo, sicuro di sé, cerca di migliorare la situazione.

6. Ogni professionista deve poter sempre instaurare un rapporto emotivo con il cliente perché è attraverso questo rapporto che i due comunicano.

7. Riuscire a creare un rapporto relazionale con il vostro cliente vi consente di dimostrargli quanto lo stimiate e per inviare questo messaggio non sempre è sufficiente una parola gentile e un sorriso cordiale.

8. Usa con tutti i tuoi clienti la tecnica del rispecchiamento e del ricalco, per entrare in rapporto e poter poi guidare il cliente verso il tuo obiettivo. Mostrare un sincero interesse per il vostro interlocutore, chiamarlo per nome, accennare alle iniziative e alle preoccupazioni di cui aveva accennato in passato, dimostrando così un interesse personale, e, naturalmente, prestare sempre un ascolto estremamente attivo ed empatico, senza mai giudicare.

Relazionando

Relazioni e Rapport

Sii umile nella vita quotidiana,
serio negli affari e sincero nelle relazioni con gli altri.

Confucio

Sapersi rapportare con gli altri è determinante ai fini del raggiungimento del successo nella nostra vita. Saper conquistare le persone con cui veniamo in contatto, richiede la capacità di conquistarli sia psicologicamente che razionalmente. Conquistarli attraverso la ragione significa convincerli e far sì che comprendono che dare a lui quel che noi desideriamo, è bene anche per loro, cioè che quel che riceveranno da noi è perfettamente adeguato al loro "dare".

Invece, conquistarli psicologicamente, significa suscitare il loro empatia e simpatia verso di noi, fargli provare il piacere delle belle e buone emozioni, nello stare assieme a noi. **Generare nelle persone delle piacevoli emozioni è necessario al fine di entrare in contatto e instaurare relazioni di empatia con gli altri.** Inoltre, senza emozione, difficilmente c'è azione; senza emozione anche una reazione estremamente sapiente e interessante può apparire estremamente fredda, distante e sterile.

Se non ci fossero le relazioni sociali, non esisterebbero le amicizie, né le coppie, né la famiglia, neppure la cooperazione e la collaborazione, né tanto meno il commercio e la politica e quindi non ci esisterebbe neanche la società. **La nostra capacità di conquistare gli altri è data dalla nostra capacità di saper comunicare, perché, come ben sappiamo, tutto è comunicazione, giacché, nel momento stesso in cui occupiamo uno spazio ed esprimiamo i nostri pensieri, con il nostro comportamento, anche se senza parlare, siamo già comunicando.**

Per questo, diventa estremamente importante, tenere sempre presente, nelle nostre comunicazioni e nei nostri rapporti con gli altri, il para verbale e il non verbale, prestare sempre molta attenzione che ci sia congruenza tra il nostro para verbale e il nostro verbale, che ci sia coerenza tra conscio e inconscio, l'equilibrio e l'armonia tra ciò che trasmettiamo e quel che diciamo è importantissimo, perché, come abbiamo ripetuto più volte, il modo in cui ci muoviamo e parliamo va oltre le nostre parole, è più importante di quel che diciamo. Ognuno di noi ha un'immagine di ogni persona che incontra, un suo primo giudizio, che influenza il nostro atteggiamento mentale e i futuri rapporti con questa persona. Molto spesso quando una persona suscita una qualche forma di antipatia è perché spesso si relaziona con gli altri come un genitore saccente oppure, al contrario, quando si comporta come un bimbo che parla a suo padre, questo accade quando abbiamo una scarsa stima di noi oppure quando siamo troppo saccenti e, di conseguenza, estremamente arroganti. È molto importante nelle relazioni sociali ricordarsi che **il rapporto deve essere da adulto a adulto, mosso dalla convinzione che io sono ok, tu sei ok, quindi senza nessuna necessità di essere esageratamente critici**, sentirsi superiori e giudicanti, né vivendo crisi di inferiorità e incompetenza, in quanto questi sarebbe errori che porterebbero inevitabilmente all'insuccesso di quella relazione. Le persone che meglio si rapportano con gli altri, sono entusiaste e hanno sempre un atteggiamento mentale positivo che è senza dubbio l'atteggiamento vincente. Il giusto atteggiamento conduce a avere fiducia in se stessi e usare saggiamente le proprie conoscenze, ma anche a saper dare merito alle altre persone, a abbracciare il desiderio di crescita e miglioramento, anche nel rapportarsi sempre meglio al prossimo, a volersi circondare di persone eccellenti e vincenti per arricchirsi l'un l'altro, prendendo e dando il meglio di sé.

Le tecniche per conquistare le persone attraverso il nostro dialogo richiedono che si utilizzi il verbale in maniera estremamente chiara, utilizzando parole semplici e immediate, poi, consiglierei anche di inserire un pizzico d'ironia e qualche metafora ben selezionata, nei nostri discorsi. **Le metafore hanno il potere di comunicare con l'inconscio del nostro interlocutore, un potere enorme, che non dovresti sottovalutare mai. Poi, è importante porre domande, come ben sappiamo, chi domanda guida o, come si suole dire in campo formativo, chi domanda comanda.** Troppi di noi hanno sempre un'infinità di risposte sugli altri e per gli altri, dovremmo invece concentrarci sulle domande, perché ciò che ci farà crescere sono proprio le domande e non le risposte che diamo agli altri. Tenendo sempre presente il concetto che "la mappa non è territorio", ogni persona dà, naturalmente, le risposte riferite alla sua personale mappa, quindi cerchiamo di non commettere questo errore, andiamo piuttosto incontro al bisogno che hanno tutte le persone di parlare di sé.

I nostri dialoghi con le persone devono avere come fine di ottenere più informazioni possibili su di loro, anche per questo è importante durante le nostre conversazioni porre delle domande relative ai suoi interessi, alle sue opinioni, ai suoi sentimenti. Com'è evidente, quasi tutti amano parlare di sé ma raramente hanno l'occasione di poterlo fare tramite una sollecitazione diretta; fai attenzione a non porre mai domande del tipo chiuso cioè quelle a cui si può rispondere con un "sì" o con un "no", bensì domande di tipo aperto perché questi incoraggiano il tuo interlocutore a potersi esprimere liberamente più a lungo. Tieni presente che non si pongono domande per fare interrogatori, bensì per capire le affinità e i punti in comune, al fine di far nascere una relazione più significativa. Stabiliti i punti in comune, è saggio sottolinearli con frasi tipo: "Sono completamente d'accordo con Lei su questo concetto", mentre invece nei riguardi dei punti di disaccordo evitiamo sempre lo scontro, evitiamo di criticare e di cadere in polemica, ci danneggerebbe e non avrebbe alcun senso, anche perché il nostro punto di vista resta valido anche se non collima con quello degli altri. Le parole da utilizzarsi per gestire le obiezioni e il dissenso sono parole come: comprendo, capisco, mi rendo conto; mentre invece evita sempre le parole come io, mio, miei; impara a sostituirle con parole estremamente significative di aiuto e supporto, come tu, voi, vostro, nostri. **Ogni persona adora avere di fronte un'altra persona che mostra sentito interesse per lei, per le sue idee, i suoi concetti e i suoi problemi; pertanto non concentrare mai l'attenzione su te stesso. Infine, ricorda sempre il nome della persona che hai di fronte. Ogni persona si identifica con il proprio nome e in qualche maniera ne è profondamente orgoglioso, a tutti fa piacere sentirlo pronunciare. Tieniti alla larga da ogni forma di egocentrismo e prova a pensare come si fa in inglese: "you and me", non "io e te", bensì "tu e io".** Il controllo delle parole da utilizzare è estremamente importante, perché queste modificano le emozioni e i sentimenti che suscitano e questi ultimi determinano poi le azioni seguenti. Le caratteristiche fondamentali che ci consentono di avere migliori relazioni sociali con gli altri sono, senza dubbio, un carattere estremamente amichevole, essere cioè aperti e liberi da pregiudizi e preconcetti, sempre pronti a cogliere negli altri quello che può unirci e non quel che può separarci, essere in equilibrio, quindi emotivamente stabili, ossia **saper controllare i propri istinti e non sostenere a tutti i costi la propria verità** (anche perché spesso la propria verità è molto relativa), essere dotati di una sana energia perché essere energici trasmette un feedback estremamente positivo, **avere una mente elastica,** capace di saper capire che anche se si va in contraddizione con qualcuno che espone un'opinione diversa dalla nostra, dal confronto, entrambi potremo arricchirci e quindi ha senso ascoltarlo con estremo interesse, perché è proprio quando ci si mette sulla difensiva pensando che tutti debbano pensarla come noi, che diventiamo sempre più poveri socialmente, intellettualmente, professionalmente e di conseguenza, anche economicamente.

Inoltre, essere estremamente aperti a un feedback onesto ci permette di correggere le nostre abitudini sbagliate e ci dona la capacità di eliminarle per sempre.

Il nostro comportamento è quello che manifestiamo verso l'esterno, perché le nostre percezioni interne spesso sono estremamente falsate e quindi, illusorie.

Rapporti Sociali

Nei rapporti con gli altri non renderti nemici gli amici,
ma comportati in modo da farti amici i nemici.

Pitagora

Le relazioni sociali determinano il grado di soddisfazione o insoddisfazione nella nostra vita, nelle amicizie, in famiglia, con i colleghi; generano soddisfazioni o delusioni, nel privato e nel lavoro; se analizziamo la formazione e la trasformazione della nostra persona, le nostre relazioni sono, senza dubbio, le fondamenta della nostra vita sociale, pertanto incidono fortemente sul benessere della nostra esistenza. Detto ciò, diventa estremamente significativa l'abilità di costruire consapevolmente e attivamente rapporti con le persone e, professionalmente, con i propri clienti, dedicandosi e curandoli in continuazione. In questa nostra era, fatta di rapporti umani spesso troppo tecnologici e impersonali, si acutizza sempre più la necessità di confrontarsi direttamente con le altre persone, di mostrare la propria vera personalità, di sentirsi parte di un vero contesto sociale, fondamentali e unici in un tutto. Siamo sempre impegnatissimi, sempre di corsa, difficilmente troviamo il tempo per investire nella costruzione della relazione con gli altri, frequentemente ritenendo che sia prioritario dedicare tempo e dedizione solamente al lavoro, alla nostra vita professionale. Ma commettiamo un errore, perché **la nostra vita professionale, esattamente come quella privata, necessita di persone per raggiungere ogni obiettivo che abbiamo a cuore.** Da soli non potremmo raggiungere i nostri traguardi! Diventa quindi indispensabile imparare a **vedere il mondo anche con gli occhi degli altri, ma per farlo, dobbiamo uscire dalla nostra zona di comfort** che abbiamo costruito nel tempo, essendo questo l'unico sistema per conoscere veramente le persone e stringere rapporti profondi, dobbiamo assolutamente essere mossi da un sincero interesse verso gli altri e dimenticare il nostro egocentrismo, che tende solamente a isolarci ed emarginarci. Naturalmente non esiste una formula magica brevettata e valida per tutti che permetta di avere relazioni felici con i propri clienti, i familiari e con tutte le persone della nostra vita. Ognuno di noi ha una diversa storia personale, diverse esperienze professionali e intime; il nostro passato condiziona, inevitabilmente, le nostre prospettive future. Per creare delle positive e propositive relazioni sociali con gli altri, dobbiamo essere "effettivamente" con la persona che abbiamo di fronte, cioè essere davvero assieme a quella persona, con la testa e il cuore, non solo con il nostro corpo; cioè significa ascoltare attivamente e prestare molta attenzione anche al linguaggio del corpo, al tono della voce, alla gestualità e agli atteggiamenti perché, come abbiamo detto, questi sono più significativi di quello che le persone dicono. Considera che il linguaggio del corpo è collegato con l'inconscio mentre l'utilizzo della parola è controllato dalla parte conscia, quindi il linguaggio para verbale e non verbale sono sotto il controllo della parte inconscia, con il giusto uso del para verbale ci si mette in una posizione di ascolto veramente efficace, ossia, si inizia vedere con gli occhi del nostro interlocutore, si condividono veramente le sensazioni che lui manifesta, di conseguenza, impegnati a spostare la tua attenzione dal perché l'altro vive una situazione a "come" egli vive quella situazione. **Ricorda che il ricalcare l'altra persona in maniera verbale, non verbale e para verbale genere simpatia, poi, il rispecchiamento ci conduce a "rispecchiare" la persona che abbiamo di fronte, ripetendo la sua gestualità, il suo modo di parlare e i suoi atteggiamenti. Tenendo sempre presente che vi sono persone visive, auditive e cinestesiche,** per cui, a esempio se una persona guarda in alto a sinistra, mentre sta ricordando qualcosa è certamente una persona visiva. La PNL è di notevole aiuto nel comprendere le persone con le quali comunichiamo perché studiare come si comportano gli altri ci permette di comprendere in anticipo di cosa hanno bisogno, cosa veramente vogliono. Di qui l'importanza della attenzione da prestare a tutti predicati sensoriali, a esempio, il tipo visivo dirà: - vediamo di accordarci e il tipo uditivo dirà - Mi sento sulla tua lunghezza d'onda. Alla base di ogni competenza c'è però la comprensione del dato di fatto che le relazioni sociali sono linfa vitale per la sopravvivenza sia umana che professionale, senza di esse non possiamo crescere né muoverci nella giusta direzione. Rifletti, ognuno di noi vive in una famiglia, lavora con un gruppo di colleghi oppure è parte di un circolo sportivo, di una comunità religiosa, l'intera nostra esistenza è tutta una trama di relazioni. Tutte queste relazioni sono costantemente in movimento, si evolvono, si modificano, crescono, cambiano, regrediscono, si trasformano e hanno un ciclo di vita in funzione della nostra crescita personale e professionale; hanno sempre un ruolo essenziale nella nostra vita, sebbene, a volte, non ne riconosciamo la rilevanza, spesso svalutiamo l'importanza e il valore delle nostre connessioni interpersonali e le viviamo passivamente, senza alcuna reale consapevolezza. Invece, **relazionarsi costruttivamente con le persone richiede consapevolezza e anche una specifica competenza.** Un tempo le persone vivevano in contesti sociali ristretti e si rapportavano con poche persone, tutte facenti parte della medesima realtà limitata (villaggio o paese), frequentemente, queste erano sempre le stesse per tutta la loro vita, oggi, nella nostra realtà, siamo continuamente a contatto con persone che non conosciamo, abbiamo a che fare quotidianamente con soggetti che ci sono estranei, **interagire con loro diventa il fulcro dell'esistenza di ognuno di noi, perché ci offre la possibilità, sia per ragioni personali che professionali, di tessere preziose relazioni con i nostri simili.** Nessuno di noi può vivere senza gli altri, perché stando con le altre persone possiamo soddisfare i nostri bisogni, che spaziano dal bisogno di sentirsi sicuri perché in gruppo ci si sente più protetti, alla necessità di evitare la solitudine, sia quella sociale che quella emotiva, poi c'è il bisogno di approvazione, cioè la necessità di sentire di essere amati e stimati dagli altri e infine il sano e costruttivo bisogno di costante crescita personale. Il rapporto con gli altri può insegnarci molto, ci fa crescere e migliorare noi stessi, mentre isolarci ci fa perdere numerose e valide opportunità. Esistono persone che sono geneticamente predisposte alla socializzazione, che sanno rapportarsi con tutti in maniera estremamente positiva, naturale ed efficace, io sono una persona estremamente aperta agli altri, molto cordiale e amichevole, solitamente simpatica ai più, ma ho un fratello che è l'esempio vivente della socievolezza perfetta: lui riesce a relazionarsi in maniera empatica e perfettamente armoniosa con persone di ogni età e nazionalità, ha viaggiato con me in tanti punti del globo, incluso l'estremo Oriente e, pur avendo una limitatissima conoscenza delle lingue straniere, è riuscito a instaurare anche con i popoli più introversi, diffidenti e ostici, un immediato clima di simpatia, empatia, armonia e confidenza; sin da bambino, ha sempre saputo farsi adorare da chiunque venisse a contatto con lui, dai bimbi agli anziani, senza neanche rendersene conto... ecco, lui è il più palese esempio di talento naturale, ma, la maggior parte delle persone, hanno invece un forte timore delle persone che non conoscono, di instaurare nuove relazioni, di aprirsi agli altri, restano chiusi nel loro guscio, prigionieri dei loro timori, limitando infinitamente le loro possibilità di successo. **Conoscendo le giuste tecniche, diventa estremamente più semplice creare delle utilissime relazioni sociali.** Tutto ha inizio sin dal primo momento: dalla stretta di mano. Talmente tanto è stato detto e scritto sulla giusta stretta di mano, insegnando anche le più svariate tecniche, mentre invece io vi consiglio, semplicemente, di scambiare la stretta di mano esattamente nella stessa maniera in cui la persona che abbiamo di fronte ci stringe la mano, in maniera molto decisa e solida se lui ci stringe la mano in maniera estremamente ferma, in maniera più morbida e leggera se la persona ha una stretta di mano estremamente poco incisiva. Come sostiene la PNL, questa neuroscienza che ci consente di comprendere immediatamente con chi abbiamo a che fare, e, di conseguenza, di poterlo ricalcare, perché chi si somiglia, si piglia!

Per questa ragione la PNL viene applicata con risultati eccellenti nei più significativi progetti di sviluppo organizzativo di aziende e istituzioni, così come nel potenziamento delle capacità relazionali di ogni persona.

Sin dal nostro primo incontro con una persona sconosciuta, studiare il tono della sua voce, il respiro, la postura, la sua scelta delle parole e tutti i dettagli più significativi, ci consente di riconoscere il modello, così da poter costruire un valido rapporto, nonché raggiungere i nostri obiettivi. Senza mai dimenticare di apprezzare e lodare le persone con cui parli perché ciò favorirà in loro sicurezza, autostima e positività, quindi benessere.

Il dubbio o la fiducia che hai nel prossimo sono strettamente connessi con i dubbi e la fiducia che hai in te stesso.

Khalil Gibran

Fai questa prova: da oggi, impegnati a fare una nuova amicizia ogni settimana, costantemente, ti renderai presto conto che, nel tempo, diverrà sempre più facile e inizierà anche a divertirti, sino a diventare una tecnica di socializzazione del tutto naturale, spontanea.

Poi, sorridi, di fronte a un viso sconosciuto, presentati con il tuo nome e accertati di aver capito correttamente il suo, puoi proporre uno scambio di biglietti da visita o di indirizzi e-mail, dopo qualche giorno puoi inviare tramite e-mail, una frase che comunichi il piacere dell'incontro, magari facendo riferimento a qualcosa di cui avete parlato oppure un interesse in comune, o puoi proporre qualcosa di interessante che potresti fare per o con, quella persona, magari allegando anche degli articoli che potrebbero essere di suo interesse.

Relazioni preziose

Non fidarsi di nessuno è altrettanto stupido che fidarsi di tutti.
Andrea Teresi

Conoscere molte persone, soprattutto di qualità, rende estremamente più potenti soprattutto nella professione, ma è utile anche in generale per la vita privata saper mantenere una rete sociale attiva. Professionalmente, il promotore finanziario di successo, considera ogni situazione una buona occasione per poter incontrare volti nuovi, guardarsi intorno in modo curioso e creativo per trovare o creare situazioni che gli consentano di cogliere nuove opportunità professionali. Per avanzare professionalmente bisogna esporsi in contesti diversi e nuovi, senza pensare di averne nell'immediato dei vantaggi, ma nel tempo, **si genera quella rete di relazioni che ci consentirà di arrivare poi al successo vero, stabile e duraturo e raccoglieremo con certezza i frutti delle nostre conoscenze strategiche.** Conoscere le strategie D.O.C. e avere le competenze giuste è estremamente utile ma bisogna avere anche una particolare predisposizione alle relazioni sociali, una abilità nei rapporti umani. Esistono persone estremamente carismatiche, fortemente magnetiche, che attraggono istintivamente, spontaneamente agli altri verso sé; ritengo, dai riscontri avuti durante la mia vita, di potermi definire una di queste, ma ce ne sono molte altre che, sebbene estremamente preparate e competenti, risultano purtroppo molto fredde e distaccate, persone che non sanno creare quel contatto magico e non riescono a coinvolgere gli altri. Queste persone possono però imparare, possono migliorare le loro capacità relazionali, iniziando con il trasmettere alle persone che hanno di fronte che stanno facendo il loro interesse esattamente quanto il proprio, manifestando che il loro profondo interesse personale per i bisogni dell'altro è reale e sincero, che si desidera onestamente accrescere il suo benessere, per le persone altruiste ed empatiche è un istinto naturale, ma tutti gli altri possono imparare, partendo dal dare la priorità al proprio interlocutore. Poi c'è da sviluppare l'abilità di trovarsi nel luogo giusto, con le persone giuste, nel momento giusto ed essere preparati a saper cogliere le opportunità che la vita ci offre continuamente, ma che, se siamo distratti o rapiti dal nostro, "IO", ci lasciamo scappare senza neanche accorgercene. **È indubbio che la conoscenza giusta possa aprire ogni porta e permetterci di concludere affari eccezionali; la nostra professione e il nostro successo sono strettamente connessi alle nostre conoscenze.** Quando ambisci a voler incontrare una persona, a conoscere un potenziale cliente importante, cerca di informarti accuratamente riguardo la sua persona, documentati sul suo contesto, sulla sua famiglia, oggi anche solo tramite Internet si possono facilmente avere molte informazioni sul conto di ognuno e Google può informarti sull'azienda per cui egli lavora. Analizza tutte le informazioni di cui vieni a conoscenza e utilizzale intelligentemente per strutturare domande strategiche al vostro incontro; considera anche che la persona che andrai a incontrare, probabilmente farà altrettanto, si informerà su di te e sull'azienda per cui lavori, pertanto, cerca di essere presente in rete con un tuo valido sito personale, scrivi dei buoni articoli sulle riviste di settore, su internet, e se puoi partecipa attivamente a dei progetti sociali o di beneficenza, insomma cerca di fornirle cioè che cerca, consentile di trovare notizie valide e positive sul tuo conto.

Tutto il mondo è fatto di fede e fiducia, e polvere fatata.
Peter Pan

Relazioni Professionista e Clienti

L'attività professionale è certamente un'attività di relazione; ognuno di noi lavora mediante interazione con altri. Come per molti altri professionisti, la relazione tra il promotore finanziario e i suoi clienti è la garanzia di un'attività proficua, fruttuosa, stabile e duratura. Se un professionista è estremamente abile e ha un approccio eccellente con i suoi clienti, ma poi non è in grado di instaurare delle relazioni all'altezza di queste qualità, le reali possibilità di successo nella sua professione saranno poco significative perché, come abbiamo precedentemente spiegato, **le relazioni che tessiamo con gli altri, hanno un peso assai superiore a ciò che noi possiamo immaginare. Voglio ribadire che è solo da un buon rapporto con i propri clienti che possiamo ottenere un risultato permanente, che può durare per sempre;** la qualità dei rapporti è quella che determina il loro destino, avere delle relazioni efficaci con i propri clienti necessita di avere certamente conoscenze tecniche ma anche la giusta personalità altrimenti difficilmente si raggiungono i risultati attesi. **La professione del promotore finanziario è senza dubbio un lavoro molto dipendente dalle relazioni, una relazione solida e duratura con i clienti è quella che ci dà quella fatidica marcia in più rispetto ai nostri concorrenti,** che ancora utilizzano soltanto marketing globale per poter piazzare i loro prodotti finanziari, non strutturato e personalizzato per i loro clienti, non forniscono quindi un abito su misura specifico per lui, per questa ragione essi rischiano fortemente di perdere il cliente perché, naturalmente, sono in molti i concorrenti che desiderano conquistare un posto all'interno del suo budget, bisogna possedere e mettere in atto, tutte le proprie capacità, le strategie imparate, le competenze apprese e i segreti che ti sono stati svelati, proprio perché sono in molti i competitori che vorranno avere il tempo, parte del suo patrimonio e, ovviamente, la fiducia del cliente top a cui ambisci anche tu. Per queste ragioni è basilare che il professionista di successo conosca bene il suo cliente, la sua personalità e le sue reali necessità proprio al fine di poterle soddisfare. Il cliente che si sentirà veramente oggetto di attenzione, si trasformerà in qualche maniera, in partner e alleato del promotore, questa è la chiave, questo è ciò che ti consentirà di avere il successo vero che tanti non riescono a raggiungere.

Chiunque può simpatizzare col dolore di un amico,
ma solo un animo nobile riesce a simpatizzare col successo di un amico.
Oscar Wilde

La relazione che dovrai impegnarti a strutturare con i tuoi clienti migliori, non deve essere solamente professionale, deve anzi essere soprattutto una relazione profondamente umana. Le fondamenta di questa relazione debbono poggiare su una profonda fiducia da entrambi i lati, una fiducia basata su un rapporto fatto di stima e rispetto, simpatia e comprensione. In questa epoca in cui si soffre profondamente della perdita del valore e dell'importanza della persona in quanto persona, l'universo dei rapporti necessita sempre più urgentemente di relazioni estremamente personalizzate e profonde. Noi tutti viviamo in tanti contesti relazionali diversi, ma contemporaneamente, questi universi paralleli sono tutti connessi tra di loro. Ogni individuo interagisce con il mondo che lo circonda, influenzandolo e rimanendone, naturalmente, influenzato. **Il professionista ha la assoluta necessità di creare e conservare nel tempo, una serie di rapporti sociali che sono la risorsa più significativa per lo sviluppo della sua attività, difatti, potremmo definirlo come il suo "patrimonio sociale",** rappresenta il suo capitale perché è quello che gli consentirà di raggiungere i suoi obiettivi, migliorare la sua posizione sociale, economica e personale, e privato di questo prezioso patrimonio sociale, risultati di successo sarebbero irraggiungibili. Naturalmente ci sono persone con cui è più semplice avere un rapporto e un feeling superiori a altri con cui, invece, è più complesso rapportarsi ma, da ogni relazione abbiamo sempre molto da imparare, giacché sappiamo bene che "la mappa non è il territorio" se ne deduce che ogni cliente può desiderare un tipo di una relazione differente, così come relazioni molto simili possono avere un valore diverso per ogni distinto cliente. In funzione delle relazioni che avete con i vostri clienti, inevitabilmente si modificano i comportamenti, gli atteggiamenti e i pensieri che i clienti hanno nei vostri confronti, pertanto per avere con i nostri clienti un alto livello di fiducia e di partecipazione, è basilare fare di ogni cliente importante, un nostro alleato, questa alleanza è quella che ci consentirà di avere entrambi vantaggi e benefici, oggi e domani. Personalmente, nella professione del consulente finanziario, consiglio vivamente di tenere in considerazione ogni cliente singolarmente, rispettando la sua personalità, le sue specifiche peculiarità e non integrare ogni persona come parte di un unico, grande, portafoglio clienti.

Ogni persona ama sentirsi unica e speciale, non come parte di un folto gruppo misto. **Tratta ogni cliente come una persona unica, irripetibile e assolutamente speciale, capace di arricchire la tua vita personale e lavorativa, perché questo è ciò che, effettivamente, ogni singolo individuo è.** In conclusione, come sapersi rapportare con gli altri è una competenza prioritaria e necessaria per raggiungere il successo. Se rifletti sulla tua storia professionale, ti accorgerai che le persone sono disposte persino perdonarci una lacuna di competenza ma non la vostra capacità di relazionarvi con loro. Una persona estremamente competente ma incapace di creare feeling con gli altri, non potrà avere nessun successo, ripeto, ricorda che le persone sono più predisposte a perdonare una preparazione inferiore se giunge da una persona estremamente cortese, cordiale, affabile e gentile; ti ripagheranno con la loro fiducia nonostante le tue carenze di preparazione tecnica, ma non tollererebbero invece, la distanza e la freddezza di una persona, anche se estremamente colta e preparata.

Per creare dei rapporti speciali con i vostri clienti avrete bisogno di tempo per sviluppare un buon feeling e dimostrare che siete in grado di mantenere le vostre promesse; non mi riferisco solo alle promesse riferite ai rendimenti dei vostri prodotti, ma anche quelle di essere presenti e vicini al cliente nei momenti complessi, di mostrarvi disponibili e di effettivo supporto, perché questo rafforza fortemente la relazione con il vostro cliente. Infine, sappi che molto spesso le relazioni migliori con i nostri clienti migliori, nascono da dialoghi disinteressati, mossi da un interesse personale e non professionale. Possiamo affermare che, sarebbe opportuno iniziare ogni rapporto anziché chiedendoci quali vantaggi potremmo avere da quella persona che abbiamo di fronte, cosa invece noi possiamo offrire a chi abbiamo davanti. In questa maniera il cliente si fida e coopera, anziché cercare di difendersi e proteggersi da noi, quando il cliente un nostro alleato ci è fedele e ci conduce a nuovi clienti, garantendoci prestigio e un rendimento economico stabile e costante. Concludendo, ciò che il cliente deve sentire non è solo competenza, onestà e professionalità ma deve vivere e provare quella sensazione di fiducia, quella emozione positiva nel percepire che ciò che fate, ha come obiettivo di procurare a lui oggettivi vantaggi e benefici, per questo è importante far trasparire i vostri intenti ai fini del benessere del vostro cliente.

Relazioni Empatiche

Apprezza il mondo così come è, non come vorresti che fosse.

Epitteto

La capacità di saper costruire relazioni empatiche è certamente la più importante da possedere, perché ci permette di entrare in perfetta sintonia con lo stato d'animo della persona che abbiamo di fronte, la quale, ci sente perfettamente sulla sua lunghezza d'onda, sente che comprendiamo pienamente le sue necessità e i suoi più intimi desideri. **Instaurare relazioni empatiche significa, sostanzialmente, sapersi identificare con l'altra persona, saper vedere con i suoi occhi, saper entrare nel suo ruolo, provare le sue emozioni e condividere le sue esperienze.** Per riuscire a instaurare un rapporto empatico, dobbiamo innanzitutto ascoltare attivamente e attentamente la persona che ci sta parlando, analizzare il suo para verbale e il non verbale, porre le giuste domande, omettere qualsiasi giudizio personale e non farci fuorviare da nessun pregiudizio, utilizzare tutta la nostra sensibilità e immaginazione per comprendere i sentimenti e le motivazioni profonde del nostro interlocutore. **Siamo in empatia con chi abbiamo di fronte nel momento in cui riusciamo a vedere la sua mappa del mondo, cioè percepiamo nella stessa sua maniera, la sua personale visione della realtà.** L'empatia ci permette di avere una vita relazionale profonda e gratificante, ci fa sentire bene fisicamente e psicologicamente regalandoci emozioni belle e profonde, quando le persone si ritrovano in noi e stanno bene con noi, fanno molto bene anche a noi stessi.

La più alta espressione dell'empatia è nell'accettare e non giudicare.
Carl Rogers

Nel contesto professionale, l'empatia è quella caratteristica preziosa che ci permette di interpretare lo stato d'animo, i bisogni e le necessità più intime del nostro cliente e quindi un buon consulente finanziario dovrebbe imparare a sapere immedesimarsi nel suo cliente. La reazione empatica ci consente non solo di comprendere pienamente le emozioni dei nostri clienti, ma anche di saper leggere tutto ciò che esprimono con i gesti, la mimica, la prossemica, il tono e il timbro della voce e tutti gli altri canali non verbali. **L'empatia è quel tocco magico che fa la profonda differenza tra un eccellente rapporto professionale e umano e una relazione mediocre e superficiale.** Il professionista attento e oculato, deve essere sensibile nel relazionarsi ai suoi clienti, tenendo sempre in preziosa considerazione le loro specifiche e uniche caratteristiche, la loro cultura, il carattere, l'ambiente cui vivono e lavorano, la loro mentalità così come i loro sogni e i loro valori. Per diventare individui e professionisti capaci di relazioni empatiche dobbiamo assolutamente prima divenire empatici con noi stessi. Ossia, dobbiamo imparare a conoscerci profondamente, dobbiamo quindi, prendere coscienza del nostro sistema di riferimento interno; analizzare le nostre profonde emozioni e le nostre reazioni, perché è solo con la totale consapevolezza di noi stessi che potremmo rapportarci con gli altri in maniera empatica. Inoltre, il rapporto empatico non deve essere soltanto vissuto, deve essere anche trasmesso ai clienti, bisogna che traspaia, che sia leggibile, ciò lo possiamo ottenere, a esempio, manifestando interesse per le sue necessità, utilizzando lo stesso linguaggio del cliente, rispecchiando i suoi sentimenti e le sue sensazioni, perché, ogni individuo si sente istintivamente più vicino alle persone che utilizzano gli stessi suoi codici linguistici e comportamentali, poi, lo creiamo, non distraendoci ma dando vero ascolto attivo, sincero e oculato, senza mai interrompere quando ci sta parlando, utilizzando le giuste domande in maniera molto strategica e sensibile, rammentando sempre di non esprimere mai giudizi e interpretazione personali, essendo sinceramente curiosi di scoprire il mondo dei vostri clienti e infine provando dentro un sincero rispetto e il desiderio di essere di aiuto e di onesto supporto ai vostri clienti.

Relazioni Etiche

Il valore di un uomo, dipende dalla misura in cui i suoi pensieri,
sentimenti e azioni contribuiscono allo sviluppo
e alla presenza di altri individui.

A. Einstein

Desiderare di agire per la pura e sola gioia di dare agli altri non è comune a molte persone, più frequentemente agiamo verso gli altri cercando di conquistarli, questo comportamento è comune e naturale, ma possiamo agire interessatamente in maniera etica, oppure, non etica. Relazionarsi in maniera etica significa ottenere dagli altri ciò che si desidera in maniera intelligente e onesta utilizzando cioè competenza, preparazione tecnica, accorgimenti oculati, idee e la nostra creatività, sempre seguendo il principio di non fare mai agli altri ciò che non vorremmo fosse fatto a noi stessi. Nella nostra attualità, estremamente consumistica, in cui tutti sembrano volere tutto e subito, basata sul profitto, sull'avidità e sull'egoismo, un discreto numero di persone agiscono senza trasparenza e correttezza. Vorrei pregarti di non fare mai questo errore, perché **le persone che nella tua vita avvicini in maniera non etica, inevitabilmente e giustamente le perderai,** anche nostri cari perderebbero la stima in noi se agissimo con loro in modo non etico, perderemmo una importante parte di noi, e, soprattutto, poi, dovremmo fare i conti con la nostra coscienza.

Per avere rapporti sani, profondi e duraturi così come proficui e fruttuosi, dobbiamo trattare le persone esattamente come vorremmo essere trattati noi, quindi, umanamente, onestamente e correttamente. Probabilmente questa metodica richiederà un pochino più di tempo per dare i suoi frutti migliori, ma li darà e saranno sorprendenti e, soprattutto, li darà nel lungo tempo.

Ogni giorno è un giorno in più per amare,
un giorno in più per sognare, un giorno in più per vivere.

Padre Pio

Non giudicare e non condannare mai le persone, non ridicolizzare, non ferirli sulle loro debolezze. Ogni individuo con cui crei un rapporto, un legame durante la tua vita, dipende dal tuo modo di porgergli te stesso, i tuoi pensieri, le tue idee, i tuoi concetti, il tuo cuore, la tua testa e le tue parole. Ricorda di mettere sempre in ogni tuo rapporto, ricche dosi di empatia, etica e umanità. Vivere e rapportarsi agli altri in maniera etica, significa, fondamentalmente, cercare di fare sempre qualcosa di buono, di giusto, di valido, qualcosa in cui sia tu che chi hai di fronte, ne abbia un reciproco giovamento. Troppe persone pensano che onestamente non si possa avere successo, non è affatto vero, potremmo raggiungere un successo superiore se lo basassimo proprio sulla nostra onestà.

La più deteriorata delle qualità morali
è quella comunemente chiamata coscienza.

Andrea Teresi

Oggi è talmente facile e frequente scoprire tante persone poco sincere e oneste, già solo dall'incoerenza tra il loro verbale, il para verbale e il non verbale che i risultati che raggiungono in maniera disonesta e non etica, sono sempre di breve durata e li destinano, per sempre,a essere una persona assolutamente scorretta e non affidabile. Inoltre, le persone aperte verso il prossimo, coloro che credono negli altri, chi sa dare senza attendere un tornaconto, genera affetto profondo intorno a sé e, per la nota **legge della reciprocità**, donare più di ciò che si riceve, genera nelle persone intorno a noi, una voglia di donare a noi molto più di quanto non abbiano fatto fino a oggi; ciò si verifica in ogni diversa cultura del mondo, inoltre, dando senza attendere di averne un tornaconto, regala già un'enorme gratificazione, è una soddisfazione emozionante sapere che ci si è resi utili, perché dare è un vero piacere, dare è già ricevere.

Se ognuno provasse a uscire dal proprio egocentrismo, dal proprio egoismo affettivo, scoprirebbe di poter dare e ricevere assai di più di quel che crede possibile, anche in senso emozionale e sentimentale; inoltre imparerebbe a vedere la nostra vita e quella degli altri con gli occhi del cuore, a aprire la propria anima.

Ciò ci regalerebbe la gioia di non essere più solo un persona inserita nel mondo, ma di sentire l'intero mondo dentro di noi; ci renderebbe felici e potenti, diventeremmo persone più complete, più forti, più vive e tanto più efficaci; la nostra esistenza sarebbe preziosamente arricchita con delle relazioni di profondo valore su cui poter contare, sempre e per sempre.

Fai sempre ciò che è giusto,
accontenterai la metà del genere umano
e stupirai l'altra metà.

Mark Twain

Relazioni speciali

*Coloro che non sanno cambiare le proprie idee,
non sanno cambiare nulla.*

George Bernard Shaw

A questo punto, risulta evidente che nel mondo della vendita e della consulenza, come in tutte le attività fatte di relazioni e rapporti con gli altri, **può vincere solamente chi sa costruire e ben curare le proprie relazioni sociali.** Consideriamo anche che, all'interno della nostra rete di relazioni, noi mettiamo la nostra faccia, la nostra reputazione, quindi, la rete dei nostri rapporti sociali è sempre un processo a due vie, le persone danno ma ricevono anche da noi. **Un buon ottimo inizio per te, è voler conoscere profondamente te stesso, perché comprendendo esattamente chi sei, cosa è importante per te, cosa ami, cosa cerchi, quale è il tuo progetto, il tuo sogno, ti permetterà poi di condividere il tuo tutto, con gli altri.** Nei futuri incontri che farai, sforzati di non essere l'unico a parlare, perché le persone ricordano il 20% di ciò che ascoltano, il 30% di ciò che vedono, ma ben l'80% di quel che dicono, pertanto, poniti in una posizione di ascolto estremamente partecipe e fai parlare il tuo nuovo cliente per l'80% del tempo. Infine, nel tempo in cui parlerai tu, ossia il 20%, ricorda di utilizzarne la metà, cioè il 10%, per porre delle domande strategiche. È evidente che in funzione di quanta dedizione, impegno e strategia metteremo per creare il nostro network di relazioni tanto più questo risulterà valido, **il successo della creazione del nostro network di relazioni sociali dipende esclusivamente da noi, dal nostro atteggiamento, dalle nostre credenze e dalle nostre azioni.**

Impariamo a dire "Grazie," a Dio, agli altri.
Lo insegniamo ai bambini, ma poi lo dimentichiamo!
Papa Francesco

Ricordiamo sempre che le nostre relazioni sociali ci arricchiscono come persona e ci valorizzano estremamente come professionisti. Le relazioni possono farci arrivare dovunque, difatti, sono l'investimento principe della nostra attività e, naturalmente, più ricca e valida sarà la nostra rete, più attrarrà sempre nuove persone, innescando un eccezionale circolo virtuoso, pertanto, utilizza ogni occasione per essere identificato e aumentare e intensificare i tuoi rapporti. Detto questo, **una rete di relazioni è fondamentale per arricchire la tua vita e poter rendere realtà i tuoi sogni e progetti.** Guardati intorno, sicuramente qualche tuo collega possiede un grande network di relazioni, ha un ricchissimo portafoglio clienti, analizza attentamente questa persona, domandati perché ha avuto più successo di te, scoprirai che la risposta è soprattutto nella vastità della sua personale rete di contatti e nella sua capacità di utilizzarla nella migliore maniera. Naturalmente, per ciò che concerne la professione del promotore finanziario, è strategico avere tanti contatti che conoscano molte persone appartenenti a gruppi e contesti diversi tra loro, in maniera che ogni contatto possa connetterti con numerosi altri contatti diretti, in modo da ampliare sempre più la tua rete di relazioni sociali e non muoverti invece tra cerchie di amici comuni tutti connessi tra di loro. Inoltre, in ultimo, ma non secondario, avere una fitta rete di rapporti sociali consolida fortemente la tua sicurezza la tua autostima, perché confermerà a te stesso la tua capacità di essere capace di socializzare nel modo giusto. Il Rapport ci fornisce di quella marcia in più, è quella chiave universale, quell'alto livello di empatia magica che facilmente ognuno può raggiungere con l'applicazione delle tecniche di PNL. Al fine di costruire valide e stabili relazioni sociali, ricorda sempre di tenerti alla larga da pregiudizi e giudizi, poniti sempre di fronte al tuo interlocutore con un desiderio reale di profonda conoscenza; per fare questo, stai lontano dalla pessima e troppo diffusa abitudine di interpretare e giudicare in funzione di esperienze passate, credenze limitanti, o semplicemente, in funzione di un'apparenza. Per modificare queste abitudini errate, radicate in molte persone, dovrai lavorare contro la resistenza al cambiamento e uscire dalla tua zona di comfort. Infine, ricorda di essere dinamico, quando parli agli altri, il tuo essere energico e vitale, aiuta anche l'altro a uscire dalla sua introversione, a aprirsi.

Durante ogni tuo dialogo, non svalutarti, puoi ammettere di aver sbagliato in qualche occasione ma non darti mai dell'idiota, evidenzia invece che da ogni errore hai imparato tanto, non parlare mai male degli assenti è un errore banale, ma trasmette sempre negatività, criticare chi non è presente. Evita di tenere sempre lo stesso ritmo della voce, una voce monotona è estremamente noiosa e soporifera. Sappi che il ritmo della voce è dato dall'intensità perché cambiando l'intensità della voce, hai la possibilità di mettere in rilievo alcuni passaggi nelle tue comunicazioni, l'intonazione dà anima e vita alla tua voce; puoi migliorare enormemente l'uso della tua voce, allenandoti a leggere a alta voce e ascoltando audiolibri educativi e formativi, e infine, presta attenzione alla velocità con cui parli, la velocità di emissione della voce abitualmente viene misurata tramite il numero di parole pronunciate al minuto.

È errato parlare troppo velocemente, magari per la fretta di terminare o perché si dà per scontato che le proprie parole siano ovvie, facili e comprensibili, mentre questo potrebbe non essere affatto così, per chi le ascolta per la prima volta.

Io, personalmente, vi consiglio di cambiare la velocità semplicemente in funzione di ciò che state dicendo: si può rallentare in un passaggio più significativo che è bene che rimanga più impresso, poi si può accelerare e subito dopo fare una pausa incisiva che andrà a sottolineare quanto appena detto, ovvero si può avere un ritmo mediamente costante, ma sempre intervallato con dei picchi, per rompere ogni forma di monotonia, tutto ciò, sempre prestando estrema attenzione ai messaggi non verbali negativi e positivi che possiamo trasmettere, perché, se il linguaggio del nostro corpo non è in sintonia con le nostre parole, ogni nostro intento celato diventerà immediatamente palese. Poi controlliamo attentamente la nostra irrefrenabile voglia di interrompere chi ci sta parlando, l'impellenza di dire qualcosa, quella impazienza di intervenire non ci consentirà più di seguire veramente il discorso di chi ci sta parlando, questo sarebbe un grande errore generato dal nostro egocentrismo; per la medesima ragione ricorda di essere presente con la testa e non solo fisicamente; molto spesso mentre il nostro interlocutore parla, noi pensiamo alla risposta da dare e smettiamo quindi di ascoltarlo veramente. Dobbiamo invece bloccare immediatamente tutti i pensieri e i giudizi che spontaneamente attraversano la nostra mente, impegnarci a essere riflessivi, non giudicanti, analizzando e sintetizzando ciò che le altre persone ci stanno comunicando. **La capacità di relazionarti bene con gli altri è una abilità che puoi apprendere eccezionalmente, allenandoti.**

Se non possiedi il talento spontaneo di relazionarti bene con chiunque in ogni occasione, perché magari sei una persona timida e riservata, prova semplicemente a mettere al centro del tuo discorso il tuo interlocutore e calibra la conversazione in maniera da poter accogliere tutti gli elementi, è la stessa persona che hai di fronte che ti fornisce tutto ciò di cui hai bisogno per costruire una relazione preziosa, umanamente e professionalmente.

Infine, io ti consiglio di **entrare spesso in te stesso, di conoscerti a fondo, perché ciò ti consentirà di saper entrare meglio nelle altre persone, chi sta bene con se stesso, sta bene con gli altri.**

Rare sono le persone che usano la mente,
poche coloro che usano il cuore
e uniche coloro che usano entrambi.

Rita Levi Montalcini

Reminder

1. Sapersi rapportare con gli altri è determinante ai fini del raggiungimento del successo nella nostra vita; conquistare le persone con cui veniamo in contatto, richiede la capacità di conquistarli sia psicologicamente che razionalmente. Generare nelle persone delle piacevoli emozioni è necessario al fine di entrare in contatto e instaurare relazioni di empatia con gli altri.

2. La nostra capacità di conquistare gli altri è data dalla nostra capacità di saper comunicare, perché, come ben sappiamo, tutto è comunicazione, giacché, nel momento stesso in cui occupiamo uno spazio ed esprimiamo i nostri pensieri, con il nostro comportamento, anche se senza parlare, siamo già comunicando.

3. È molto importante nelle relazioni sociali ricordarsi che il rapporto deve essere da adulto a adulto, mosso dalla convinzione che io sono ok, tu sei ok, quindi senza nessuna necessità di essere esageratamente critici, sentirsi superiori e giudicanti, né vivendo crisi di inferiorità e incompetenza, in quanto questi sarebbe errori che porterebbero inevitabilmente all'insuccesso di quella relazione.

4. Le metafore hanno il potere di comunicare con l'inconscio del nostro interlocutore, un potere enorme, che non dovresti sottovalutare mai. Poi, è importante porre domande, come ben sappiamo, chi domanda guida o, come si suol dire in campo formativo, chi domanda comanda.

5. Ogni persona adora avere di fronte una persona che mostra sentito interesse per lei, per le sue idee, i suoi concetti e i suoi problemi; pertanto non concentrare mai l'attenzione su te stesso.

6. Ricorda sempre il nome della persona che hai di fronte. Ogni persona si identifica con il proprio nome e in qualche maniera ne è profondamente orgoglioso, a tutti fa piacere sentirlo pronunciare.

7. Le relazioni sociali determinano il grado di soddisfazione o insoddisfazione nella nostra vita, nelle amicizie, in famiglia, con i colleghi; generano soddisfazioni o delusioni, nel privato e nel lavoro.

8. La nostra vita professionale, esattamente come quella privata, necessita di persone per raggiungere ogni obiettivo che abbiamo a cuore. Da soli non potremmo raggiungere i nostri traguardi.

9. Ricorda che il "ricalcare" l'altra persona in maniera verbale, non verbale e para verbale genere simpatia, poi, il rispecchiamento ci conduce a "rispecchiare" la persona che abbiamo di fronte, ripetendo la sua gestualità, il suo modo di parlare e i suoi atteggiamenti. Tenendo sempre presente che vi sono persone visive, auditive e cinestesiche.

10. Relazionarsi costruttivamente con le persone richiede consapevolezza e anche una specifica competenza. Interagire con loro diventa il fulcro dell'esistenza di ognuno di noi, perché ci offre la possibilità, sia per ragioni personali che professionali, di tessere preziose relazioni con i nostri simili.

11. Conoscendo le giuste tecniche, diventa estremamente più semplice creare delle utilissime relazioni sociali.

12. Genera quella rete di relazioni che ti consentirà di arrivare poi al successo vero, stabile e duraturo e raccoglierai con certezza i frutti delle nostre conoscenze strategiche. È indubbio che la conoscenza giusta possa aprire ogni porta e permetterci di concludere affari eccezionali; la nostra professione e il nostro successo sono strettamente connessi alle nostre conoscenze.

13. L'attività professionale è certamente un'attività di relazione; ognuno di noi lavora mediante interazione con altri; da un buon rapporto con i propri clienti che possiamo ottenere un risultato permanente, che può durare per sempre.

14. La relazione che dovrai impegnarti a strutturare con i tuoi clienti migliori, non deve essere solamente professionale, deve anzi essere soprattutto una relazione profondamente umana. Le fondamenta di questa relazione debbono poggiare su una profonda fiducia da entrambi i lati, una fiducia basata su un rapporto fatto di stima e rispetto, simpatia e comprensione.

15. Il professionista ha la assoluta necessità di creare e conservare nel tempo, una serie di rapporti sociali che sono la risorsa più significativa per lo sviluppo della sua attività, difatti, potremmo definirlo come il suo "patrimonio sociale".

16. Tratta ogni cliente come una persona unica, irripetibile e assolutamente speciale, capace di arricchire la tua vita personale e lavorativa, perché questo è ciò che, effettivamente, ogni singolo individuo è.

17. La capacità di saper costruire relazioni empatiche è certamente la più importante da possedere, perché ci permette di entrare in perfetta sintonia con lo stato d'animo della persona che abbiamo di fronte. Instaurare relazioni empatiche significa, sostanzialmente, sapersi identificare con l'altra persona, saper vedere con i suoi occhi, saper entrare nel suo ruolo, provare le sue emozioni e condividere le sue esperienze.

18. Siamo in empatia con chi abbiamo di fronte nel momento in cui riusciamo a vedere la sua mappa del mondo, cioè percepiamo nella stessa sua maniera, la sua personale visione della realtà.

19. Nel contesto professionale, l'empatia è quella caratteristica preziosa che ci permette di interpretare lo stato d'animo, i bisogni e le necessità più intime del nostro cliente e quindi un buon consulente finanziario dovrebbe imparare a sapere immedesimarsi nel suo cliente.

20. L'empatia è quel tocco magico che fa la profonda differenza tra un eccellente rapporto professionale e umano e una relazione mediocre e superficiale.

21. Per avere rapporti sani, profondi e duraturi così come proficui e fruttuosi, dobbiamo trattare le persone esattamente come vorremmo essere trattati noi, quindi, umanamente, onestamente e correttamente.

22. Vivere e rapportarsi agli altri in maniera etica, significa, fondamentalmente, cercare di fare sempre qualcosa di buono, di giusto, di valido, qualcosa in cui sia tu che chi hai di fronte, ne abbia un reciproco giovamento.

23. Un buon ottimo inizio per te, è voler conoscere profondamente te stesso, perché comprendendo esattamente chi sei, cosa è importante per te, cosa ami, cosa cerchi, quale è il tuo progetto, il tuo sogno, ti permetterà poi di condividere il tuo tutto, con gli altri.

24. Il successo della creazione del nostro network di relazioni sociali dipende esclusivamente da noi, dal nostro atteggiamento, dalle nostre credenze e dalle nostre azioni. Una rete di relazioni è fondamentale per arricchire la tua vita e poter rendere realtà i tuoi sogni e progetti.

25. La capacità di relazionarti bene con gli altri è una abilità che puoi apprendere eccezionalmente, allenandoti. Inizia a entrare spesso in te stesso, perché conoscerti a fondo, ti consentirà di saper entrare meglio nelle altre persone e chi sta bene con se stesso, sta bene con gli altri.

Guidando

Logica e Istinto

*I leader sono visionari con un senso poco sviluppato della paura
e nessun concetto di probabilità a loro sfavore.*
Robert Jarvik

Per lungo tempo si è creduto che l'intelligenza e la ragione fossero i motori che spingono all'acquisto ogni cliente, si è poi scoperto che questo dipende in modo diretto dalle motivazioni primarie e è fortemente influenzato dalle emozioni e dai sentimenti. Esaminando attentamente, scopriamo che sono stati i sentimenti a farci compiere molte azioni che prima si pensava fossero conseguenza di attenti ragionamenti. La ragione, in verità, ha solo il ruolo analisi e controllo delle nostre reazioni emotive. Ai giorni nostri la psicologia ci aiuta e in futuro lo farà sempre più nelle ricerche, per questa ragione la motivazione è diventata uno strumento prezioso negli studi di mercato. Il venditore capace può ricavare dalla ricerca della motivazione una quantità di insegnamenti eccezionali che gli forniscono precisazioni basilari sul motivo reale delle decisioni di acquisto dei clienti. Leggendo le trattazioni su quest'argomento, ogni venditore può allenare la sua sensibilità di percezione alle reazioni dei clienti. Molte persone, a esempio, spendono addirittura più di ciò che possiedono, per impressionare gli altri, sebbene gli "altri" siano dei perfetti sconosciuti, lo fanno attraverso oggetti di cui non hanno effettivamente alcun bisogno. Per le medesime ragioni, alcuni imprenditori ingrandiscono enormemente i loro stabilimenti, non tanto per vere esigenze di produzione, quanto per mostrare agli "altri" un impianto modello e dare una prova evidente dello sviluppo della propria impresa. Ci sono clienti che provano piacere maggiore nel mettere alla porta un venditore insistente e troppo sicuro di sé, piuttosto che nell'accettare un'offerta, anche se vantaggiosa per lui. Le variegate esperienze che hanno i venditori, dà loro una vasta gamma di esempi, in cui un gesto amichevole, una telefonata fatta da un amico comune o la scoperta di interessi con l'interlocutore con l'interlocutore, creano quel magico contatto che mancava e portano alla conclusione positiva delle trattative più difficili, che sembrava fossero destinate al fallimento. Ad esempio, **un dettaglio personalizzato che lusinghi l'orgoglio dell'acquirente facilita notevolmente il lavoro del venditore e, molto spesso, conduce alla decisione positiva del cliente.** Per questa ragione, nella professione di vendita, è importante dare grande attenzione all'inclinazione e alle debolezze dei clienti, a tutte le esternazioni dei loro sentimenti, sostanzialmente, a tutto ciò che è estremamente personale. L'interesse di un venditore verso il cliente in questo risveglia l'attenzione e lo induce a avere cordialità e benevolenza nei confronti del primo; non è neanche difficile dire cose piacevoli a un cliente riguardo i suoi successi, ai suoi gusti, ai suoi metodi o le sue idee; questi possono sembrare suggerimenti estremamente banali ma aiutano a rompere il ghiaccio in più di un'occasione e frequentemente, grazie a questi semplici consigli, un cliente innervosito o scontroso si rilassa e inizia a dialogare, a raccontare come è nata la propria azienda, come ha iniziato, le difficoltà che ha dovuto superare e quant'altro. Ci sono venditori eccellenti che riescono a entrare in sintonia anche con i clienti più complicati, invogliandoli proprio a parlare di sé e dello sviluppo della propria azienda, effettivamente ognuno ama parlare di ciò che lo riguarda e tutti apprezzano la stima altrui. I sentimenti hanno un ruolo rilevante in tutte le trattazioni di vendita. Le nostre reazioni sono sempre più psicologiche che logiche; per distinguerle è necessaria una buona intuizione e la conoscenza di se stessi, se analizziamo i motivi reali e profondi delle nostre azioni riusciremo a capire più facilmente anche quelle dei nostri clienti. Si tratta quindi di studiare i propri sentimenti, cosi si imparerà a capire quanto questi abbiano la capacità di influenzare tutti i nostri comportamenti. pertanto è necessario imparare a riconoscere bene quelli dei propri clienti.

Vai con fiducia nella direzione dei tuoi sogni,
vivi la vita che hai immaginato.
Henry David Thoreau

Creare il contatto

Vi sono moltissimi piccoli servizi che un professionista attento e strategico, può rendere egregiamente ai suoi clienti; si va dal tenerlo informato sulle novità del proprio settore al fornirgli delle pubblicazioni specializzate, o al procurargli degli inviti per alcune manifestazioni, Queste sono solo delle piccole attenzioni che debbono rimanere piccole, cioè non debbono trasformarsi mai in regali impegnativi, altrimenti verrebbero nocivamente interpretati dai clienti come tentativi di comprarli.. Il professionista deve voler rendere un servizio al suo cliente e ne ha regolarmente l'occasione, che deve cogliere per mantenere vivo il rapporto. Fondamentalmente quel che aiuta infinitamente la persuasione del proprio cliente è la creazione di un'atmosfera di cordialità e simpatia, nella quale diventa facile proporre un'offerta, che, se veramente valida, verrà probabilmente accettata.

La tendenza a giudicare gli altri è la più grande barriera
alla comunicazione e alla comprensione.

Carl Rogers

L'opinione che cambia

Vi sono molte situazioni in cui diventa necessario un cambiamento di metodi e di abitudini; in questi casi, non è mai consigliabile procedere con esagerata energia, ma muoversi con precauzione e delicatezza. **È ovviamente molto difficile cercare di convincere una persona che è fortemente decisa a non essere convinta. In questi frangenti, è importante attendere, proseguire con estrema cautela, riflettere e agire con molto tatto, anche per non dare l'impressione al cliente di essere trattato come un burattino.** Il cliente va indotto a lasciare per sua libera scelta le vecchie strade e instradato all'impegno in nuovi sistemi. Molto spesso questa decisione presuppone un cambiamento totale delle sue opinioni e idee; questa svolta, solitamente, si attua quando il cliente si rende conto che ogni cosa ha il suo lato buono e che spesso non si riesce a riconoscerlo immediatamente nelle novità, nelle quali si è più portati a individuare gli spetti negativi. Dimostrate quindi al vostro cliente che la vostra soluzione lo soddisferà di più, poi, eventualmente, con prudenza, potrete dimostrare l'insufficienza della soluzione attuale. Evitate però di vantare troppo la novità del prodotto e non criticate mai il cliente nelle sue opinioni e nei suoi metodi: è importante permettergli di continuare a credere, sempre, nella sua superiorità e capacità di giudizio.

> *Non sono d'accordo con quello che dici,*
> *ma difenderò fino alla morte il tuo diritto di dirlo.*
> *Evelyn Beatrice Hall*

Guidare nel giusto stato d'animo

*L'ottimista vive nella penisola delle infinite possibilità,
il pessimista è incagliato nell'isola della perpetua indecisione.*

William Arthur Ward

Il cliente non si trova in uno stato d'animo positivo perché ha fatto un buon acquisto, ma ha fatto un buon acquisto perché si trovava in uno stato d'animo positivo, pertanto tu hai la responsabilità di condizionare il suo stato d'animo. Cerchiamo di comprendere insieme quali sono le giuste tecniche per migliorare lo stato d'animo dei propri clienti:

1. Stai sempre rivolto verso di loro, guardali negli occhi per entrare immediatamente in relazione.
2. Cerca di avere un'espressione rilassata, cordiale e sorridente.
3. Fai dei complimenti a loro, al suo ufficio o alla loro casa.
4. Segui attentamente i loro ragionamenti, prendi spunto da ciò che dicono, anziché parlare delle tue personali intenzioni.
5. Rivolgiti sempre anche alle altre persone presenti, che siano le mogli, i colleghi o le segretarie.
6. Evidenzia una loro dote, potresti a esempio dirgli che sanno porre delle domande estremamente valide.
7. Palesa la tua ammirazione, a esempio, potresti dire loro che sei colpito dalla calma con cui sanno affrontare le situazioni difficili.
8. Serba sempre delle precisazioni che mettano in risalto l'autorevolezza dei tuoi clienti, evidenziando a esempio la ricca esperienza che hanno nel proprio campo.
9. Mantieni sempre un tono di voce ricco di entusiasmo.

10. Manifesta sempre interesse per loro professione, per il loro settore, la loro azienda, la loro professione e continua a seminare accurati complimenti durante la conversazione.

11. Poni domande che rafforzino la loro l'autostima.

12. Cerca degli interessi comuni e falli notare, questi possono essere degli hobby, degli sport praticati, dei generi musicali preferiti, dei luoghi di vacanza o delle università frequentate.

13. Prova a raccontare una storia che catturi l'emotività dei tuoi clienti, in cui si manifesti il tuo temperamento ed entusiasmo.

14. Trasmetti sempre incoraggiamento e fai sentire la fiducia nei tuoi interlocutori.

15. Parla di quel che i clienti vorrebbe avere, di ciò che vorrebbero fare, di chi vorrebbero essere, ossia, tocca i loro piani per il futuro, a esempio, le loro prossime vacanze.

16. Qualora si presentassero delle obiezioni, date ragione ai clienti, ciò' consoliderà la fiducia in voi e gli darà enorme soddisfazione.

17. Infine, soprattutto, tieni presente che più i clienti sono entusiasti ed euforici, più leggere e irrilevanti saranno le loro eventuali obiezioni, pertanto, affina la tua capacità di portarli in uno stato d'animo positivo, perché è il metodo più efficace per annullare ogni loro riserva.

Una strategica influenza

Esercitare influenza sulle altre persone è un processo lungo e complesso, per ottenerla è indispensabile:

1. Sviluppare relazioni con le persone più significative.
2. Stabilire e mantenere sempre la propria credibilità.
3. Avere la fiducia delle persone.
4. Avere un eccellente presentazione, molto ben documentata.
5. Conoscere e comprendere bene il problema, gli interessi, le aspettative e il contesto.
6. Avere molta pazienza.

Influenzare gli altri è un processo soprattutto emotivo, non solo razionale.
Se non ci si prepara con un piano ben strutturato, studiando in anticipo le differenti situazioni che possono presentarsi, è molto probabile andare incontro a un insuccesso. Il modello del processo di influenzamento deve essere così strutturato:

1. È importante comprendere gli altri, analizzare gli interessi coinvolti nella questione nella quale volete esercitare la vostra influenza, raccogliendo dati e informazioni completi.
2. Bisogna poi esaminare le informazioni raccolte e considerare come utilizzarle per preparare l'azione di influenzamento.

3. È necessario essere consapevoli di come si fanno le cose nell'ambiente in cui si opera, cioè capire il contesto in cui vogliamo esercitare la nostra influenza.

4. Bisogna comprendere anche se stessi, cioè i propri valori, le proprie convinzioni, i punti di forza, le fragilità e il vostro stile nel rapporto con gli altri.

5. È importante spingersi a esplorare le proprie abilità e le tattiche da utilizzare per raggiungere il proprio obiettivo; in questa fase si può riflettere sui diversi approcci da utilizzare con le diverse persone e situazioni, al fine di organizzarsi nella giusta maniera.

6. Va decisa la vostra strategia, se avete seguito la lista dei precedenti consigli, avrai compreso che è tutto racchiuso nel saper toccare le corde giuste di ogni persona.

Influenzare gli altri implica necessariamente saper comunicare con loro, al fine di ottenere il tuo risultato. Per ottenere la loro adesione alle vostre idee o alle vostre proposte è necessario che le persone sentano di contribuire, di avere un forte interesse personale nel risultato. Le abilità di comunicazione essenziali per una efficace opera di influenzamento sono l'ascolto attivo e la padronanza verbale.

Bisogna poi verificare la comprensione, fare domande, sondare accuratamente, avere consapevolezza del proprio linguaggio corporeo, trasmettere la propria visione e riassumere in maniera chiara e completa. Le qualità personali importanti al fine di raggiungere il proprio obiettivo sono la fiducia in se stessi, la flessibilità, la credibilità, l'entusiasmo, il coraggio e la pazienza.

La leadership è l'arte di vedere ciò che è invisibile.
Jonathan Swift

Le tecniche per esercitare influenza dipendono notevolmente dal contesto, dalle persone coinvolte e dal personale stile comunicativo. Inaspettatamente, un processo a lungo termine inizia non appena avviate un dialogo con tutte le persone che hanno interessi in gioco; detto questo, nella fase preparatoria, partecipate attivamente ai dialoghi, con l'obiettivo di costruire una rete, esternare le vostre idee, ascoltare le opinioni degli altri, confermare la vostra credibilità e seminare nuove idee da coltivare in seguito. Nella fase successiva, inizierete a cercare i giusti modi per influire il più possibile su ogni persona coinvolta. Solitamente gli approcci migliori, sono incontri vis a vis, riunioni per esercitare influenza nel gruppo e sul gruppo, presentazioni orali, rapporti scritti ed email. L'azione di influenzamento implica sempre una comunicazione orale, anche la comunicazione scritta rientra nel processo ma raramente essa risulta essere efficace anche da sola.

Tu, al timone della tua vita

Ricordati di osare, sempre.

Gabriele D'Annunzio

Quando lavori sulla nuova immagine di te stesso, sappi che è molto utile rappresentare accanto a questa i tuoi obiettivi, ma mi raccomando, ben formulati. Potresti mettere a sinistra della tua immagine, gli obiettivi relativi ai rapporti personali, e a destra quelli concernenti i progetti relativi all'attività professionale, specificando per entrambi anche la data di realizzazione. Abbiamo già parlato di come sia importante che gli obiettivi siano ben formulati e è sempre indispensabile porseli. Ricorda di inserire molti elementi, tutte le attività e i compiti necessari alla loro attuazione, devi programmare tutto in maniera estremamente precisa e chiara e cercare di conoscere con anticipo ogni passaggio necessario. Trova obiettivi vicini da realizzare entro un tempo breve, entro un anno o due, ciò ti consentirà di avere un quadro della tua vita operativa estremamente completo e nitido. So che potrebbero apparirti inutili tutte queste programmazioni invece sono estremamente importanti perché ti insegnano a non rimandare, a non procrastinare, a mantenere gli impegni assunti con te stesso e con gli altri, a non sentirti un fallito. Inoltre una programmazione chiara e precisa, ti rende fiducioso nelle tue capacità e possibilità, ti conduce all'abitudine di fare, da adesso, nel migliore dei modi, tutto ciò che ti serve per realizzare i tuoi desideri. Impariamo a stare nel nostro tempo: il presente! È inutile e dannoso rimuginare sul passato, sulle nostre precedenti sofferenze, sulle ingiustizie vissute; del futuro non c'è possibile avere notizie certe e non sappiamo neanche se ce ne sarà uno, quindi è saggio e sano, vivere nel "qui e ora". Sin da questo momento diventa tu l'unico artefice della tua vita. Dentro di te c'è tutto ciò che ti occorre per raggiungere il successo che meriti, possiedi tutte le capacità per farti apprezzare e rispettare, quindi scegli di essere una persona di valore e di volerti bene. Nell'ordine, ti consiglio di chiarire in maniera precisa gli obiettivi generali, dopo, se sarà opportuno, potrai sempre occuparti dei particolari. È importante mettere ordine innanzitutto nella nostra mente, all'interno della quale c'è di tutto, anche molte cose inutili e dannose, che creano una gran confusione mentale, pertanto diventa rilevante per avere equilibrio e stabilità nel nostro lavoro, bisogna sistemare prima ciò che è più importante, l'essenziale, senza farci prendere dalle mille piccole cose che confondono, distraggono e impediscono di puntare al nostro obiettivo. **Scegli bene il tuo obiettivo, trovane uno importante e fondamentale e dirigiti verso di lui con determinazione, dinamismo e sicurezza, il resto verrà da sé.** Devi avere la consapevolezza che una scelta di questo può portarti molto in alto e darti enormi possibilità, molto più grandi di quelle che puoi immaginare adesso. Purtroppo abbiamo dentro di noi una serie di rigidità mentali, per questo all'inizio facciamo abbastanza fatica a comprendere questo tipo di discorsi, ma se ci liberiamo da queste, smetteremo di pensare che nulla può cambiare. Questa consapevolezza ci rende più elastici, più flessibili, ci insegna capiamo che possiamo imparare tanto dagli altri, ci apre alla possibilità di fare dei cambiamenti al passo col progresso e conquistare sempre di più. È importante essere sempre aperti alla mappa degli altri, perché operando in gruppo e ascoltando ogni voce possiamo cogliere il suggerimento giusto, l'idea preziosa può giungerci da ogni persona. In America si utilizza pressoché sempre la tecnica del brainstorming che, sostanzialmente, consiste nel mettere sul piatto un tema o un problema, dopodiché ogni persona esterna tutto ciò che le viene in mente a riguardo, liberamente. Quasi sempre, da questa tempesta di cervelli viene fuori l'idea giusta, la soluzione corretta. Io la ritengo un'ottima tecnica per liberare la creatività individuale e trovare nuove vie, inoltre ci insegna a non aver timore a esporre le proprie idee e che nessuno deve escludere la possibilità di far tesoro di quelle altrui. Frequentemente, le idee geniali sono anche le più semplici; molte idee sembravano del tutto folli e impossibili al loro tempo, eppure hanno poi rappresentato la base per le grandi e geniali umane conquiste. Cerca di essere di una persona estremamente creativa. Essere creativi significa trovare idee nuove, orientate al positivo, vedere soluzioni nuove in ogni situazione, prendere in considerazione tutto quello che non è scontato. Essere creativi vuol dire anche essere capaci di fare cose eccezionali, esprimersi oltre i propri limiti. Puoi quindi capire quanto conta l'atteggiamento mentale positivo, l'entusiasmo in tutto ciò che si fa è la base indispensabile, la condizione necessaria per il successo. Prova a riflettere un attimo su questa istruttiva storiella: Il titolare di una fabbrica di scarpe mandò un suo rappresentante su un'isola sperduta per vedere se ci fosse la possibilità di fare degli affari in loco. Il rappresentante tornò deluso e disse al suo capo che purtroppo, in quell'isola nessuno indossava scarpe, pertanto non c'era nessuna possibilità di lavoro. Poco tempo dopo, lo stesso produttore mandò sulla stessa isola un altro venditore con un carattere entusiasta e un atteggiamento mentale estremamente positivo. Quest'ultimo rientrò alla fabbrica estremamente felice affermando che, fortunatamente in quell'isola nessuno portava le scarpe pertanto c'era la fantastica possibilità di vendere scarpe all'intera isola.

Prima di diventare un leader di successo sta tutto nel crescere.
Una volta diventati leader, invece, sta nel far crescere gli altri.

Jack Welch

Reminder

1. Un dettaglio personalizzato che lusinghi l'orgoglio del cliente facilita notevolmente il lavoro del consulente/venditore e, molto spesso, conduce alla decisione positiva del cliente di affidarsi alle sue competenze.

2. È ovviamente molto difficile cercare di convincere una persona che è fortemente decisa a non essere convinta. In questi frangenti, è importante attendere, proseguire con estrema cautela, riflettere e agire con molto tatto, anche per non dare l'impressione al cliente di essere trattato come un burattino.

3. Il cliente non si trova in uno stato d'animo positivo perché ha fatto un buon acquisto, ma ha fatto un buon acquisto perché si trovava in uno stato d'animo positivo.

4. Influenzare gli altri è un processo soprattutto emotivo, non solo razionale.

5. Scegli bene il tuo obiettivo, trovane uno importante e fondamentale e dirigiti verso di lui con determinazione, dinamismo e sicurezza, il resto verrà da sé.

Amando

La fiducia in se stessi

La luce che accendi in te stesso,
risplende in seguito, per gli altri.

Arthur Schopenhauer

La fiducia in se stessi non è necessariamente qualcosa che possiede solo chi ne nasce fornito, così come non è vero che ci sono persone che non potranno raggiungerla mai; la sicurezza in se è invece il risultato di una serie di azioni da compiere quotidianamente, è un processo che è già iniziato nel momento in cui hai deciso, a esempio, di leggere questo testo. Le persone sicure di sé, sono perfettamente a proprio agio nella loro pelle, provano una sensazione di benessere interiore che li rende forti anche durante imprevisti e momenti negativi e li conduce al raggiungimento dei propri obiettivi. Immagina come sarebbe la tua vita se fossi, in questo istante, già sicuro di te e domandati:

1. Che cosa diresti a te stesso?
2. Che suono avrebbe la tua voce?
3. Come sarebbe la tua postura?

Prendi il tuo tempo, immagina con vivida fantasia queste cose, scoprirai di sentirti già più sicuro di te rispetto a pochi minuti fa. Il vero segreto è che la sicurezza in sé non è solo una sensazione positiva, è un modo di affrontare la vita, un'attitudine che ci regala motivazione, successo e molte nuove possibilità.

Noi siamo ciò che facciamo ripetutamente,
la perfezione, dunque, non è un atto, bensì un'abitudine.

Aristotele

Questo significa, sostanzialmente, che si diventa quello in cui ci si esercita; è un'importantissima verità da tenere sempre presente. Le persone vincenti, hanno vissuto molto spesso situazioni ricche di imprevisti, rischi e incertezze, quindi si sono allenati frequentemente a mettersi in uno stato di efficienza, fino a che questo è diventato per loro un'abitudine; anche tu puoi fare lo stesso. Nota bene, non ti sto consigliando di non essere te stesso, anzi vorrei invece che emergesse la parte di te più autentica. In ognuno di noi c'è più di un se stesso, coperto da anni di input e stimoli che provengono dal mondo esterno e che hanno creato la nostra personalità esteriore, ben chiara alle persone che ci circondano. Il nostro sé autentico è sempre vero in ogni situazione e io vorrei condurti a rientrare in contatto con esso, sono certo che questo ti riempirà di energia dinamica per poter arrivare dovunque tu voglia. Poniti le domande che ho elencato sopra, immaginati esattamente come te stesso sempre più sicuro di te, cerca di praticare questo esercizio quotidianamente, anche più volte al giorno, quanto più metterai in pratica con impegno questo esercizio, tanto più ti ritroverai a essere una persona sempre più sicura e fiduciosa in se stessa, quella che in realtà già sei, ma di cui forse non hai coscienza. Nota bene che essere una persona sicura di sé non significa affatto diventare una persona arrogante. L'esibizione esteriore non ha nulla a che vedere con la sicurezza interiore, anzi, le persone fortemente arroganti solitamente soffrono di una notevole mancanza di fiducia in se stesse, perché sostanzialmente, quando si manifesta un comportamento o un atteggiamento portato all'estremo, c'è sempre, a mio parere, una sostanziale mancanza di fiducia in se stessi. Credere in se stessi è sempre estremamente importante perché gli studi più accurati, proprio sugli effetti prodotti dalla fiducia in sé stessi e sul risultato di qualsiasi impresa, hanno accertato che in base alla sicurezza che una persona ha nelle proprie capacità, si possono prevedere i livelli di una performance, ancor meglio e più precisamente che in funzione di tutti i risultati ottenuti in passato. In breve, la maniera in cui pensi a te stesso in relazione alle sfide che hai di fronte, ha un impatto profondo sulla tua capacità personale di avere o non avere successo, e fondamentalmente, questa è la nota profezia auto avverante. Probabilmente avrai già sentito parlare delle profezie che si auto avverano.

Se una persona è convinta di non essere attraente e che non possa piacere a nessuno come ritieni che si comporterà? Credi che si avvicinerà a qualcuno che le piace?

Pensi che userà la sua mente e il suo corpo in maniera sicura? Sarà capace di mettere l'altro a proprio agio in sua presenza? Chiaramente no! Questo tipo di persone credono in ciò che fanno e quindi non faranno certamente delle azioni i cui risultati smentirebbero il proprio pensiero; pertanto creeranno esattamente le condizioni che non vorrebbero, provando, così, a se stessi che quanto loro credono, è vero!

Per fortuna si può utilizzare questo stesso potere della profezia auto avverante, per costruire la sicurezza in noi stessi e accrescere le nostre probabilità di successo in maniera sostanziale. Una delle funzioni primarie della nostra mente è che vuole provare a se stessa di avere ragione, cioè, la mente cerca sempre di mantenersi coerente a quanto è stato detto o dimostrato precedentemente come vero: se detesti e critichi continuamente le persone di successo difficilmente la tua mente vorrà imitarle, o magari, una parte di voi vuole essere una persona di successo e un'altra parte non ne è sicura? In questo ti stai auto sabotando, cioè inizi in maniera efficace ma poi metti in atto qualcosa che ti frena, il che diventa come guidare con un piede sull'acceleratore e l'altro sul freno. Ti consiglio di dedicare qualche minuto ogni giorno a questo esercizio per accrescere la sicurezza in te. Noi diventiamo quello in cui ci esercitiamo, ciò che si deve esercitare per diventare una persona sicura di sé, è:

- Parlate e pensate in maniera sicura.
- Assumete con il corpo una postura come se foste già molto sicuro di te stesso.
- Costruite nella mente grandi immagini positive.
- Assumete un rischio al giorno

Credi in te

Amare se stessi è l'inizio di un idillio
che dura una vita.

Oscar Wilde

Ciò che pensi di te stesso, in relazione alle sfide che deve affrontare nella vita, avrà un fortissimo impatto sulla tua capacità di avere successo.
Per consentirti di avere la massima fiducia nelle tue reali possibilità, ti consiglio una tecnica che renderà più semplice risolvere ogni tuo possibile conflitto interiore, perché quando tutte le parti di te stesso saranno allineate, punteranno verso lo stesso obiettivo, sarai veramente concentrato sul tuo traguardo e potrai finalmente raggiungerlo.

Il compito principale nella vita di ognuno
è dare alla luce se stesso.

Erich Fromm

Proviamo a fare insieme quest'esercizio:

1. Focalizza nella tua mente le due idee in conflitto. Ad esempio, vorresti essere più socievole con le persone, ma contemporaneamente ti senti molto più al sicuro stando per tuo conto.

2. Stendi le mani davanti a te con i palmi verso l'alto, immagina di avere la socievolezza e la sicurezza in te nella tua mano destra (se sei destro, se sei mancino, ovviamente, utilizza la mano sinistra) e nella tua mano sinistra poni la tua parte insicura e timorosa.

3. Domanda a ognuna delle tue mani, alternativamente, quale è l'intenzione positiva, purché sia implicita, in ciò che ciascuna delle due mani vuole ottenere. Continua a porre queste domande, finché non riconosci che entrambe mirano allo stesso risultato, almeno in parte. Anche se avrai la sensazione di inscenare una finzione, continua a praticare questo procedimento, perché l'esercizio provocherà cambiamenti sostanziali nella fiducia che hai in te. In sostanza, l'esercizio ti insegna che è logico che provare più sicurezza ti permette di essere più intraprendente, quindi avere migliori prestazioni e avere più successo; ma, anche avere qualche timore e imparare a muoversi con cautela può condurre a ottime prestazioni e quindi a avere successo.

4. Immagina di avere tra le mani un'altra parte di te, quella che racchiude in sé, sia la parte sicura che quella timorosa, di te stesso.

5. Muovi entrambi le mani più rapidamente che puoi, uniscile fino a mettere assieme le due parti, facendole combaciare con quella altra parte, che le racchiude entrambe.

6. A questo punto, porta entrambe le due mani al torace e inserisci all'interno di te, questa nuova immagine completamente integrata, per sempre dentro di te, parte di te.

Infine, sappi che quando una persona si modifica, può creare un certo sconcerto nelle persone che lo circondano. Questo accade perché a noi umani piace la consuetudine. Inoltre, a alcune persone non fa piacere vederci più sicuri perché diventiamo più forti di loro mentre a altre potremmo apparire, nel nostro cambiamento, piuttosto incoerenti rispetto a quella che credevano essere la nostra personalità. Capiremo che quel che stiamo imparando sta funzionando, perché alcune persone diranno che sembriamo diversi. Alcune persone ne saranno felici, altre meno. Le persone che tengono a voi, con un po' di tempo si adatteranno alla nuova persona che siamo. Noi non stiamo fingendo perché cambiando le immagini e i suoni nella mente e la postura del corpo, ci sentiamo realmente più alti nella nostra pelle, in sintonia con il nostro corpo e con la nostra vita e, come sappiamo, nulla è più attraente di quel perfetto stato interiore che deriva dal sentirsi completamente a proprio agio con se stessi.

L'Autostima

Cambiando il modo di fare le cose abituali,
permetti che un uomo nuovo cresca dentro di te.

Paulo Coelho

Non credere in se stessi, non avere una sana autostima crea enormi difficoltà a accettarsi completamente, ogni nostro obiettivo, sogno e risultato rimane sempre limitato dalla convinzione di non valere abbastanza. Si viene continuamente bloccati da ogni tipo di timore, le paure non sono vissute con opportunità, come momenti di crescita ma bensì come problemi, ostacoli, limiti insormontabili. **L'autostima riguarda sempre la tua personale convinzione sul tuo valore, ossia, corrisponde a quanto tu credi in te stesso**, pertanto è certamente una credenza sulla tua identità; basata su ciò che tu pensi di te, l'amore per te stesso, influenza tutto ciò che fai e che pensi, quotidianamente. Tutto è relazionato alla stima di sé, per questo è la conquista più importante a cui ognuno di noi deve necessariamente ambire. Se non sei il primo a credere in te non lo faranno certo gli altri al tuo posto. **Ognuno di noi viene trattato come crede di meritare di essere trattato; le persone ci trattano come noi trattiamo noi stessi.**

Nessuno può farti sentire inferiore, senza il tuo consenso.

Eleonor Roosvelt

Se tu rispetti te stesso, lo faranno anche gli altri. La persona che ama se stessa incontra gente positiva e sa che possono accadere molte cose straordinarie, invece, la persona che pensa di non valere nulla, inevitabilmente attira a sé persone e situazioni estremamente negative. Andare verso la conquista di un'equilibrata e costruttiva autostima significa sviluppare le certezze e la consapevolezza sulla propria identità, su chi siamo come persone e sulla nostra personale missione, ossia qual è il nostro scopo in questo pianeta e in questa vita; su quali sono i nostri valori, cioè quello che è maggiormente importante, sulle nostre credenze più significative, su quali sono i nostri talenti, le nostre passioni e le nostre capacità. Mi raccomando, non fare l'errore di pensare di non averne! Ognuno di noi ha dei talenti, anche se spesso non sappiano individuarli, un talento può essere quello di creare sintonia con il prossimo, oppure saper disegnare divinamente, essere estremamente divertente e simpatico o eccezionalmente creativo. **Ognuno di noi, guardandosi dentro, magari con l'aiuto di chi ci conosce bene, può scoprire diversi talenti eccezionali in sé e stupirsi della persona eccezionale che è.** La psicologia ci insegna che l'autostima si forma nella prima fase della nostra vita tramite i nostri genitori e familiari e poi, attraverso maestri, professori e amici. Sostanzialmente, **quanto più amore incondizionato ci è stato donato, tanto più sana e solida sarà la nostra autostima.**

Ma il concetto base da comprendere sull'autostima è che essa deve essere a prescindere, mentre invece, abitualmente, questa aumenta o diminuisce in funzione del successo raggiunto, del periodo propizio, dell'opinione degli altri. Questa capacità di essere condizionati, per la valutazione della propria autostima, dai risultati ottenuti, costringe a dipendere da criteri di valutazione esterni a noi stessi; auto valutarsi in funzione di ciò che otteniamo è decisamente un grande errore. Amarsi a prescindere, vuol dire avere la forte consapevolezza di valere molto ed essere assolutamente unici; più ami te stesso più risultati otterrai nella tua esistenza, se invece credi di non valere nulla non otterai nulla. È dalla nostra esclusiva e unica originalità che dobbiamo partire per ottenere i risultati che desideriamo; comprendere profondamente la propria unicità in questo mondo ci libera anche da qualsiasi sciocco e deleterio paragone, per sempre. L'unicità è la parte individuale ed essenziale della nostra identità, nessuno è uguale a noi, nessuna persona è identica a un'altra persona, persino tra i gemelli. La nostra unicità si manifesta in ogni settore della nostra vita, quando scrivo lo faccio in un modo solo mio, del tutto personale, come solo io so farlo, quando tu svolgi la tua professione lo fai in un modo unico ed esclusivo, il rapporto che ognuno di noi ha con i colleghi o con la propria famiglia è unico e irripetibile, quando esprimiamo le nostre emozioni lo facciamo in una maniera solo ed esclusivamente nostra. Rifletti, se assisti alla stessa performance teatrale, recitata da 10 attori differenti sarà sempre diversa, perché ognuno darà il suo contributo speciale, quindi vedremo una rappresentazione fatta in dieci maniere totalmente uniche. Ognuno di noi è inimitabile, il nostro modo di essere sensibili, solari, noiosi, simpatici, o rigidi, introversi, cinici è sempre dettato dalla nostra unicità, che è formata da ogni aspetto del nostro essere: il nostro carattere, il nostro vissuto personale, le nostre esperienze, come noi percepiamo ciò che ci accade, cioè il significato che gli attribuiamo e infine, la nostra fisiologia, ciò in cui crediamo e i nostri valori.

Questa dovrebbe essere una ottima ragione per munirci di una notevole stima di noi stessi, perché il solo fatto di essere una persona unica al mondo è un pensiero che dovrebbe stimolarci e trasmetterci energia, oltre che ispirarci verso il miglior futuro, perché tutto quel che penseremo, faremo, diremo ed esprimeremo al mondo sarà qualcosa di speciale e assolutamente unico, improntato solo ed esclusivamente sul nostro essere. Pertanto, è evidente che non ha veramente senso sentirsi bene solo quando si ottiene l'approvazione degli altri. Molti di noi fanno troppe scelte in funzione dell'approvazione altrui, alla disperata ricerca di quell'approvazione, a prescindere, che tanto avremmo desiderato quando eravamo bambini. **I cambiamenti che facciamo solo per avere l'approvazione degli altri portano al compiacimento degli altri, al nostro, soltanto secondariamente e di riflesso, mentre fare delle scelte per se stessi e per il nostro amor proprio, senza dubbio ci fa sentire più in equilibrio e molto più forti interiormente.**

Tu cosa vuoi fare di veramente unico nella tua esistenza? Cosa vuoi trasmettere agli altri? L'unicità va di pari passo con l'autostima, che dovrebbe essere sempre supportata da questa preziosa coscienza di essere unici nella vita e nel mondo; ognuno di noi è importante e necessario, nessuno può imitarti al 100% e quindi il mondo ha bisogno di te e l'universo sarebbe incompleto senza di te, proprio per questa ragione il nostro contributo personale è essenziale, quindi facciamo in modo che la vita sia migliore grazie al nostro apporto personale, cercando di dare sempre meglio di noi in tutto quel che facciamo, in ogni pensiero, azione, relazione e comportamento.

Dando il meglio di noi stessi, miglioriamo noi stessi e il mondo intorno a noi. Possiamo affermare, semplificando che l'autostima consiste, praticamente, nel voto che ci diamo. Poiché è un concetto molto soggettivo, può accadere che una persona fragile abbia una bassa autostima e si ritenga sempre mediocre, pur non essendolo affatto, così come una persona molto sicura di sé può pensare che nulla gli sia mai precluso solo perché in quel momento ha notevole successo. Quanto appena affermato ci mostra come l'autostima non sia un concetto statico ma bensì estremamente dinamico.

L'autostima può venire da dentro di noi o da fuori. Oggi si tende a farla provenire dal fuori di sé, attraverso la carriera, il prestigio, le opinioni altrui, il successo; sostanzialmente, si pensa che si vale solo se si ottiene qualcosa nel contesto in cui si opera o si vive, così facendo, però si demanda la propria felicità a un risultato che spesso non dipende nemmeno interamente da noi. Quasi sempre questo risultato è talmente materiale da non potersi neanche incontrare con un concerto così spirituale come quello della felicità. Agendo in questo modo, otteniamo un surrogato di autostima, perché non sviluppiamo una vera forza interiore ma soltanto una forza orientata al raggiungimento dell'obiettivo. Esistono numerose scuole, moltissimi corsi di PNL per accrescere l'autostima al fine di avere successo nella vita, sostanzialmente il punto è aumentare la fiducia in se stessi, comprendere che il proprio valore è del tutto indipendente da ciò che gli altri pensano di noi, nessuno deve ritenersi meno significativo di un'altra persona, perché ognuno di noi ha la sua dignità e il suo intrinseco valore unico. Certo è necessario che ci sia sempre rispetto per gli altri ma non sottomissione; nella stessa maniera non si deve incorrere nell'errore opposto: non bisogna pensare di essere migliori degli altri, perché nessuno è più importante di un'altra persona; **avere la necessità di dimostrare a tutti i costi di valere qualcosa, ci fa valere molto poco. Non è sicuramente il confronto con gli altri il criterio per misurare il proprio valore, perché chi vale veramente non ha bisogno di dimostrarlo a nessuno.** Diventa quindi evidente che, l'autostima deve nascere dentro di noi, solo così' sarà duratura ed estremamente costruttiva.

Questo tipo di autostima che nasce dentro di noi, si basa su valori morali come l'onestà ed esistenziali come la capacità di amare. Io personalmente, definirei l'autostima come l'essere pronti a considerarsi competenti nel fronteggiare le sfide fondamentali della vita e la certezza di essere assolutamente meritevoli di felicità nella propria esistenza. **Un'alta autostima è uno dei requisiti essenziali per una vita caratterizzata da realizzazione, competenza e soddisfazione;** una sana autostima ci fa crescere e sviluppare nel rispetto per gli altri e ci dona la capacità di immedesimarci in un'altra persona. Avere stima di se è indispensabile per accettare le nostre responsabilità e avere soddisfazione dalle nostre conquiste.

Tutti gli individui dotati di una sana autostima hanno sempre dei sogni e li realizzano volontariamente, credono nelle loro abilità, si adoperano per crescere e sono pronti a rischiare, non si lasciano scoraggiare dalle sfide né dalle critiche e hanno la capacità di amare se stessi. Questo è un requisito irrinunciabile per essere amati dagli altri.

Se io ho perso la fiducia in me stesso,
ho l'universo contro di me.

Ralph Waldo Emerson

Diverse persone confondono l'autostima con la vanità e l'egocentrismo; in verità le suddette caratteristiche indicano invece una mancanza di sana autostima.

Io conosco tante persone estremamente attraenti ma con grandi problemi riguardo l'autostima, perché l'autostima va ben oltre il solo possedere una buona immagine di sé dal punto di vista estetico. Autostima significa sentirsi bene con se stessi, sentirsi persone di elevato valore personale, capaci di dare un grande contributo, in grado di produrre risultati di valore. Le persone dotate di una sana autostima hanno fiducia in se stesse e nella loro abilità di influenzare gli altri in maniera sempre positiva e non temono in nessun modo i fallimenti, sapendo che questi possono insegnare molto e che solo chi non fa mai niente, non sbaglia mai. La natura di ogni essere umano è eccezionale. Tutti noi abbiamo l'abilità di superare ostacoli incredibili, sappiamo vivere in funzione dei nostri valori più significativi, riusciamo a compiere imprese eccezionali, ottenere e godere della felicità e dare il nostro contributo migliore agli altri con le nostre doti uniche; quindi, tutti possiamo proseguire la nostra vita in maniera ottimale, purtroppo, presi dalla nostra superficialità o dal pessimismo invasivo, spesso perdiamo di vista questi importantissimi fatti. Dalla nostra nascita alla nostra maturità viviamo infinite esperienze che possono aumentare eccezionalmente la nostra autostima, così come possono ridurla drammaticamente.

La nostra autostima inizia a diminuire quando iniziamo a ritenere che, in qualche maniera, non siamo all'altezza, quando ci giudichiamo carenti in qualche modo e decidiamo di non essere capaci; da quel momento la nostra vita si svolge secondo le aspettative che ci siamo creati. Queste convinzioni limitanti sono direttamente connesse al modo in cui ci sentiamo riguardo a noi stessi: meritiamo sofferenza e dolore perché non abbiamo nessun valore, oppure, siamo degni e meritiamo tutte le cose belle che la vita può offrire. **Quando ci giudichiamo negativamente, distruggiamo crudelmente la nostra abilità di meritare amore e raggiungere il successo e attraiamo nella nostra esistenza proprio le cose che detestiamo e temiamo di più.** Questa forma di rassegnazione indebolisce sempre più il nostro spirito perché il sentire di non meritare nulla di buono, crea un circolo vizioso che porta risultati coerenti con questa aspettativa negativa, rafforzando sempre più la convinzione di non valere nulla, inoltre, questa opinione negativa di noi stessi distorce le nostre relazioni con gli altri: ci sentiamo inadeguati e rafforziamo le nostre

251

convinzioni di non essere degni di niente di buono, dandoci la prova per giustificarle, auto sabotandoci in continuazione. Creiamo la profezia che si realizza proprio perché da noi annunciata; il nostro dialogo interiore non fa altro che riempirci di critiche e di previsioni pessime, rinunciamo a ogni bella prospettiva e ai nostri sogni e diminuiamo ogni nostra aspettativa per paura di essere feriti. Questa generale perdita di autostima ci porta a continuare a creare profezie catastrofiche che continueranno a avverarsi perché, proprio per timore di essere smentiti, siamo noi stessi a fare di tutto per realizzarle. Continuiamo a esagerare i nostri punti deboli e ci etichettiamo come degli incapaci, dei falliti, amplifichiamo ogni nostro errore e crediamo che gli altri ci vedano come esseri pateticamente inutili e negati, come ci vediamo noi e per questo motivo, interpretiamo ogni situazione come un attacco personale ai nostri limiti e alle nostre inadeguatezze. C'è però una buona notizia; si può invertire questa spirale estremamente negativa. Comprendendo in che maniera si hai perso la fiducia in se stessi, si può concentrarsi sul ristabilire l'eccezionalità che è nella nostra vera natura intrinseca cosi' si recupera la fiducia in se e nella propria abilità.

Personalmente consiglio di cercare di essere sempre la miglior persona che si riesce a essere: gentile, leale, ottimista, intraprendente, sincera, tollerante, curiosa, dinamica, altruista e onesta. Vi sono moltissime persone che si alternano tra un'ottima e una pessima autostima, a seconda delle circostanze che vivono. C'è chi ha una buona stima delle proprie competenze ma non si sente degno di essere amato. Altri credono di meritare amore ma non si sentono affatto competenti nel lavoro.

È importante prendere coscienza del fatto che la costruzione dell'autostima è una responsabilità che riguarda solo noi stessi, è un lavoro di sviluppo personale che soltanto noi possiamo e dobbiamo compiere.

Impara a piacere a te stesso. Quello che pensi tu di te stesso è molto più importante di quello che gli altri pensano di te.

Lucio Anneo Seneca

L'autostima può essere perfezionata nel corso della vita intera e è un elemento fondamentale della gioia di vivere, ci consente di accettarci e realizzarci, è importante iniziare al più presto a lavorarci su. Sappiamo che la nostra autostima è influenzata dal contatto con gli altri, i genitori "in primis", poi la famiglia, gli insegnanti, gli amici, tutti coloro che in qualche maniera influiscono sulla percezione che ogni individuo ha di se stesso. In età adulta, l'ambiente ha un ruolo essenziale che si aggiunge agli influssi subiti durante l'infanzia, così come i successi o i fallimenti. Tra gli elementi che interferiscono nella costruzione di una sana autostima vi sono le frasi che ci feriscono, le continue critiche, l'eccesso di protezione da parte dei nostri genitori, le aspettative troppo alte o troppo basse nei nostri confronti, l'incostanza nella disciplina, il fallimento scolastico, la rinuncia davanti alle sfide della vita. Se ti è capitato di sperimentare degli elementi che hanno ostacolato il processo di costruzione di una sana autostima in te, prova a utilizzarli per accrescere la tua comprensione degli altri e per perdonare chi ha sbagliato, per prendere una direzione completamente diversa. Per costruire una sana autostima è molto importante conoscere se stessi; una buona conoscenza di sé, facilita le relazioni con gli altri e che senza dubbio migliora la stima di sé. **Un elemento da tenere alla larga, per migliorare la propria autostima, è la procrastinazione, cioè la tendenza rimandare a domani tutto quel che si potrebbe fare oggi. La tendenza a rinviare gli impegni nasce dalla mancanza di autodisciplina, mentre la capacità di autocontrollo, di autodisciplina, sono fattori che favoriscono l'autostima.** Ogni atteggiamento mentale negativo può essere modificato: basta osservare le situazioni nel loro complesso, gli aspetti negativi e quelli positivi assieme.

Possiamo ottenere l'approvazione degli altri,
se agiamo bene e ci mettiamo d'impegno nello scopo;
ma la nostra stessa approvazione vale mille volte di più.
Mark Twain

Imparare come si costruisce l'autostima e valutare ciò che può fare per modificarla è il primo passo; poi si procede assumendosi le proprie responsabilità nel cambiamento che si vuole realizzare. Genitori, educatori e insegnanti ci hanno dato elementi importanti, sia positivi che negativi; adesso, da persone adulte, possiamo decidere di cambiare la direzione. Quale direzione si darà al cambiamento è una scelta personale, che spetta solo esclusivamente a noi.

La traccia per un buon percorso verso il cambiamento positivo, consiglia di:

1. Rinnovare la convinzione del proprio valore come persona.
2. Rinunciare alle manie di perfezionismo nei propri confronti e in quelli degli altri.
3. Impara a comunicare in maniera aperta e chiara con tutti.
4. Riconoscere e guidare gli elementi più importanti del proprio dialogo interiore.
5. Rispettare i propri valori.
6. Rafforzare la convinzione di avere le competenze che permettono di affrontare la vita.
7. Avere il coraggio di essere fieri di se stessi.

L'essenza dell'autostima è racchiusa nel sapere di meritare una vita felice. Una volta compreso che il nostro livello di autostima ha profonde conseguenze su ogni aspetto dell'esistenza e sul nostro modo di operare al lavoro, sulle relazioni con le persone, sul grado di successo che otterremo, sul raggiungimento dei nostri obiettivi, comprenderemo da soli le forti relazioni tra una sana autostima e tutti i tratti che riguardano direttamente la nostra capacità di realizzarci e di essere felici. Comprendendo che una stima di sé inadeguata limita seriamente le aspirazioni e il successo di una persona e genera profezie negative che si avverano, comprendiamo che la scarsa autostima ci pone in una relazione di conflitto con il nostro stesso benessere.

Il nocciolo della tua personalità è l'autostima, "quanto ti piaci".
Più ti piaci e ti rispetti, meglio farai,
qualsiasi cosa tu voglia intraprendere.

Brian Tracy

L'autostima è fatta di componenti strettamente legate tra loro: un senso basilare di fiducia di fronte alle sfide della vita, che possiamo definire senso di efficacia e la convinzione di meritare la felicità ossia il rispetto di sé. Il senso di efficacia significa aver fiducia nel funzionamento della propria mente, nella propria capacità di pensare, comprendere, scegliere, prendere decisioni, nella capacità di capire i fatti, quindi, fiducia in me stesso. Rispetto di sé significa certezza del mio valore, certezza di avere diritto a essere felice, per affermare chiaramente le mie opinioni, i miei pensieri e pensare che realizzare i miei desideri ed essere felice sia un mio diritto. Molte persone sono più sicuri delle loro competenze che del diritto di essere felici, ciò significa che nella loro stima manca qualche parte del rispetto di sé: una persona di questo tipo può arrivare anche molto in alto, ma senza la capacità di goderne. Possiamo notare questo negli uomini d'affari di notevole successo, che non riescono a stare lontano dai loro uffici, infatti, per questo tipo di uomini, le vacanze sono soltanto un grande stress. Difficilmente, pur amandola, sanno godere della loro famiglia, sentono di dover provare a giustificare il loro valore attraverso i successi, hanno si, autostima, ma è un'autostima rischiosamente incrinata. Una sana stima di sé, si manifesta in maniera piuttosto semplice, con un modo di fare che trasmette il piacere di far parte di questo mondo, nel modo di parlare in maniera diretta dei propri successi ma anche dei propri fallimenti, nella spontaneità con cui una persona fa e riceve complimenti e manifestazioni d'affetto, nell'apertura alle critiche, perché l'autostima non è legata a un'immagine di perfezione, nell'armonia tra ciò che una persona dice e quello che fa, nella curiosità verso esperienze nuove, nel senso umoristico o della vita verso se stessi e verso gli altri, nella flessibilità nel fronteggiare ogni situazione e le sfide e così via. Infine, le persone con una sana autostima collaborano meglio con le altre persone, perché non temono gli altri e sanno immedesimarsi e cooperare, i nostri rapporti con gli altri tendono a rispecchiare e riflettere i rapporti che abbiamo con noi stessi, chi non ama se stesso, difficilmente riuscirà a amare gli altri.

Quando sei contento di essere semplicemente te stesso
e non fai confronti e non competi,
tutti ti rispetteranno.

Lao Tzu

Autostima e Professione

L'autostima è sempre stata una necessità personale molto pressante, negli ultimi decenni ha guadagnato ancor più importanza, perché la nuova realtà economica e sociale ci ha messo davanti a nuove sfide riguardo la nostra fiducia in noi stessi. Possiamo affermare che il significato primario dell'autostima è la fiducia nell'efficacia della nostra mente, nella nostra capacità di pensare, quindi la fiducia nella nostra capacità di apprendere, di compiere le giuste scelte e di affrontare il cambiamento. Secondo tutti gli studi effettuati sul fallimento lavorativo, una delle cause più comuni è la paura di prendere decisioni da parte dei dirigenti, ma oggi come oggi, non solo i dirigenti, bensì tutti, hanno bisogno di potersi fidare del proprio giudizio. **L'odierna necessità economica chiede una gran quantità di individui con un buon livello di autostima, per questo l'autostima rappresenta un'importante svolta nella nostra evoluzione.** Come tutti sappiamo, l'economia nazionale mondiale ha ultimamente subito dei profondi cambiamenti che hanno reso il bisogno di autostima molto più urgente in tutti coloro che partecipano al processo produttivo, dai direttori delle imprese al personale di primo livello, questi cambiamenti sono:

1. L'esplosione costante di nuovi percorsi e nuove tecnologie necessarie alle richieste di adattabilità economica.
2. Il passaggio a una società dell'informazione in cui sono necessari lavoratori capaci, con competenze verbali e sociali di ottimo livello.
3. L'emergere di un'economia globale con una competitività senza precedenti.

257

Oggi la mentalità imprenditoriale che è diventata il fulcro del pensiero e ancor più rilevante è, l'emergere della mente come fattore dominante in tutte le attività economiche. La nostra mente è sempre stata il nostro principale strumento ma, per buona parte della storia, non è stato capito, mentre adesso è chiaro praticamente a tutto il mondo. Diventa quindi palese per quale ragione nel futuro le aziende di successo saranno solo quelle che sosterranno fermamente l'autostima individuale.

Abbi fiducia in te stesso,
ogni cuore vibra su quella corda di ferro.
Ralph Waldo Emerson

La fiducia e l'entusiasmo

Puoi fare qualsiasi cosa se hai entusiasmo. L'entusiasmo è il lievito
che permette alle tue speranze di elevarsi fino alla stelle.

Henry Ford

È fondamentale imparare tutto quello che è possibile sulla propria professione e sui propri prodotti, più informazioni si hanno da offrire, più si proverà una sensazione di fiducia ed entusiasmo per i prodotti a cui ci si riferisce, sentendosi spinti e motivati a mettere a frutto le proprie conoscenze anche all'atto pratico. Se vi sentite esperti potrete godere della stima e del rispetto dei vostri clienti, questo vi darà indubbiamente enormi vantaggi. Sviluppate delle soluzioni personalizzate su misura, specifiche per i problemi dei vostri clienti, la sensazione di poter offrire loro delle soluzioni che nessun altro può dargli, vi fornirà un potente entusiasmo nel pubblicizzarle, perché trasformerà la proposta che farete nella vostra offerta e non più solo di quella dell'offerta della vostra azienda.

Fa enormemente la differenza lasciare dei segni distintivi, perché una conoscenza approfondita del mercato, del vostro settore e del vostro prodotto vi consente di proporvi al cliente con più credibilità e competenza ed evidenzia la superiorità della vostra offerta rispetto a quella dei vostri concorrenti, che diventa più delineata e marcata. Dimostrerete, così, di non temere la concorrenza, anzi, di poter confrontare con orgoglio il vostro prodotto con quello degli altri. Siate sempre pronti a qualsiasi tipo di domanda, cercate di allenarvi a essere capaci di rispondere istintivamente a quasi a tutte le domande, così non solo avrete un effetto eccezionale sul cliente, ma automaticamente, proverete orgoglio ed entusiasmo per le vostre capacità.

Comunicare e comportarsi con entusiasmo, significa a esempio, non stare seduti immobili davanti al cliente e non limitarsi a presentare il prodotto, ma sentirlo vivo dentro di voi; concentratevi su quelle affermazioni che vi illuminano, perché solo ciò che entusiasma voi, potrà entusiasmare, di conseguenza, i vostri clienti.

Siate sempre pieni di risorse, recatevi al colloquio con il cliente sentendovi preparati e in grado di arricchirlo. La sensazione di essere capaci di rispondere a tutte le possibili obiezioni e di saper introdurre nuovi argomenti, vi infonderà una notevole sicurezza, Cercate di vivere la consapevolezza che le vostre risorse sono superiori alle obiezioni che potranno porvi i clienti, questo vi consentirà di avere entusiasmo anche nei casi più complessi. Monitorate sempre con molta attenzione il vostro settore, per sapere se sono disponibili nuove soluzioni o informazioni, se qualche collega concorrente adotta nuovi metodi di vendita, se sono state create nuove possibilità di applicazione.

La certezza di essere sempre al passo con gli sviluppi entusiasmerà sia il cliente che voi stessi. Preparate con la massima cura le vostre presentazioni, rendetele capaci di stupire e affascinare il cliente per la loro completezza ed efficacia.

Continuate a prendere esempio dai successi dei colleghi più abili ed esperti, apprenderete quante possibilità si aprono al vostro lavoro, grazie una spiccata professionalità; continuate a modellarli e in breve tempo riuscirete a superare vostri maestri. Coltivate i rapporti con persone brillanti, positive e stimolanti con cui dialogare di obiettivi e di opportunità e mai di fallimenti ed errori.

Evitare di frequentare persone negative e lasciatevi contagiare dall'entusiasmo e dallo spirito d'iniziativa dei professionisti migliori.

L'entusiasmo è la grandezza dell'uomo,
è il passaggio dall'umano al divino.
Ralph Waldo Emerson

Consigli per il successo

1. Ricorda che per divenire un professionista di successo, è importante porsi sempre un obiettivo preciso per la giornata, per la settimana e per il mese. A tal fine, fai un'attenta pianificazione quotidiana, considera con precisione quanti appuntamenti, telefonate e vendite vuoi fare settimanalmente e fai del tuo meglio per rispettare i tuoi programmi.

2. Devi sapere esattamente cosa fare ogni giorno e non smettere di fare telefonate finché non raggiungi il numero di appuntamenti necessari per la tua giornata e la tua settimana; quando non raggiungi l'obiettivo settimanale nel regolare orario lavorativo, prendi gli appuntamenti anche di sera o nel week end.

3. Quando ti trovi a vivere una fase negativa, come nei giorni critici in cui non si concretizza alcuna vendita, ripetiti che la prossima volta andrà meglio. Devi solo prendere più appuntamenti; conta sulle tue forze, non fare affidamento solo su superiori colleghi clienti.

4. Sii tenace sia per ottenere gli appuntamenti, sia per concludere i tuoi incontri positivamente.

5. Cerca la causa dei tuoi insuccessi in te stesso, non negli altri, né negli eventi e nelle circostanze.

6. Se vivi qualche situazione critica in cui ti senti limitato, accrescere la tua competenza è molto importante per sentirti a proprio agio.

7. Non esiste un'unica strategia di vendita ottimale da imparare nei corsi o dai propri superiori, lavorandoci su puoi scoprire la tua, così farai parte davvero del tuo patrimonio intellettuale.

8. Fai il tuo lavoro con competenza, impegno e buona volontà, il successo richiede molta dedizione, questi sono fattori decisivi.

9. Ricorda sempre che durante un colloquio, l'obiettivo prioritario è condurre il cliente in uno stato d'animo positivo. Presentati, parla e vestiti, in accordo con la sua personalità; non farti condizionare da pregiudizi in base a precedenti clienti, perché rischieresti di perdere ottime occasioni.

10. Ricorda di parlare delle sensazioni, non illustrare al cliente solo la validità del prodotto; spiegagli in che modo lo farà sentire bene, per essere più convincente, racconta storie, metafore efficaci.

11. Quando vivi invece una fase positiva, di estremo successo, vivila fino all'ultimo, non perdere tempo a complimentarti e festeggiare.

12. Fatti sempre motivare da desideri grandiosi, ricorda le date che hai stabilito, rispetta ciò è il termine entro il quale vuoi raggiungere i tuoi obiettivi.

13. Quando lasci un cliente, lascia sempre un'ottima impressione, questo vi consentirà di essere ricevuto con estrema cordialità la volta seguente.

Reminder

1. Si diventa quello in cui ci si esercita.

2. L'esibizione esteriore non ha nulla a che vedere con la sicurezza interiore, anzi, le persone fortemente arroganti solitamente soffrono di una notevole mancanza di fiducia in se stesse.

3. In base alla sicurezza che una persona ha nelle proprie capacità, si possono prevedere i livelli di una performance, ancor meglio e più precisamente che in funzione di tutti i risultati ottenuti in passato.

4. Ciò che pensi di te stesso, in relazione alle sfide che deve affrontare nella vita, avrà un fortissimo impatto sulla tua capacità di avere successo.

5. L'autostima riguarda sempre la tua personale convinzione sul tuo valore, ossia, corrisponde a quanto tu credi in te stesso.

6. Ognuno di noi viene trattato come crede di meritare di essere trattato; le persone ci trattano come noi trattiamo noi stessi.

7. Ognuno di noi, guardandosi dentro, magari con l'aiuto di chi ci conosce bene, può scoprire diversi talenti eccezionali in sé e stupirsi della persona eccezionale che è.

8. Quanto più amore incondizionato ci è stato donato, tanto più sana e solida sarà la nostra autostima.

9. I cambiamenti che facciamo solo per avere l'approvazione degli altri portano al compiacimento degli altri, al nostro, soltanto secondariamente e di riflesso, mentre fare delle scelte per se stessi e per il nostro amor proprio, senza dubbio ci fa sentire più in equilibrio e molto più forti interiormente.

10. Avere la necessità di dimostrare a tutti i costi di valere qualcosa, ci fa valere molto poco. Non è sicuramente il confronto con gli altri il criterio per misurare il proprio valore, perché chi vale veramente non ha bisogno di dimostrarlo a nessuno.

11. Un'alta autostima è uno dei requisiti essenziali per una vita caratterizzata da realizzazione, competenza e soddisfazione.

12. Quando ci giudichiamo negativamente, distruggiamo crudelmente la nostra abilità di meritare amore e raggiungere il successo e attraiamo nella nostra esistenza proprio le cose che detestiamo e temiamo di più.

13. Un elemento da tenere alla larga, per migliorare la propria autostima, è la procrastinazione, cioè la tendenza rimandare a domani tutto quel che si potrebbe fare oggi. La tendenza a rinviare gli impegni nasce dalla mancanza di autodisciplina, mentre la capacità di autocontrollo, di autodisciplina, sono fattori che favoriscono l'autostima.

14. L'essenza dell'autostima è racchiusa nel sapere di meritare una vita felice.

15. L'odierna necessità economica chiede una gran quantità di individui con un buon livello di autostima, per questo l'autostima rappresenta un'importante svolta nella nostra evoluzione.

16. È fondamentale imparare tutto quello che è possibile sulla propria professione e sui propri prodotti, più informazioni si hanno da offrire, più si proverà una sensazione di fiducia ed entusiasmo per i prodotti a cui ci si riferisce, sentendosi spinti e motivati a mettere a frutto le proprie conoscenze anche all'atto pratico.

Perfezionando

L'arte di vendere

L'artigiano che vuole perfezionare la sua opera,
deve prima affilare i suoi utensili.

Confucio

Partiamo dal presupposto che ogni qualvolta si acquista un prodotto, lo si fa per soddisfare un determinato bisogno. Ogni prodotto è fondamentalmente un mezzo per raggiungere uno scopo; per questa ragione il professionista della vendita sa che non deve proporre la merce in quanto tale, ma deve risvegliare nei suoi clienti il desiderio di raggiungere una determinata sensazione. Il prodotto in sé per sé è per il cliente solo di interesse secondario, ciò che invece è importante è l'idea che esso concretizza, a esempio, un professionista non vende automobili, ma l'idea di appuntamenti più veloci e piacevoli, non si vende una crema idratante ma bensì una pelle incantevole, alla stessa maniera non si vendono polizze assicurative ma la sicurezza economica per se stessi e per i propri familiari. È evidente che molti clienti non hanno voglia di parlare con voi di polizze assicurative né di automobili, ma non sono mai del tutto indifferenti all'idea di sicurezza per la propria famiglia o alla piacevolezza del comfort. **Ogni prodotto può rappresentare un'infinita gamma di idee quante sono i desideri e le necessità essenziali di ogni persona, ogni prodotto vive attraverso la capacità di servire il cliente e di soddisfare i suoi desideri.** Appare quindi evidente che il compito di un professionista della vendita sarà più semplice se, anziché offrire un prodotto o una merce, propone la sicurezza, la comodità, l'utilità perché il prodotto è solo mezzo per raggiungere questi obiettivi e, per il cliente, un mezzo riveste un ruolo assolutamente secondario.
È un dato statistico accertato che i venditori che offrono i loro prodotti, non raggiungono mai i risultati di quelli che hanno imparato a vendere l'idea rappresentata dai loro prodotti. Per fornire un esempio possiamo dire che anziché

vendere abiti vendiamo l'idea di generale ammirazione degli altri e anziché vendere biglietti di viaggi vendiamo l'idea di emozionanti vacanze. L'idea che possiamo offrire insieme a un prodotto può essere variabile da un cliente all'altro perché le ragioni di acquisto sono basate sulle caratteristiche individuali di ognuno. Una casa, per esempio, può essere per molti un investimento di capitale, per tanti altri, una faccenda di prestigio e per altri ancora, semplicemente un luogo in cui vivere. In ogni caso, a quasi tutti i prodotti corrisponde una ampia gamma di idee che il venditore deve conoscere e analizzare per essere in grado di utilizzarla strategicamente e sensibilmente. Comprendere l'importanza del principio della vendita di un'idea, è basilare per un professionista capace. E tu, sai vendere la giusta idea del tuo prodotto? Parlando dei tuoi prodotti sai trasmettere il piacere che procureranno al tuo interlocutore? In verità, sono pochi i professionisti della vendita che conoscono e hanno **compreso il significato completo del principio della vendita di idee, ebbene, sappi che comprenderlo a applicarlo regolarmente, rende estremamente più semplice stabilire contatti con i nostri clienti e concludere con successo i nostri incontri professionali; troppo spesso, invece, si commette l'errore di parlare troppo del nostro prodotto e troppo poco dell'idea che rappresenta.** Tecnicamente siamo tutti venditori, quando non vendiamo prodotti o oggetti, vendiamo comunque noi stessi, per questa ragione è estremamente utile e interessante per ognuno di noi, conoscere principi della vendita. Qualsiasi prodotto nel mondo, perché abbia degli acquirenti, deve soddisfare un bisogno essenziale, una motivazione primaria. Esistono alcuni prodotti sempre utili agli acquirenti, sono quelli che soddisfano il bisogno pratico di comodità, come può essere una lavatrice, o quelli che suscitano l'ammirazione degli altri e ci rendono parte di un gruppo, come possono essere gli abiti firmati, o quelli che fanno risparmiare denaro e tempo, come sono i programmi per PC, o ancora, che ci permettono di conservare la nostra salute come gli alimenti ricchi di vitamine, di tenerci in forma come gli articoli sportivi, eppure la loro diffusione dipende in grande parte dal venditore che sa vendere l'idea, che è cioè capace di trovare l'argomentazione che corrisponde esattamente al motivo primario del cliente, per stimolarne il desiderio. I bisogni essenziali sono diversi, c'è chi sostiene che siano al massimo due, c'è chi ne elenca una lunga serie superiore ai 60.

Senza ambire a una precisione scientifica, io credo che la lista che segue, tocchi quelli più essenziali per la vendita, e sono anche i più semplici da distinguere:

1. Il bisogno di affermarsi, di autorità, di attività, di competizione, di ambizione.

2. L'amore, l'istinto sessuale (come il bisogno di migliorare il proprio aspetto o accrescere il proprio potere seduttivo).

3. Il bisogno sociale, le relazioni, la famiglia, l'amicizia, i contatti.

4. L'istinto di conservazione, quindi, la vita, la salute, o il timore di invecchiare.

5. Il bisogno di proprietà, quindi il guadagno o il successo finanziario.

6. Il bisogno di conoscere, provare e sperimentare.

7. Il bisogno di comodità (riferito, per esempio, al riposo).

8. Il bisogno di sicurezza, quindi contro la paura, contro i rischi, contro il dolore.

Ogni venditore professionista deve riflettere a lungo e adattare la sua strategia ai bisogni essenziali di ogni cliente; e è oggettivamente molto raro che il cliente non si lasci influenzare dal bisogno di mettersi in evidenza, quindi il professionista può sempre far appello al bisogno di affermarsi del proprio cliente, pertanto, il modo in cui viene presentato un prodotto riveste sempre un'enorme importanza.

Smetti di vendere,
inizia ad aiutare.

Zig Ziglar

269

Diventa il riferimento DOC, per i clienti di riguardo

Non basta avere un buon cervello,
occorre anche la capacità di saperlo usare bene.

Cartesio

Ogni promotore ha una lista dei sui clienti, tra questi, certamente ve ne sono alcuni importanti e altri che fanno numero ma non fanno numeri, ovvero clienti che di fatto sono poco redditizi in tutti i sensi. Giacché il cliente richiede dedizione, diventa **opportuno stabilire una graduatoria di importanza dei propri clienti, per poter concedere maggiore tempo a chi occupa le prime posizioni.** I clienti importanti hanno bisogno di qualcuno che semplifichi il loro lavoro, che lasci loro lo spazio per occuparsi di quegli aspetti del proprio lavoro che sono prioritari: il consulente di fatto esiste per far risparmiare al suo cliente tempo e denaro.

Si può diventare il riferimento unico per alcuni clienti, ma non per tutti, perché materialmente non se ne avrà il tempo. **I buoni clienti possono facilmente diventare ottimi clienti se si dedicano energie ai loro bisogni. È invece più improbabile e soprattutto porta via più tempo, far diventare un cliente mediocre un buon cliente.** Nella vita di ogni professionista, l'80% dei risultati è dato dal 20% dei clienti, quindi perché non concentrarsi quasi esclusivamente a questi, per far si che i migliori clienti possano coprire anche i margini del restante 80% dei clienti? Questo non vuol dire che i clienti minori andranno abbandonati, ma la gestione di questi potrà essere delegata a un collega che ha bisogno di fare esperienza e che sarà disposto a dedicarsi ai nostri minori clienti, perché probabilmente nel suo caso questi sarebbero i suoi migliori clienti. Del resto se in uno studio di avvocati associati arriva un cliente con una causa civile per un valore di 10 milioni di euro, difficilmente a occuparsene sarà l'ultimo arrivato, probabilmente la gestione del caso andrà a avvocati di dimostrata capacità. Questo non significa privare gli ultimi arrivati della possibilità di crescere, ma ripartire i casi in funzione delle competenze.

Altra soluzione e mettere i clienti minori di fronte a una scelta, per avere voi, dovranno "alzare la posta"quindi aumentare gli investimenti. Per ottenere il massimo beneficio dal proprio lavoro è utile seguire delle regole, queste sono le principali:

1. **Fare una graduatoria del livello di importanza dei propri clienti.**

2. In base al proprio tipo di lavoro, **selezionare un numero di clienti massimo che si intende seguire al meglio.**

3. **Concentrare le proprie energie solo sui clienti migliori.** Questi noteranno subito che gli state riservando attenzioni particolari e ricambieranno le attenzioni concedendovi attenzione e rispetto del vostri tempo.

4. Stabilire di ogni buon cliente, le reali potenzialità, **pianificare l'obiettivo da raggiungere con ciascun cliente e annotarlo.**

5. **Migliorare la conoscenza specifica di ogni cliente,** approfondirne i bisogni, le preferenze, le esigenze, le particolarità caratteriali e cosi via.

6. **Impegnarsi a fondo per costruire un buon rapporto con ciascun buon cliente,** prestando particolare attenzione al suo linguaggio verbale, paraverbale e non verbale.

7. **Mantenere sempre viso il rapporto con i migliori clienti.** Domandatevi, a esempio se qualcuno di loro potrebbe tornare utile conoscere altri vostri buoni clienti, come poter apportare loro benefici anche di piccola entità, come procurare un invito per un evento che sapete essere di loro interesse o cose di questo tipo. Il cliente non deve mai dimenticarsi ci voi, sta a voi mantenere vivo il legame con telefonate, inviti o altri mezzi.

8. **Assicurare ai propri clienti grande competenza e soluzioni originale e innovative,** bisogna "uscire dal coro" per rendersi unici e indispensabili.

9. **Programmare relazioni di lunga durata con i clienti migliori** e avere sempre prodotti o soluzioni nuove da proporre alla fine di un incarico con scadenza temporale predeterminata, con i clienti bisogna sempre parlare del futuro, mai del presente o del passato.

Fai lavorare i tuoi clienti per te

I tuoi clienti possono diventare una vera miniera d'oro se, contenti del servizio che gli hai reso, si renderanno disponibili a introdurti i loro conoscenti. Indispensabile perché questo possa succedere è che quanto tu hai offerto loro abbia superato le loro aspettative, quindi il tuo prodotto/servizio deve avere un alto valore. Alcuni clienti sono più adatti da altri per divulgare la tua professionalità, quindi devi saperli riconoscere. Ci sono persone che hanno la capacità di focalizzare su di loro l'attenzione, sono i cosiddetti "opinion leader", ovvero persone che vengono riconosciute dalla massa come buoni esempi da seguire. Tra queste possiamo identificare **due distinte categorie, coloro che saranno disposti a parlar bene di quanto fate per interesse e altri che lo faranno perché credono fermamente nell'utilità della vostra professionalità** e desiderano metterla a disposizione di quanti più possibile, certi di fare bella figura. Ai primi, come incentivo, si possono offrire benefici, vantaggi o denaro, mentre è sconsigliabile tentare di imbonirsi i secondi, che potrebbero cambiare opinione circa la vostra etica e onestà. Per portare i vostri clienti a lavorare per voi è utile avvalersi degli "yes set", ovvero delle domande cui si suppone di ottenere sempre risposta affermativa. Quando il cliente entra un uno stato di approvazione nei vostri confronti, perché guidato dalla vostra comunicazione, difficilmente uscirà da questa condizione. Dopo aver posto le prime 3 o 4 domande, e ottenuto tutti si, è il momento di passare alla domanda cruciale, quella in cui si chiede al cliente se si è disponibile a indicarvi dei nominativi tra i propri contatti, per avere la possibilità di fornire la medesima qualità di servizio offerta a lui, anche a persone di sua conoscenza. A questo punto può verificarsi che il cliente fornisca direttamente dei nomi, a cui voi potrete rivolgervi a suo nome, oppure si assuma l'incarico d'introdurvi personalmente a loro.

Nel primo caso è opportuno avere per le mani una lista già compilata, con degli spazi vuoto dove poter inserire i nominativi, in modo da far risparmiare tempo al cliente, senza annoiarlo con la compilazione del modulo in ogni dettaglio, in questo modo, tra l'altro si mostrerà al cliente che quanto a lui richiesto è la prassi, che vi aspettate il suo aiuto, al punto da aver precompilato le carte. Il cliente ha sempre bisogno di essere rassicurato, il modulo precompilato serve proprio a questo. Potrebbe anche capitare che il cliente si mostri titubante a mettervi in contatto con i suoi conoscenti, se così dovesse capitarvi è opportuno domandare nuovamente al cliente se sia rimasto soddisfatto di come avete lavorato con lui; a seguito di una risposta affermativa, potrete domandargli allora perché essere in dubbio, giacché è vostra intenzione mettere a disposizione dei suoi amici lo stesso servizio offerto a lui e da lui ritenuto valido. A questo punto, si mette il cliente in una situazione in cui sarebbe imbarazzante negarvi i nominativi, in quanto potrebbe portarvi a credere che non sia rimasto completamente soddisfatto del vostro operato, e questo il cliente soddisfatto non vuole farlo. Nel caso sia invece il cliente a offrirsi spontaneamente di introdurvi alle sue conoscenze, è opportuno instradarlo, ovvero fornirgli le informazioni di base su come approcciare all'argomento in maniera seria e professionale. Anche oggi **il passaparola resta uno straordinario strumento per allargare la propria lista clienti, ciò che cambia rispetto a qualche anno fa è la modalità attraverso la quale questo si attua.** Oggi è tutto più veloce, ci si può avvalere di strumenti come il web, quindi i blog, i forum, le mailing list e soprattutto i social network.

Oggi un cliente soddisfatto, se è un vero opinion leader, può portarvi più clienti in un giorno di quanti ne riuscirete a gestire in un mese, è questa la straordinaria forza del passaparola nel ventunesimo secolo, va utilizzata al meglio, se si vuole promuovere velocemente il proprio lavoro. Un'ultima cosa va detta sul passaparola, **un cliente soddisfatto lo dice a un conoscente, uno insoddisfatto lo dice a 10,** per cui diventa basilare saper gestire i clienti difficili e è da evitarsi a tutti i costi che abbiano qualcosa da ridire sul vostro operato, a costo di dedicare loro più tempo e attenzioni del normale.

Consulenze speciali per clienti speciali

I campioni non si creano in palestra, non si plasmano allenandoli:
si creano accendendo qualcosa che già è nel loro profondo,
sia questo un sogno, un desiderio o una visione.

Claudia di Matteo

Quando si intende far proprio un cliente speciale bisogna essere in grado sorprenderlo. I buoni clienti sono abituati a essere trattati con riguardo, quindi dedicare a loro tutta la propria attenzione non è sufficiente: quel che ci vuole è **riuscire a entrare fortemente in contatto con la loro sfera emotiva.**

Quando veniamo coinvolti emotivamente, difficilmente riusciamo a distogliere l'attenzione e per conquistare un nuovo cliente, prima di tutto dobbiamo avere la sua attenzione. In questa prima fase bisogna essere in grado di tirare fuori tutta la creatività che si possiede, **il cliente deve notare la differenza tra voi e tutto gli altri**, altrimenti si diventa per lui un numero, ma non il numero uno, come si intende invece essere. Una volta ottenuta la fiducia del cliente, bisogna tenere presente che si verrà testati, i clienti importanti non si fidano mai del primo venuto.

Superare brillantemente la prima priva, consente di ottenere nuovamente fiducia, ma non garantisce che questa durerà in eterno. Se il cliente è speciale, a lui bisognerà sempre dedicare attenzioni speciali senza eccezioni, al meglio ci si abitua facilmente. **Quando si diventerà il numero uno per i propri clienti, quando ci considereranno tali, rispetteranno i nostri consigli, opinioni, tempo e renderanno il nostro lavoro più facile;** al contrario, se si viene considerato consulenti qualsiasi, i clienti non ci prestano attenzione, non rispettano il nostro tempo e lavorare diventa tanto estenuante quanto infruttuoso. **Perché i clienti abbiano bisogno in continuazione di noi, dobbiamo poter soddisfare ogni loro esigenza, la nostra competenza quindi deve espandersi tanto da poter ampliare gli ambiti in cui far valere la nostra utilità.** Bisogna diventate talmente preparati, su ogni argomento utile, da non temere in nessun caso il confronto con la concorrenza, anzi, forti delle proprie competenze, bisogna cogliere ogni occasione per rapportarsi questa, per evidenziare la propria supremazia. Solo se non si temono i confronti, si può essere considerati i migliori, chi teme le sfide, sa di poterle perdere, chi non le teme, sa di essere il più forte e è contento di poterlo dimostrare, questo non equivale a essere presuntuosi, ma consapevoli dei propri punti di forza.

Se si è consapevoli di poter offrire ai propri clienti un servizio esclusivo, nulla potrà fermarci dal diventare i migliori nel proprio ambito.

Programma la tua mente

Decidete che una cosa si può
e si deve fare e troverete il modo.

Abramo Lincoln

Una accurata programmazione mentale ti guida in maniera eccezionale verso il successo.

Nel programmare la tua mente, tieni sempre presente queste quattro condizioni fondamentali:

1. Fai sempre una preparazione molto attenta e scrupolosa del tuo lavoro, questa preparazione accresce notevolmente la sicurezza in te e la forza di persuasione; quindi, a esempio, tieni presente tutte le possibili obiezioni ed eventuali domande di un cliente.

2. Impegnati seriamente a avere sempre una profonda conoscenza dei tuoi prodotti e una forte identificazione con essi; ciò significa che devi essere perfettamente in grado di invitare ogni tuo cliente a fare un confronto con la concorrenza.

3. Abbi sempre delle strategie ben ponderate, quindi rifletti a fondo su quali sono le migliori da seguire.

4. Sentiti sicuro di te e mantieni la calma interiore.

5. Preparati sempre un quadro chiaro della situazione. Presentati al tuo cliente con la forte convinzione che se utilizzerà il tuo prodotto sarà un vantaggio per la sua vita o per la sua impresa, perché tu proponi solo prodotti di prima scelta. Parla sempre con calma, ciò darà una costruttiva impressione di serietà e affidabilità, fai delle pause, in maniera che il cliente possa seguirti meglio nei tuoi ragionamenti, possa riflettere su ciò che dici e discuterne con te.

6. Infine, ancor più importante, fai in modo di stabilire un dialogo, perché solo in questa maniera si crea la fiducia, senza la quale, difficilmente, concluderai in maniera positiva la tua proposta.

La mente è tutto,
ciò che tu pensi, tu diventi.

Buddha

Le obiezioni diventano opportunità

I tuoi unici limiti sono quelli che crei nella mente,
o che ti lasci imporre dagli altri.

Og Mandino

Per ogni nuovo cliente che si acquisisce verrà il momento della prima visita.

Come è evidente, **non vi è una seconda occasione per fare una buona prima impressione e al nostro cliente occorreranno solo pochi secondi per farsi un'idea della persona che si trova davanti per la prima volta,** quindi è basilare saper gestire da subito la situazione. In particolare, adesso ci occuperemo di un aspetto preciso della gestione del rapporto, ovvero le obiezioni che il cliente muove alle nostre proposte. Questo momento, che arriva sempre, costituisce la fase più cruciale della visita perché è qui che il cliente capisce se siamo o no preparati, se proponiamo un servizio di qualità o meno, se siamo certi di quello che diciamo o ripetiamo un discorso preconfezionato. **Il cliente esprime le sue obiezioni per avere una maggiore comprensione di quanto gli viene proposto:** tramite le obiezioni esso colma le sue lacune, analizza tutti gli eventuali benefici o i rischi, vince le sue paure o trova le sue conferme.

È nel momento in cui il cliente muove le sue obiezioni che decide se affidarsi a noi o meno; mai come ora diventa determinante la nostra competenza, determinazione e autostima.

Possiamo suddividere le obiezioni in due categorie, quelle di tipo tecnico e quelle che riguardano la sfera emotiva:

1. **Obiezioni tecniche.** Sono quelle attraverso le quali il cliente cerca di acquisire tutte le informazioni possibili sul nostro prodotto/servizio. Queste possono rivelarsi estremamente utili per il consulente perché si ha l'opportunità di capire cosa interessa al nostro cliente, quali sono i dubbi che ha, quali gli ostacoli da rimuovere. **Il cliente attraverso le obiezioni ci mostra le sue carte, starà a noi quindi cogliere l'occasione per assumere il controllo della mano.** Naturalmente questo è anche il momento in cui potrebbe venir fuori la propria incompetenza, quindi attenzione non presentarsi mai impreparati alle obiezioni di questo tipo. **Quando si propone un prodotto, la prima cosa da fare è cercare di mettersi nella testa del futuro fruitore per domandarsi quali possono essere le caratteristiche che non convincono, dove sono i difetti, dove i pregi e i benefici. Comprendendo anticipatamente quali potranno essere le obiezioni di tipo tecnico, si avrà modo di prepararsi una serie di contromosse da attuare in ogni specifico caso.** È un po' come capita di trovare oggi nei manuali di istruzioni di un prodotto tecnologico, dove vi è una sezione che riporta come "comportarsi in casi di...." quello che dobbiamo fare è avere una risposta pronta per ogni genere di domanda, non un discorso pronto per tutti i clienti, perché ognuno di essi avrà una combinazione di obiezioni differente, quindi bisogna saper controbattere a ciascuna obiezione in modo adeguato. Il consulente non è l'unico che conosce il valore delle domande, quindi l'acquirente, attraverso domande specifiche, cerca di acquisire innanzitutto informazioni: questo è un segnale positivo per il consulente, perché denota interesse in quanto si accinge a proporre. Qualora però capitasse di essere sorpresi dal cliente con una domanda alla quale non si sa dare una risposta, molto meglio confessarlo con franchezza che rispondere in modo inadeguato, il cliente avrà sempre più fiducia in coloro che ammettono le proprie lacune e si riservano di verificare un dato aspetto per poter rispondere con precisione di quanti buttano lì, la prima risposta che gli viene in mente per fare bella figura. Ricorda che **quando non si conoscono le risposte e si tende a divagare, è facile essere traditi dal proprio linguaggio del corpo,** il cliente si accorge facilmente delle incongruenze tra quanto di dice con le parole quanto con i gesti, e una volta che vi avrà smascherato, la trattativa avrà immediato esito negativo, senza possibilità di appello.

2. **Obiezioni emotive**. Sono quelle che denotano le paure inconsce del cliente, e possono essere irrazionali e prive di ogni apparente logica. Ogni cliente ha la sua storia, questa solitamente è sconosciuta al consulente, quindi diventa impossibile preparasti una lista di risposte/reazioni a questo tipo di obiezioni. Non bisogna sottovalutare questo tipo di obiezioni perché queste, proprio perché hanno a che fare con le emozioni del cliente, se mal gestite allontanano per sempre, costruiscono un muro, una barriera tra consulente e cliente che sarà poi difficile da abbattere.

Vediamo come **gestire al meglio entrambi le categorie di obiezioni,** per volgerle a proprio vantaggio. **Innanzitutto è indispensabile mostrare al cliente il nostro interesse nei confronti delle sue riserve, giuste o sbagliate che siano.**
Da escludere è ogni forma di giudizio. Bisogna mostrare al cliente che si è grati dell'interesse mostrato nei confronti di quanto gli proponiamo attraverso le obiezioni, sottolineando che con esse ci ha offerto la possibilità di svolgere al meglio la nostra professione, in fondo siamo li per offrire una consulenza e è proprio comprendendo cosa lo convince e cosa meno che abbiamo la possibilità di spiegare fornire le informazioni necessarie per prendere decisioni consapevolmente. Deve essere evidente che a noi sta a cuore il cliente, non la vendita, quindi se lui ha obiezioni, meglio, cosi potremo togliergli ogni dubbio fornendo ulteriori dettagli. Non bisogna mai mostrare fretta, o essere seccati se contraddetti dal cliente. La flessibilità, in questa fase non può mancare. A preoccuparci, invece, deve essere proprio il cliente che non muove alcuna obiezione, che annuisce con la testa, ci fa parlare senza interromperci e poi ci congeda con un: "Grazie mille, non sono interessato". Per evitare questa situazione, è indispensabile, durante la nostra esposizione, coinvolgere il cliente ponendogli domande che devono indurlo a prestare attenzione, a prendere piccole decisioni, cosi manterremo il contatto evitando di trovarci alla fine della presentazione, congedati da un secco: -No, grazie, senza aver neanche capito dove abbiamo sbagliato.
Tra l'altro, da un rifiuto di tipo secco a fine presentazione, non avremo neanche la possibilità di valutare il feedback negativo ricevuto, non potremo imparare niente per evitare che la situazione non si ripresenti in futuro, in buona sostanza, avremo perso solo tempo, mentre se dovessimo ricevere un no dopo aver controbattuto a ogni obiezione ricevuta, quantomeno avremo la possibilità di analizzare i dati, ovvero potremo cercare di comprendere dove avremo potuto far meglio e come potremo in futuro affrontare diversamente una specifica situazione, potremo quindi almeno imparare dai propri errori e crescere comunque, anche se la consulenza non ci ha

portato alla firma del cliente. Nel caso le obiezioni siano di tipo emotivo, spesso ci si trova davanti a generalizzazioni che il cliente utilizza per evitare rimanere "scottato". Spesso il cliente è già venuto a contatto con un prodotto simile al nostro o è stato contattato da altri consulenti, e magari in passato ha visto deluse le sue aspettative. Oppure un'esperienza negativa, riguardo a esempio un investimento o un prodotto assicurativo, è stata vissuta da un suo conoscente/amico/parente, quindi lui adesso parte prevenuto. L'ideale, in questi casi è indurre il cliente a riprendere in esame quanto accaduto, per comprendere dove c'è stato l'errore, cosi si potranno offrirgli tutte le garanzie che adesso quanto successo in passato non potrà più verificarsi.

L'importante è coinvolgere l'emotività del cliente, mostrargli che ci sta a cuore, che siamo li per lui, non per noi. Andando a scavare sulle perplessità del cliente, avremo anche la possibilità di comprendere se quelle che dovremo affrontare sono convinzioni limitanti derivanti da una sua esperienza personale, o da quelle di altri. È da notarsi come siano rilevanti solo le esperienze che ognuno di noi vive in prima persona perché spesso, attraverso luoghi comuni, si tende a far nostre situazioni che in realtà non ci appartengono. Il cliente va informato che siamo disposti e desiderosi di analizzare ogni sua situazione passata, purché personale, perché solo avendo le giuste informazioni, sarà possibile ragionare su basi certe e non sul sentito dire. **Le generalizzazioni non conducono mai alla verità, il cliente di questo deve avere consapevolezza.** Quando il cliente si apre a noi, dobbiamo creare rapport mostrando che diamo peso alle sue obiezioni, che queste sono lecite, perché non sapendo che, bisogna sempre fargli notare che anche voi, forse dalla sua parte, avreste ritenuto opportuno approfondire questo o quell'aspetto, che è lecito, anzi opportuno, e che siete contenti di avere l'opportunità di eliminare ogni eventuale incertezza. **Il cliente va rassicurato, mai preso di petto, mai innescare un battibecco per dimostrare le proprie ragioni, o si rischia di perdere il feeling raggiunto.** È altrettanto importante informare il cliente, che non esistono prodotti universalmente validi, ma solo prodotti adatti a ogni situazione, voi siete li per individuare il migliore prodotto per le sue esigenze, e è attraverso le obiezioni che vi viene data la possibilità di comprendere quali esse siano, oltre che dalle domande che sarete voi stessi a porre. Se il cliente vi muoverà obiezioni di tipo emotivo legate a cattive esperienze riferite da altri, voi potrete domandare se è a conoscenza di quali analisi l'acquirente in questione abbia avuto modi di fare per conoscere il prodotto proposto, se sa per certo che il suo consulente lo abbia debitamente informato di ogni dettaglio, come adesso state facendo voi, vedrete che il cliente si troverà nell'impossibilità di rispondere, quindi le obiezioni a voi rivolte, basate su esperienze altrui, perderanno completamente di valore. Lo scopo che bisogna raggiungere è portare il cliente a muovervi solo obiezioni che potrete affrontare, escludendo ogni luogo comune. **Il compito del consulente è quello di guidare la conversazione dove vuole lui, le domande aiutano in tal senso, tanto a chiarire cosa interessa al cliente, quando a portare la sua attenzione dove si vuole.** Le obiezioni del cliente vanno colte come opportunità per sottolineare determinate caratteristiche di quanto si intende promuovere, queste possono offrire l'opportunità per dilungarsi in una piacevole chiacchierata dove al centro sarà sempre il vostro prodotto, il cliente deve trovare la vostra visita piacevole, è da evitarsi il battibecco continuo, piuttosto che la ricerca di chi ha ragione, bisogna ricercare l'armonia e costruire la sintonia. Questa è proprio quanto ti è indispensabile per entrare nel mondo del cliente, per percepire anche le sue obiezioni non svelate. Potrebbe capitare, infatti che durante la tua esposizione, il cliente, pur non muovendoti un'obiezione diretta, si soffermi a pensare su quanto hai appena detto, perdendo quanto intenderai dire a seguire. Se ti accorgi di questo, e è bene che tu lo faccia, devi immediatamente chiedere al cliente se c'è qualcosa che non lo convince, devi incentivarlo a smascherarsi, solo cosi potrai affrontare la situazione e riprendere il controllo, altrimenti il cliente lo perdi lungo la via senza neanche essertene accorto. Tra l'altro al cliente piacerà che ti sei accorto della sua distrazione, perché si sentirà lui al centro della tua presentazione, non i tuoi prodotti. Uno strumento utile per mantenere vivo l'interesse del cliente, quando lui sembra averlo perso è l'anticipazione delle obiezioni. Qualora infatti capitasse di trovarsi di fronte un cliente un po apatico, si potrebbe esordire con: - So che a questo punto si tra chiedendo se......per tanto ci tendo a chiarirle che... Inoltre anticipare le obiezioni consente di porre una domanda e di dare una risposta, quindi di essere padroni al 100% della conversazione, guidando il cliente sul sentiero scelto in maniera inconscia. Molto importante è anche la chiusura della visita, in questa fase, paga molto importante coinvolgere emotivamente il cliente domandandogli se è soddisfatto delle informazioni che ha ricevuto, se ritiene che ci sia qualche argomento che necessita di approfondimenti, se altri in passato gli hanno dedicato le medesime attenzioni, se in qualche modo si può essergli ulteriormente di aiuto, facendoli sentire veramente clienti importanti, di riguardo. Questa fase è molto importante perché si costruisce un legame personale con il cliente, si diventa il suo punto di riferimento nell'azienda che si rappresenta, si gettano le basi per i rapporti futuri. A tal proposito, questo è anche il momento migliore per riservarli la possibilità di un secondo incontro con il cliente, per esempio spiegandogli che una volta tornati in ufficio, sarà nostra premura controllare che la documentazione compilata sia completa e nel caso non lo fosse, sarebbe utile un secondo incontro per rifinire il lavoro svolto insieme. Il cliente così non potrà che essere lusingato dalla dedizione manifestata nei suoi riguardi e sarà lieto di rendersi nuovamente disponibile. Per concludere, vorrei analizzare alcune delle obiezioni più ricorrenti, in ogni ambito professionale, per proporre soluzioni quasi universalmente valide per capovolgere la situazione a proprio favore. **La più ricorrente obiezione solitamente riguarda il prezzo,** indipendentemente da cosa si propone, pare che per il cliente il prezzo sia sempre troppo elevato. Come affrontare la cosa? Spostando l'attenzione sul valore. **È opinione comune che se una cosa ha valore, costa cara, mentre quanto costa poca, solitamente vale altrettanto.**

Dando per scontato che il proprio servizio ha valore, ne consegue che non può essere troppo a buon mercato, ciononostante è opportuno sempre domandare perché secondo il cliente il costo del servizio proposto è elevato, domandando di andare sullo specifico. Il cliente spesso non sa cosa rispondere a una domanda così precisa e comincia a divagare, questo è il momento per fargli notare che in realtà, per quello che offrite, non solo non siete cari, ma addirittura economici, quindi è opportuno iniziare a elencare tutti i benefici che avrà il cliente avvalendosi della vostra consulenza e di quanto, di fatto, siete in grado di fargli risparmiare.

Un'altra espressione tipica di chi non intende concludere, è: - Bene, ho compreso tutto, ma ci devo pensare. Anche a questa si risponde con una domanda specifica del tipo: - che cosa esattamente non la convince e le fa ritenere che valga la pena ragionarci ulteriormente? Si prosegue dicendo: - avrei piacere di affrontare insieme a lei ogni dubbio, quindi perché rimandare, soffermiamoci pure adesso su quanto le preme, sono a sua disposizione proprio per questo. In fine, l'ultimo suggerimento che vi do, è quello di appuntare le varie fasi dell'incontro di fronte al cliente, in modo che se poi si trovasse a voler obiettare, a presentazione finita, riguardo a uno specifico argomento trattato, si avrà la possibilità di sottoporre nuovamente alla sua attenzione quanto visto in precedenza, le risposte date, le obiezioni risolte e cosi via; in questo modo si eviteranno ripensamenti immotivati e si consolideranno i risultati ottenuti in ogni passaggio.

Nessun fatto è così importante
quanto il nostro atteggiamento verso di esso,
poiché è proprio questo che determina il nostro successo o fallimento.
Robert Kyosaki

Agendo

L'importanza dell'azione

Non puoi attraversare il mare
stando fermo e fissando le onde.

R. Tagore

La chiave del successo è imporci di agire, costringersi all'azione ogni giorno fino al raggiungimento dell'obiettivo. Facendolo quotidianamente, agendo per raggiungere ciò che si desidera, diventa via via sempre più semplice intraprendere l'azione; questo perché agire diventa un'abitudine, come per tutte le cose che ripetiamo molte volte. **Scrivi ovunque i tuoi obiettivi più importanti, in modo che tu possa sempre vederli.** Anche se farai solo una simulazione al giorno verso quella direzione, attiverai uno slancio che ti renderà sempre più facile muoverti nella direzione desiderata. **L'errore che molte persone compiono, è quello di attendere di sentirsi assolutamente sicuri di saper fare bene una certa cosa, prima di farla;** quel che distingue le persone di successo in ogni aspetto della vita, è che queste hanno invece sviluppato l'abitudine a agire prima di sentirsi del tutto pronte. Sarà capitato anche a te di aver avuto un'idea geniale, aver pensato a un particolare servizio o a un prodotto innovativo e poco tempo dopo, vedere sul giornale, in una vetrina, in circolazione la concretizzazione della tua idea, ma qual è la differenza fra te e la persona che ha realizzato quel prodotto o quel servizio? Quella persona è passata all'azione, tu no! Sì, lo so, tu attendevi di sentirti del tutto pronto, ma il vero segreto dell'abitudine all'azione è proprio che bisogna passare all'azione prima di sentirsi assolutamente pronti. **L'abitudine all'azione è un programma mentale, che ci spinge in avanti anziché frenarci e riportarci indietro.** Certamente vanno considerati gli eventuali rischi di agire, ma facendolo si evita di farsi paralizzare dalla paura. L'abitudine all'azione incoraggia a raccogliere informazioni e a muoversi in avanti, prima di essere completamente pronti; poi, una volta che si è già in movimento, si può sempre correggere la rotta per assicurarsi di conseguire l'obiettivo.

L'avvio di un'azione non solo conduce dove si vuole andare, ma ci garantisce di arrivare al nostro traguardo molto più soddisfatti di quanto non ci siamo mai sentiti. Il dottor Berns, noto studioso del sistema cerebrale, grazie a svariati esperimenti ha dimostrato che, contrariamente a ciò che si crede, **il senso di incertezza è ciò che detiene la chiave della soddisfazione nella vita.** È vero che amiamo ciò che ci è familiare, ma siamo ricompensati proprio da quel che è diverso. Tanto più gli eventi si verificano nel modo in cui ci aspettiamo, tanto più il nostro cervello li fa passare inosservati; invece, nel momento in cui viviamo un'esperienza nuova, il cervello si accende e rilascia un notevole tasso di dopamina (la sostanza chimica della motivazione) dopodiché, quando raggiungiamo l'obiettivo, esso ci premia, rilasciando serotonina (la sostanza chimica della felicità). Naturalmente questa sostanza accresce la nostra motivazione a fare altre azioni nuove in futuro e aumenta la capacità di provare soddisfazioni anche più grande in seguito. Esiste un fenomeno da cui dobbiamo guardarci, conosciuto dai ricercatori come " impotenza acquisita", questa è una delle principali cause di inazione, depressione e autodistruzione. In breve, si tratta del fatto che gli esseri umani imparano fin troppo velocemente a adattarsi ai loro limiti. Per uscire da questa sindrome, ricordati di agire guardando sempre i tuoi obiettivi e mai i tuoi limiti. Quando esci dalla tua zona di comfort, dalla tua area di sicurezza, passando all'azione prima di sentirti pronto, il cervello ti darà un più alto livello di sicurezza in te stesso, tanta soddisfazione e benessere; tu credici fortemente e vai avanti così, sarai premiato per il tuo coraggio.

Programmare un'azione ha costi e grossi rischi,
ma di gran lunga minori di quelli correlati a una rassicurante in-azione.
John F. Kennedy

Assumersi dei rischi è una parte essenziale del viaggio verso il successo. Con ciò non voglio consigliarti di rischiare sconsideratamente, ma di rischiare intelligentemente, ossia valuta sempre i passi importanti prima di procedere: identifica il rischio ponderato e assumilo. Identificare il rischio potenzialmente utile oppure inevitabile, significa che ci sono rischi che vengono dall'esterno e quelli che scegliamo di assumerci nella speranza che ci diano risultati più veloci o superiori. Oggettivamente, ogni attività di azione presenta dei rischi di un tipo o dell'altro. Considera con cura l'equilibrio tra rischio e risultato. Decidi se assumere il rischio oppure no; se lo assumi, passa all'azione, ancor prima di sentirti pronto a farlo. Motivazione significa sicurezza nell'azione, la sicurezza nell'azione è ciò che ti porterà a raggiungere i tuoi grandi obiettivi.

Facciamo insieme questo esercizio:

1. Pensa a qualcosa di chi ti piacerebbe fare ma che include un certo margine di rischio, o che non non è proprio nel tuo carattere fare.

2. Verifica quando agire, sarebbe meglio se lo facessi il giorno stesso, o al massimo nelle prossime 72 ore.

3. Quando arriva il momento di passare all'azione, sentiti pieno di coraggio e buttati nella missione.

4. Non temere di sentirti inizialmente disorientato, sappi che lungo il percorso troverai tutte le risorse di cui ha bisogno.

Consigli Tattici Antiobiezioni

Ciò che non mi distrugge,
mi rende più forte.

Friedrich Nietzsche

Nei tuoi appuntamenti di lavoro, tieni sempre alla larga da te scortesia, antipatia e disonestà; queste caratteristiche provocano sempre obiezioni. Sii gentile e simpatico con il tuo cliente, trattalo come vorresti essere trattato tu se fossi al suo posto.

Quelle elencate a seguire sono le regole di base che devi seguire per avere un rapporto positivo con chiunque in ambito professionale:

1. Dimostra sempre la tua competenza; la mancanza di competenza viene vissuta dai clienti come un affronto, un furto del suo tempo e lo mette nella condizione di difendersi, per cui dimostra di essere un esperto.

2. Aiuta il cliente a decidere, fornendo argomenti concreti, utili alla decisione.

3. Non essere mai arrogante né indifferente, sii invece collaborativo, cercando la soluzione migliore insieme al cliente.

4. Mantieni un atteggiamento positivo, affronta il colloquio dimostrando che ami tuo lavoro, apprezza il tuo cliente, anche qualora lui si fosse comportato in maniera scostante.

5. Manifesta sicurezza sul prezzo e giustificalo con argomenti validi, i buoni venditori credono in se stessi e nell'utilità del loro prodotto per il cliente.

6. Manifesta un'enorme fiducia in te stesso e nel tuo prodotto attraverso il tuo entusiasmo, con il quale contagerai il tuo cliente.

7. Studia bene il tuo cliente e tieni conto del suo umore; ogni persona può essere soggetta a sbalzi d'umore temporanei. Qualora il tuo cliente fosse proprio nel momento sbagliato, prendi un nuovo appuntamento e non entrare in polemica.

8. Tieni presente che la maggior parte delle obiezioni dei clienti viene provocata dagli stessi venditori, per questa ragione i venditori mediocri ne ricevono in media il 70% in più, rispetto a quelli bravi. Considera anche che le più frequenti cause di obiezioni sono la mancanza di preparazione e la poca sensibilità.

L'originalità paga

Le regole sono ciò che gli artisti rompono;
ciò che è memorabile non è mai nato da una formula.

Bill Bernbach

Al fine di attirare l'attenzione del cliente, bisogna impegnarsi a essere diversi da tutti gli altri, quindi evitare accuratamente di imitare i vostri concorrenti cercando di differenziarsi il più possibile da loro. Il metodo migliore del mondo, per quanto eccezionale, il giorno che fosse adottato da tutti non varrebbe più nulla.

Si può essere diversi in differenti maniere: diversi dagli altri, diversi da come siete stati fino a oggi, diversi da ciò che il cliente si aspetta da voi. Per iniziare, a esempio, fate sì che la vostra prima frase sia una domanda: una domanda ben fatta è sempre avvincente, esige una risposta, quindi introduce una conversazione che è un sano inizio di scambio di idee. Chiaramente, la domanda deve sempre essere positiva. Un'idea originale per attirare l'attenzione consiste nel porre una domanda che sorprenda il cliente, alla quale deve rispondere d'istinto, senza poter riflettere; questa è una tecnica valida soprattutto con i clienti che si aspettano sempre le solite ripetizioni dai venditori/consulenti. Fate sempre iniziare il vostro colloquio in maniera estremamente gradevole, non usate mai frasi intimidatorie. Quando il cliente è disturbato dalle sue segretarie o dal suono del telefono, può facilmente perdere il filo del discorso, quindi assicuratevi, con qualche domanda appropriata di riprendere il discorso da dove è stato interrotto anche semplicemente chiedendo: "dove eravamo rimasti?" così da condurre il cliente a reagire e riflettere. Se vi rendi conto che il cliente abbassa il suo livello di attenzione non alzate la voce, anzi, smettete di parlare; una breve pausa nel mezzo di una frase riaccenderà l'attenzione, un silenzio improvviso e senza nessuna spiegazione logica è estremamente efficace. Ricordatevi poi la potenza dello sguardo: guardate sempre il cliente negli occhi e portalo a fare altrettanto.

Anche se si è una persona estremamente affascinante, non si può interessare veramente il cliente fino a quando non asi ha catturato il suo sguardo.
Continuate poi a parlare in maniera fluida con voce sicura, con pause naturali, perché questi sono fattori che determinano l'efficacia del vostro modo di esprimerti e comunicare. Riepilogando, suscitate sempre l'attenzione dei cliente sin dal primo momento, fate sì che la vostra prima frase lo interessi e gli trasmetta la voglia di saperne di più. Perfezionare il modo di iniziare una conversazione è la differenza che fa la differenza, per 99 professionisti su 100.

La creatività è senza dubbio la risorsa umana più importante,
senza creatività non ci sarebbe progresso
e ripeteremmo sempre gli stessi schemi.

Edward De Bono

Crea il tuo successo

Volere è poco: bisogna desiderare ardentemente
per raggiungere lo scopo.

Ovidio

Hai progettato i tuoi obiettivi e sei passato all'azione, già per questo la tua vita
inizierà a migliorare.

Adesso è giunto il momento di imparare a usare il potere della mente inconscia per
creare il tuo successo automaticamente.

Per fare ciò dobbiamo capire la modalità peculiare del tuo cervello di considerare il
tempo.

Adesso, senza nessuna riflessione, pensa al futuro e poi al passato.

In che direzione li vedi?

Poni il tempo per il passato dietro di te e il futuro di fronte a te?

Oppure vedi il futuro alla tua destra e il passato alla tua sinistra?

Esegui il seguente esercizio per comprendere meglio la tua linea temporale interiore:

1. Pensa a qualcosa che fa regolarmente ogni giorno, come vestirti la mattina. Quando pensi di ripetere questa sensazione domani, l'immagine è di fronte, è a destra o a sinistra? È lontana? Concentrati su quel punto.

2. Immagina ora, di compiere la stessa attività, ma la prossima settimana: ora l'immagine è lontana verso destra o verso sinistra? Davanti a dietro? Più vicino o più lontana? Nuovamente, concentrati sul punto in cui vedi l'immagine nella tua mente.

3. Se pensi alla settimana scorsa, dove posizioni la stessa immagine riferita a una settimana fa?

4. Immagina ancora di fare la stessa cosa, ma tra un mese: l'immagine è ora più lontano o più vicina? Più a sinistra o più a destra? Davanti o dietro di te? Più in alto o più in basso? Se ci riferissimo a un mese fa? Dove posizioneresti l'immagine riferita a un mese fa?

5. Adesso immagina di fare la medesima cosa ma fra tre mesi. L'immagine è più vicina o più lontana? Più a destra o più a sinistra? Più in alto o più in basso? E sei mesi fa? Adesso concentrati su quell'immagine.

6. Immagina che tutte queste immagini siano collegate tra loro da una linea. Questa è la tua linea temporale, cioè il modo in cui la tua mente inconscia rappresenta il tempo.

Nel momento in cui ti programmi per un futuro irresistibile, tutte le risorse si attivano per realizzarlo; ma la cosa eccezionale è che ti accorgerai di muoverti in quella direzione ogni giorno.

Facciamo insieme un altro esercizio per programmare la nostra mente per il successo automatico:

1. Immagina di trovarti in un anno futuro e che l'anno appena passato sia stato il migliore della tua vita.

2. Cos'è successo nella sfera professionale? Finanziaria? Spirituale? Relazionale? Quali dei vostri obiettivi avete realizzato? Ha cambiato il tuo sistema di pensiero o di comportamento? In che direzione hai fatto progressi importanti? Chi stai diventando?

3. Adesso immagina la scena ideale che rappresenta tutto ciò che desideri che si compia nel tuo avvenire positivo, assicurati di riuscire a vederti davvero felice in questa immagine del futuro che puoi creare realistica o simbolica. Hai disegnato la scena ideale: dove sei? Con chi sei? Quali sono i successi che ti interessano di più? Cosa ti piace di questi successi?

4. Prendi l'immagine e posizionala in un anno del futuro sulla tua linea temporale. Assicurati che questa tua immagine sia grande e con colori vivaci, un'immagine estremamente luminosa e brillante, comprenderai che stai facendo bene l'esercizio perché ti sentirai bene solamente nel pensarla.

5. Adesso riempi lo spazio tra allora e adesso.

6. Crea e inserisci prima dell'immagine grande, verso di te, un'immagine un po' più piccola che rappresenti quello che dovrà accadere.

7. Fanne un'altra immagine, ancora più piccola e inseriscila verso di te, prima di quella precedente.

8. Proseguendo nella stessa maniera, fanno un'altra ancor più piccola e mettila ancora prima. A questo punto dovresti avere una sequenza di immagini che collegano il momento presente con il tuo futuro positivo; le immagini dovrebbero ingrandirsi progressivamente e dovrebbero comprendere circostanze sempre più belle.

297

9. Guarda l'immagine lascia che la tua mente inconscia si programmi al processo automatico per l'anno che verrà.

10. Adesso esci dal tuo corpo e immedesimati in ciascuna delle immagini: prenderti qualche istante per provare pienamente ogni tuo passo verso il successo.

11. Quando arrivi all'immagine grande, finale, della tua scena ideale, lasciati andare e assapora tutta la gioia che ne deriva. Che effetto ti fa ottenere tutto ciò che desideri?

12. Adesso torna al presente e dai un'altra occhiata alla tua linea temporale. Sentiti sicuro e acquisisci la consapevolezza di aver creato una mappa per l'inconscio, che lui userà come guida per realizzare il futuro che tu desideri.

Il successo non deve essere inseguito;
deve essere attratto dalla persona che diventi.

Jim Rohn

Il Professionista Vincente

C'è un solo tipo di successo:
quello di fare della propria vita ciò che si desidera.

Andrea Teresi

È importante saper lavorare in team, così come saper creare una squadra affiatata. Perché un gruppo sia altamente performante, non occorre chiudere nello stesso ufficio le persone più intelligenti, bensì bisogna dare priorità alla sensibilità sociale.

In un importante studio effettuato nel 2010 (studio di Wooley), sono state messe a lavorare 699 professionisti, in gruppi di 2-5 persone, osservati costantemente da alcuni psicologi esperti.

Questi ultimi, hanno scoperto che l'intelligenza della squadra non è così fortemente correlata con l'intelligenza media o massima dei singoli membri del team, ma bensì è fortemente correlate con la sensibilità sociale dei singoli professionisti del gruppo.

Questo studio non è un caso sporadico, l'importanza delle abilità sociali emerge in continuazione nel mondo dei professionisti.

Quel che davvero conta è che le persone del gruppo rendano bene in una dinamica sociale.

Cioè, ad esempio, sanno condividere le critiche in maniera costruttiva?

Sanno veramente ascoltare gli altri? Hanno una mente aperta? Credono nella collaborazione e nel supporto reciproco?

Un gruppo di lavoro vincente ha certamente forti abilità sociali. Quindi, non dimenticate mai di dare priorità alle vostre abilità sociali.

Considerando il fatto che le competenze sociali delle donne, in media, sono migliori di quelle degli uomini, è bene che inseriate sempre il gentil sesso nei vostri gruppi di lavoro migliori.

Lo studio ha infatti dimostrato che i gruppi inclusivi di donne hanno fatto meglio dei gruppi esclusivamente maschili. Inoltre il segreto di un team di successo è sempre nel miscelare i generi. Come è stato confermato dallo studio Hoogendoorn del 2011.

Anche il Credit Suisse Research Institute, con una pubblicazione in lingua italiana, ha rilevato che le aziende quotate in borsa, con donne all'interno, nella posizione di membri del consiglio d'amministrazione, hanno migliori performance nel mercato azionario, rispetto a quelle composte da soli uomini. Quindi, inserite sempre una giusta dose di quote rosa nelle vostre aziende, così facendo, migliorerete le prestazioni, promuoverete la sana integrazione e parteciperete in modo attivo, nell'eliminare quello sciocco pregiudizio sessista, che ancora alberga in alcune menti ristrette.

Costruite un ambiente in cui le persone si fidino una dell'altra, la fiducia è indispensabile per superare ogni ostacolo. Inoltre una squadra in cui le persone si fidano, negozia meglio con altri gruppi.

Poi, gettate sempre un po' di umorismo nel vostro team di lavoro.

Lo studio del professor Hampes ha dimostrato che le persone più spiritose sono valutate come più affidabili dagli altri. Contemporaneamente, quando il gruppo è unito, le persone scherzano insieme e sono più creative e comunicative, la squadra è più coesa, inoltre tendono a parlare del lavoro anche fuori dal contesto lavorativo.

Personalmente, noi consigliamo d'inserire in un buon team di lavoro, alcuni professionisti estroversi, perché questi sono più socievoli e adattabili ma anche un pizzico di introversi, perché, anche se inizialmente si notano poco, è stato constatato che, mentre nel tempo gli estroversi tendono a fare meno e a fare peggio, gli introversi fanno meglio e quindi si fanno rivalutare.

E poi, per formare una squadra di lavoro di successo, bisogna avere un obiettivo comune su cui lavorare.

È stato fatto uno studio sul 500 manager e professionisti di 30 aziende diverse, si è scoperto che molti sanno su cosa lavorare, ma non sanno esattamente quale sia il perché.

Troppo spesso si fa il grande errore di assegnare lavori al gruppo, senza spiegare la ragione per cui ci si dovrebbe impegnare.

È utile sempre definire gli obiettivi che si vogliono si vogliono raggiungere in maniera estremamente precise Chiara affinché ogni singolo componente del gruppo sappia esattamente qual è il suo centro, l'obiettivo da conseguire per fare in modo che le soluzioni per raggiungerli coinvolgano davvero tutti. Ogni singolo individuo nel gruppo deve sapere cosa fare per raggiungere l'obiettivo e per quale ragione è rilevante il suo impegno.

Sembra semplice, quasi banale, eppure, molto spesso è poco chiaro cosa i membri del team debbano fare e quali ruoli debbano avere.

La prima cosa che le persone che lavorano in gruppo devono conoscere è una storia da condividere, sentirla propria. Devono chiedersi: da dove veniamo? Dove stiamo andando.

Queste storie creano dei veri e propri modelli mentali del mondo esterno, e sono basilari per aiutarli a percorrere la giusta via e capire cosa fare dopo.

Quando i modelli mentali dei gruppi di lavoro, sono allineati, questi vengono acquisiti in maniera collettiva e sicuramente tutta la squadra di lavoro ha un rendimento assai superiore.

Quando tutte le persone condividono la medesima storia, sono propense a sapere cosa fare quasi automaticamente, senza pensarci. In psicologia, questo viene definito "coordinamento implicito".

Un'altra ragione importante per cui un team di lavoro può fallire, è perché la comunicazione fra i componenti non è efficace. La comunicazione deve essere sempre chiara, per non perdersi in una marea d'informazioni inutili.

Le aziende sono ambienti complessi, le informazioni arrivano continuamente e da moltissime fonti diverse. Siamo sempre inondati di informazioni, e-mail, newsletter, etc... e perdiamo così le notizie più rilevanti, che ci servono per lavorare al meglio.

Il rischio che si comunichi male all'interno dei gruppi di lavoro crea molti malintesi.

L'obiettivo dell'azienda deve essere proprio quello di distribuire le informazioni in maniera efficace, che siano sempre disponibili a coloro che le utilizzano per il lavoro da svolgere.

Per far sì che questo accada si possono utilizzare queste semplici regole:

Mettersi sempre dalla parte del destinatario dell'informazione, evitare gerghi tecnici, preparare messaggi facilmente comprensibili, usare parole di senso comune, scrivere in maniera semplice.

Il professionista di successo cerca quotidianamente di mettere in atto gli accorgimenti di cui parliamo, perché vuole rendere migliore il proprio lavoro di gruppo. Favorisce la comunicazione concisa e diffonde una storia importante nel gruppo, usa spesso l'umorismo e sa sicuramente costruire la fiducia tra le persone.

Non è che queste persone siano nate così preparate, la maggior parte lo diventano, esattamente come te, che leggendo questo testo, se sei pronto a mettere in pratica le strategie, le tecniche e i suggerimenti che ti stiamo trasmettendo: ti stai già trasformando in un Professionista di successo.

L'arte di essere un professionista di successo, inizia sin dal momento in cui il professionista si presenta. Se quando ti trovi alla porta di un cliente, non credi in te stesso, nel tuo successo, nel tuo prodotto e nella sua utilità allora sostanzialmente hai già perso prima ancora di iniziare. Il professionista che si presenta al cliente da perdente, non avrà nessuna chance di successo, perché i clienti acquistano soltanto dai vincenti. Le persone che si sentono vincenti comunicano quest'impressione anche agli altri con il loro atteggiamento e il loro comportamento. **È molto importante quindi che ogni professionista si senta un vincente alla soglia di ogni cliente.** Come oramai tutti ben sappiamo, **non c'è mai una seconda occasione di fare una buona prima impressione** e è proprio il sentire dentro di sé la concretezza e la fiducia nel proprio successo che ci rende vincenti. È naturale che quando si sa di possedere un prodotto estremamente interessante, esclusivo e vantaggioso diventa più semplice, ma non sempre possiamo disporre di un prodotto così eccezionale; qualora se ne fosse sprovvisti, diventa importante offrire ciò che interessa a ogni cliente ossia: un'informazione interessante, una presentazione ben fatta che evidenzi i vantaggi oggettivi e una lista di successi ottenuti da altri con il proprio prodotto che il cliente possa utilizzare per rafforzare la propria motivazione all'acquisto.

Adesso starai pensando a dove puoi procurarti notizie che suscitino interesse ebbene, sappi che le idee e le soluzioni migliori giungono proprio dai clienti. Dai clienti poi carpire argomenti e molti esempi di informazioni, purché tu sia disposto a ascoltarli e osservarli con attenzione, oltre che a rivolgere loro le giuste domande.

Compreso questo, **poniti sempre in una condizione di ascolto attivo per ottenere buone informazioni da ogni cliente, che poi potrai condividere con altri clienti in cambio delle loro informazioni.** Un buon professionista è un po' un centro di raccolta di informazioni continue. Questa è una strategia molto rilevante perché, molto più che con i propri argomenti personali, si ottiene successo grazie a domande sui migliori argomenti raccolti da informazioni ed esperienze proprio dei clienti stessi. Ricorda che nei primissimi secondi di un incontro, le persone si fanno un'idea di noi, che rimane impressa nel nostro cervello emotivo; il nostro cervello valuta gli elementi specifici, come la presenza, lo stile, il modo di parlare e di muoversi, questa prima impressione influenza poi ogni eventuale successivo incontro. **Se trasmettiamo un'impressione negativa sarà molto difficile far cambiare i pregiudizi su di noi e chi ci osserva continuerà a cercare quei comportamenti in noi per confermare il suo giudizio iniziale.** Capisci quindi quanto è rilevante alla prima impressione apparire affidabili, competenti e simpatici. Pertanto, **il primo contatto con i nostri interlocutori ha un ruolo basilare per la definizione delle** relazioni future e quindi va curato con estrema cautela e attenzione, perché prima di essere accettato come consulente e di accettare vostri prodotti, dovete essere accettati positivamente nella mente del cliente come persona. Quindi, per essere un professionista di successo, non basta avere buone capacità di vendita e ottime competenze, bisogna essere estremamente motivati, dotati di una profonda passione per la propria professione e tanta energia che consente di superare gli ostacoli brillantemente, perché il professionista sa che gli insuccessi sono una continua opportunità di crescita. Inoltre, deve essere una persona estroversa ed empatica, vogliosa e capace di apprendere, ma soprattutto, deve avere la capacità di rapportarsi armonicamente con le altre persone, sapersi far notare e ricordare, sapersi vendere, ossia saper creare una propria immagine affidabile e professionale su cui si baserà la valutazione della vostra credibilità agli occhi degli altri.

Per essere un professionista di successo,
impegnati a essere una persona di valore.
Claudia di Matteo e Andrea Teresi

Adesso, probabilmente ti starai domandando per quale ragione così pochi professionisti abbiano compreso questo e pertanto si presentino effettivamente da vincenti? Possiamo rispondere analizzando motivazioni diverse:

Molti tuoi colleghi sottovalutano l'importanza della preparazione e vi dedicano pochissimo tempo, ritengono che sia più importante visitare il maggior numero possibile di clienti. Questo è il primo errore.

I perdenti **fanno fatica a tenere a bada il proprio ego.** Pensano troppo a sé e troppo poco ai clienti; sono interessati sostanzialmente solo al profitto, quindi trascurano i desideri degli interlocutori: continuano a parlare dei propri prodotti e non s'informano dei problemi né delle esigenze dei loro clienti. **Trasmettono egocentrismo ed egoismo** e questo, naturalmente, porta come risposta un profondo scetticismo dei clienti stessi. Dimenticano un concetto fondamentale: **il cliente è interessato solo all'offerta di chi si interessa veramente a lui.**

I perdenti **credono di essere estremamente sapienti** e saputi; questo tipo di persone vogliono dare l'impressione di sapere tutto, proprio per nascondere la loro fragilità, infatti considerano erroneamente ogni domanda dei clienti come un attacco e ogni silenzio dei loro clienti come se fosse un modo per confermare la loro ignoranza. Inoltre, quando il venditore non pretende di sapere tutto, nemmeno il cliente pretenderà di conoscere già tutto.

l professionista di successo sa bene che il suo ruolo ha un rilevante valore **economico e sociale, vive il suo lavoro come un'attività gratificante, congruente ed equilibrata con la sua immagine e i suoi servizi, quindi è sempre estremamente motivato verso la sua professione.** Solitamente egli è una persona estremamente aperta agli altri, con cui è piacevole familiarizzare e sa trattare con persone sconosciute in diversi contesti professionali e sociali. Dall'esterno appare come una persona socievole, loquace, brillante, ottimista ed estremamente cordiale.

I veri professionisti sono persone che amano il rapporto con il mondo e con gli altri e hanno sempre una visione positiva del futuro e della vita, sono sempre individui estremamente flessibili e quindi sanno bene adattarsi ai cambiamenti, sono pratici e intraprendenti e il loro pensiero è in continua evoluzione, muovendosi in maniera estremamente elastica e adattabile a ogni nuova situazione.

Sono poi persone assolutamente convinte delle proprie abilità, della loro capacità di raggiungere gli obiettivi a cui ambiscono, si sentono pienamente all'altezza della loro attività lavorativa e pensano di essere capaci in ogni circostanza.

Credendo fortemente in se stessi, sono costanti e tenaci nel loro impegno e più intensi nei loro tentativi, la loro determinazione e tenacia gli permettono di vincere laddove chi non crede fortemente nelle proprie capacità e abilità, inevitabilmente si rassegna e si arrende.

Sono, infine, persone in competizione con se stesse, perché vogliono sempre superare i loro limiti, e anche competitivi con gli altri, che siano concorrenti o colleghi, vogliono superarli nei risultati, la competizione molto di frequente è la spinta per raggiungere i loro obiettivi, che unita alla focalizzazione sui propri risultati, gli fornisce quella marcia in più che li rende inarrestabili; infatti, questo tipo di professionisti, difficilmente si lasciano distrarre da loro obiettivi, sono abilissimi a accrescere le loro capacità e il loro prestigio e acquisiscono ogni giorno sempre più consapevolezza.

Sintetizzando il comportamento dei vincenti, potremmo dire che:

- Sono persone che credono in se stessi e nel loro successo, nel loro prodotto e nella sua utilità per le persone a cui lo propongono. Sanno di poter dare molte informazioni preziose durante un colloquio con il loro cliente.
- Si presentano sempre come persone ottimiste e cordiali. Preparano con anticipo e accuratamente le loro presentazione e i loro discorsi, trasmettendo un'impressione di sicurezza.
- Sono sempre in modalità di ascolto attivo, per carpire ogni motivazione e informazione del cliente.
- Prima di ogni incontro, si pongono l'obiettivo ideale e si impegnano per raggiungerlo.
- Non si arrendono di fronte al rifiuto, sono flessibili e non esitano a cambiare strategia al bisogno.
- Sono ottimisti, si aspettano sempre meglio e programmano il successo per se stessi, trasmettendo ai loro clienti il loro entusiasmo verso il futuro.

Solitamente, i successi ottenuti con impegno e dedizione ci trasmettono la sensazione di essere un vincente, mentre invece i successi casuali sono incoraggiamenti che durano molto poco. Detto questo, comprenderai che avere una buona gestione dei ricordi positivi offre numerosi vantaggi perché i professionisti vincenti ricordano bene e velocemente i loro successi precedenti, oltre a ricordare i metodi che li hanno portati al successo. Inoltre ricordano bene, e sanno rievocare, anche le sensazioni provate. Queste sensazioni, confermano la loro capacità e la loro competenza, e terminano nella convinzione che, così' come ce la hanno fatta precedentemente, ce la faranno ora! Grazie a questo meccanismo fatto di ricordi, metodi e sensazioni, essi provano una tale fiducia in se stessi che spazza via ogni dubbio e ogni timore e gli consente di concentrarsi proficuamente sull'impegno che li attende.
I professionisti liberi da ogni pensiero negativo sono capaci di esprimere al massimo tutto il loro potenziale. Ricorri quindi al modellamento di professionisti che posseggono queste caratteristiche e impara da loro, sino a far diventare le loro caratteristiche migliori, parte integrante di te. Infine ricorda sempre che, al nostro primo incontro con un cliente, il 55% dei messaggi viene dato dal nostro corpo, ossia

la mimica facciale, la prossemica, la postura, il 30% giunge invece dal tono, ritmo, timbro e volume della voce, e infine il 15% giunge dal linguaggio verbale, quindi, come vedi, all'inizio di una comunicazione la parte verbale è la meno rilevante, pertanto, il come diciamo qualcosa è molto più significativo di ciò che diciamo.

I professionisti meno abili fanno fatica a superare gli insuccessi e a compiere il salto di qualità perché quando si trovano in situazioni difficili, non possiedono una riserva di ricordi positivi a cui attingere, non ci sono nella loro mente ricordi di successi di cui andare fieri, quindi non c'è nulla che dia conferma della loro competenza.

Quando queste persone vivono un successo superiore alla loro attesa, intimamente, pensano si sia trattato solo di un caso, di una coincidenza, sulla quale la volontà non ha avuto alcuna influenza. Quando invece subiscono un pesante insuccesso si risveglia immediatamente in loro, il senso di inferiorità. Così, oltre alla rabbia del senso di impotenza, la tristezza del fallimento, si trovano di fronte anche la limitante paura di nuovi insuccessi. Al fine di evitare questa catena di eventi drammatici, impegnati a lottare consapevolmente per il tuo successo, essere fiero dei tuoi successi ottenuti con impegno e trasformali in ricordi preziosi e speciali, in esperienze indimenticabili per richiamarle alla memoria in ogni occasione.

Se vuoi iniziare a vivere la splendida sensazione di essere un professionista vincente, sappi che questa sensazione lo puoi provare quando hai il coraggio di presentare un nuovo prodotto riuscendo a raggiungere il volume di vendite che ti sei prefisso, quando riesci a riconquistare un cliente che avevi perso, quando risolvi positivamente un'obiezione o un reclamo di un tuo cliente, quando convinci un cliente complicato a effettuare una nuova ordinazione con un tuo discorso mirato.

Sappiamo che il successo professionale dipende da una combinazione di fattori personali e motivazionali. La motivazione è la forza che ci consente di andare avanti con positività ed energia e di superare ogni ostacolo, imparando dai nostri errori.

Il professionista per avere successo deve senza dubbio essere una persona equilibrata e dotata di capacità cognitive, per riuscire bene nell'attività di promotore finanziario sicuramente deve essere munito di un chiaro orientamento al suo ruolo, essere una persona estremamente efficace ed empatica, deve avere sete di conoscenze, essere un individuo dotato di una mentalità orientata ai risultati e un animo predisposto verso altri, deve essere una persona affidabile e credibile, inoltre, deve saper costruire delle relazioni positive con il prossimo, saper vendere bene il suo prodotto ma soprattutto se stesso e lasciare il segno con la sua eccellenza.

Il più grande oratore del mondo è il successo.

Honoré de Balzac

Il professionista vincente ha un atteggiamento positivo e propositivo verso la sua attività, che ritiene estremamente gratificante e congruente con l'immagine di se stesso e pone sempre la sua concentrazione sulle opportunità e non sui problemi, inoltre ha fiducia nelle sue capacità e ritiene di poter realizzare ogni azione necessaria per raggiungere i suoi traguardi, quindi non teme né i cambiamenti né le sfide, è una persona molto determinata e convinta dell'altissimo valore della sua professione. Questo professionista si pone quasi sempre traguardi ambiziosi e non si lascia frenare da eventuali insuccessi, proprio perché è sempre focalizzato sui risultati e solitamente è affamato di successo ed estremamente competitivo, infatti usa le sfide per raggiungere i propri obiettivi personali, perché la competizione lo aiuta a superare limiti a accrescere la propria autostima. Per questo motivi, egli definisce con precisione i suoi obiettivi e non consente a nessun evento e circostanza di distogliere la sua attenzione. Inoltre il bravo professionista è fortemente motivato a accrescere la sua competenza e il suo prestigio, è sempre consapevole delle sue abilità e ha voglia di sapere e sete di conoscenza, per questa ragione si aggiorna continuamente sui mercati finanziari, sulla concorrenza, sui prodotti disponibili e segue master, stage, workshop e corsi di PNL sulla psicologia del cliente, sulla motivazione e sulle tecniche di vendita, anche perché sa che tutto ciò' accrescerà notevolmente le sue competenze e la sua autostima.

Se invidi le persone di successo,
crei un campo di attrazione di forze negative,
che ti respinge dal fare le cose che ti servono per avere successo.

Se ammiri le persone di successo,
crei un campo di attrazione di forze positive, che ti attira
e ti fa diventare sempre più il tipo di persona che vorresti essere.

Brian Tracy

I Professionisti migliori sono sempre animati e spinti dal desiderio di continuo miglioramento e spesso hanno notevoli capacità di apprendere e di insegnare per trasmettere tutto quello che hanno imparato. Concludendo, se vuoi diventare un veri professionista di successo devi innanzitutto ampliare la tua consapevolezza, cioè credere che sei in grado di avere molto più successo di quello che avuto finora, dopodiché, dovrai trovare una grande motivazione. Per raggiungere questa, prova a lasciare spazio alla fantasia e disegna con le tinte più brillanti il tuo futuro da vincente, stabilisci con precisione, sin d'ora che cosa devi fare ogni giorno per raggiungere i tuoi obiettivi, poiché, senza l'azione, i sogni restano solo illusioni. Verifica regolarmente le tue aspettative, metti in pratica quanto appreso, sentiti meritevole del più' grande successo, fai crescere dentro te una forte motivazione e sfruttala, cosi' diverrai un eccezionale professionista di successo.

Il successo produce successo,
come il denaro produce denaro.

Nicolas de Chamfort

Reminder

1. La chiave del successo è imporsi di agire, costringersi all'azione ogni giorno fino al raggiungimento dell'obiettivo.

2. L'errore che molte persone compiono, è quello di attendere di sentirsi assolutamente sicuri di saper fare bene una certa cosa, prima di farla.

3. L'abitudine all'azione è un programma mentale, che ci spinge in avanti anziché frenarci e riportarci indietro.

4. Il senso di incertezza è ciò' che detiene la chiave della soddisfazione nella vita.

5. Assumersi dei rischi è una parte essenziale del viaggio verso il successo.

6. Le più frequenti cause di obiezioni sono la mancanza di preparazione e la poca sensibilità.

7. Al fine di attirare l'attenzione del cliente, bisogna impegnarsi ad essere diversi da tutti gli altri, quindi evitare accuratamente di imitare i vostri concorrenti cercando di differenziarsi il più' possibile da loro.

8. Anche se si è una persona estremamente affascinante, non si può' interessare veramente il cliente fino a quando non si ha catturato il suo sguardo.

9. Nel momento in cui ti programmi per un futuro irresistibile, tutte le risorse si attivano per realizzarlo; ma la cosa eccezionale è che ti accorgerai di muoverti in quella direzione ogni giorno.

Concludendo

Se la vostra motivazione è sufficientemente forte,
potete trovare il modo di fare praticamente qualsiasi cosa.
Richard Bandler e Owen Fitzpatrick

Desidero concludere questo manuale formativo, incoraggiandoti a essere una persona che prende in mano il proprio destino e agisce. Serviti di tutto quello che hai appreso in questo testo e di tutto ciò che sai, fallo per te ma anche per le persone che ti circondano, ne sarai ricompensato molto più di quel che immagini. Mettere in pratica tutte le tue conoscenze, è questa l'essenza del potere vero, il potere che ti spinge a fare ciò che è necessario per raggiungere l'eccellenza. Se al termine di questo volume, ti limiti a pensare che sia un manuale utile, ricco di ottimi consigli e di strategie giuste ma non metti in pratica nessuno degli strumenti che ti sono stati forniti, avrai perso tempo tu e noi con te. Se invece metterai veramente in pratica, sin da questo momento, quanto appreso, potrai cambiare tutto ciò che desideri e diventerai un professionista eccellente, la tua vita sarà, finalmente, esattamente come la desideri.

La qualità della vita di un uomo
è in diretta proporzione al suo impegno a eccellere,
indipendentemente dall'attività da lui scelta.
Claudia di Matteo e Andrea Teresi

Non smettere mai di dedicare energie e impegno per migliorare, per crescere, per sviluppare te stesso. Dedica tutto il tempo che puoi alla tua crescita e invece cerca di non avere mai tempo libero per criticare inutilmente gli altri e gli errori del passato. Metti tanto impegno e il meglio di te per le tue prossime conquiste, per disegnare il tuo futuro, per impossessarti del tuo successo e regala un sorriso a chiunque incontri. Fai di ogni tua giornata un'opera d'arte e ricorda che hai tutto ciò che ti serve per raggiungere gli obiettivi che ti sei proposto. Adesso è veramente giunto il momento di entrare in azione.

Buon Lavoro.
Agisci, il successo ti attende!

Ringraziando

Voglio ringraziare con il cuore:

L'Asia, grande, impegnativa e sapiente maestra.

I miei editori di Eclypsed Word, anime belle e soprattutto grazie a Ettore Schena: sei l'intermediario, tra me e il mondo che mi legge, più affettuoso e premuroso che io potessi desiderare. Grazie per la cura, la sapienza e la sensibilità uniche.

Tutte le persone che mi seguono, mi leggono e mi supportano con tanta costanza, e anche tutte quelle che, nel bene e nel male, hanno fatto la differenza nella mia vita e, di riflesso, nella vita di chi è entrato in contatto con il mio lavoro che adoro.

A tutti i miei corsisti e ai miei Coachees che mi raggiungono continuamente anche da luoghi lontanissimi, disposti a volare interi giorni per incontrarmi.

A tutti i miei colleghi italiani, uno per tutti, l'energico e brillante Max Formisano, anche grande amico.

A Roy Grande, splendido fratello e giovanissimo angelo volato via pochi mesi fa: il tuo sorriso, i tuoi abbracci e il tuo amore sono e saranno sempre con me. Sei stato il più tenero, il più affettuoso, il più sensibile e il più riconoscente di tutti i miei numerosi fratelli e mi hai insegnato l'amore fraterno più puro.
Manchi e mancherai, meraviglioso sognatore.

Richard Bandler e John Grinder, fondatori della PNL e grandi mentori: il Vostro lavoro resta ancora una forte fonte di ispirazione.

La mia briosa, intensa, complicata e impegnativa famiglia che non mi abbandona mai nella zona di comfort, neanche per un attimo.

La Vita, che mi dà lezioni preziose e notevoli opportunità di crescita ogni giorno.

I giovanissimi, meravigliosi talenti, capaci dei più calorosi abbracci e di parole meravigliose, che mi hanno emozionato sino alle lacrime e ai quali ho dedicato questo testo.

E sempre, grazie a tutti gli amici preziosi e le amiche speciali: senza i vostri feedback, e il vostro amore, la vita perderebbe molta della sua poesia.

Alla tecnologia e alla globalizzazione: ho un ufficio virtuale in Italia, ma opero principalmente dall'Asia e dall'Australia; lavoro con persone che si trovano in USA, Russia, Spagna, Singapore, Danimarca, Finlandia, Germania, Regno Unito e tanti altri paesi. Tra mail e WhatsApp interagisco direttamente con tutti i miei client, ovunque io mi trovi, in qualsiasi angolo della terra si trovino loro. Incanto dell'evoluzione della tecnologia.

Me stessa: la mia natura che riesce sempre a farmi vedere il lato positivo di ogni cosa, il mio essere in continua evoluzione e sempre in overdose di voglia di imparare.
Al mio sapere vedere la bellezza in chiunque io incontri.

Mentre la mia gratitudine è per tutti loro, con il cuore, la responsabilità di ogni errore eventualmente contenuto in questo testo spetta solo ed esclusivamente a me.

Claudia di Matteo

Ringrazio:

I nostri editori di Eclypsed Word, Ettore Schena e la sua squadra di gente speciale.

Mia moglie , luce guida di tutta la vita e sorpresa di altruismo e pura bontà continua e costante.

Luciano, il papà di mia moglie, grande uomo che mi ha insegnato sin da ragazzino, che "Volere è Potere" e che ovunque si può creare valore.

I problemi, piccoli e grandi, che ognuno di noi deve superare, perché sono la nostra unica, vera opportunità di crescita.

Mio padre, perché mi ha insegnato e dimostrato per tutta la vita che l'etica nel lavoro è quel che ti consente di trovare sempre un porto sicuro anche nel mare più burrascoso e nella peggiore tempesta.

I professionisti e tutte le persone che sceglieranno di leggermi e di credere come me nella crescita professionale e personale.

Andrea

Gli Autori

Claudia di Matteo:

Claudia di Matteo si è laureata nel 1989 in Business Administration in Usa, subito dopo ha studiato comunicazione, relazioni pubbliche e marketing a Roma e a Londra. Si è poi specializzata in Practinioner e Master Advanced in Programmazione Neurolinguistica con Richard Bandler e tanti altri esperti del settore in USA, Europa ed in Asia; formatasi come Trainer e Coach, Life Coaching, Business Coaching e Teen Coaching, tiene corsi in Europa, USA, Asia ed Australia di Motivazione, Autostima, Team Building e Problem Solving in lingua inglese, spagnola, francese, indonesiana, tedesca, malese ed italiana.
Collabora, attraverso redazionali, con diverse pubblicazioni mensili di formazione professionale e rubriche settimanali di crescita personale.
Ghost Writer, da decenni, per alcune penne importanti del settore, in lingua italiana ha pubblicato a suo nome "PNL per le Donne" e "Annamo, te porto da 'ndo stai a 'nd voi arriva' IL COACHING IN BUSINESS".
Nel nostro paese è nota per essere la Life Coach dei VIP del panorama italiano lavorativo e di molti nomi noti del jet set televisivo e cinematografico.
Ma, come dice sempre anche lei, le conoscenze e le competenze che più contano sono quelle acquisite sul campo, in diversi punti del mondo, con persone di mille e diverse nazionalità, da cui tantissimo ha avuto modo di apprendere.
Infatti, al di là degli studi, laurea, masters, diplomi, esperienze e successi accademici e professionali, la sua marcia in più è il talento naturale nel rapportarsi con gli altri, la personalità sempre costruttiva e propositiva, creativa e capace di adattarsi a situazioni variabili, spesso complesse.
È un Coach estremamente efficace, in grado di fornire numerosi strumenti, tecniche e strategie a tutti i suoi coachees (le persone che si rivolgono a lei per fare Coaching) che segue sempre in maniera estremamente personalizzata e mirata, mai con un unico schema prestabilito, bensì studiando la tecnica e la strategia esclusiva più idonea ad ogni singolo cliente.
È una professionista sempre in aggiornamento continuo, quindi, arricchisce costantemente la sua preziosa originale cassetta di attrezzi molto speciali, anche questo la rende una Coach eccellente che fa veramente la differenza nella vita chi decide frequentarla.

Per fare una sintesi, abbiamo chiesto alle centinaia di persone che sono state allenate da lei come vorrebbero definirla, quelle che seguono, sono alcune delle risposte che meglio identificano Claudia.

- Una persona estremamente resiliente, una fonte d'ispirazione ed una vera donatrice di energia positiva.
- Una Coach che sa trasmettere, sa essere e sa fare, una guida estremamente pratico e flessibile, una trainer molto stimolante, motivante, coinvolgente e sempre interessante.
- È certamente un'innovatrice, si cimenta continuamente in sfide nuove e progetti diversi, creando nuove strategie, cercando continuamente strade e sentieri alternativi.
- È una viaggiatrice vera, ha vissuto e lavorato in quasi tutti i continenti, ha gestito e fatto crescere, personalmente professionalmente, un infinito numero di persone.
- Claudia incarna perfettamente il concetto di autostima, resilienza e leadership personale, ma anche di empatia vera e profonda, perché sa veramente "sentire" il "sentire" dell'altro.
- È una guida eccellente per imparare a valorizzarsi, imparare ad usare le proprie risorse, riconoscere i nostri talenti, troppo spesso nascosti anche a noi stessi, e riuscire a raggiungere i propri obiettivi.
- È una gran lavoratrice, dotata di un altruismo raro, una sognatrice e una mente fertile e piena di ispirazioni.
- Trainer entusiasmante e portatrice sana di passione, energia ed entusiasmo.

La sua missione è, da sempre, aiutare chi incontra lungo il suo cammino, (che ciò accada nella giungla asiatica, in un'aula di professionisti a Sidney, durante una seduta di coaching a Singapore, passeggiando nella foresta delle scimmie a Bali, in una sala d'attesa di un reparto oncologico a Roma, davvero ben poco cambia, il tutto affinché ogni persona possa inizia a brillare di luce propria, possa finalmente liberare i suoi talenti nascosti. Claudia è, sostanzialmente, sempre spinta da una gran voglia di far crescere le altre persone.

La sua visione è quella di un mondo in cui ognuno ami davvero la vita (anche quando è complicata), gli altri (anche quando sono molto diversi da noi) e soprattutto se stesso, riscoprendo finalmente la propria preziosa unicità.

Alla domanda del perché abbia deciso di fermarsi in Asia, dopo aver vissuto in tanti continenti, ci ha risposto cosi:

> "Perché l'Asia sa tenermi costantemente lontana dalla mia zona di comfort, mi offre ancora tanto da scoprire e moltissimo da imparare e, poi, in Asia, come nel Coaching, il futuro è molto più importante del passato, si dedica molta più energia ad occuparsi delle profezie piuttosto che di antiche credenze del passato, da ciò si impara a dare un diverso e molto piu significativo peso alla gratitudine, sentimento in cui credo profondamente, da sempre.
> Infine, come disse Checov, *L'amor proprio e la presunzione sono europei; i comportamenti e i risultati sono asiatici*".

Infatti, proprio in Asia, Claudia è diventata il riferimento degli espatriati, di ogni nazionalità, che seguono seminari di gruppo e/o coaching personale per il superamento dello choc culturale, religioso, politico e di diversa struttura sociale, ed è riconosciuta da anni come il miglior trainer per il ricollocamento in realtà internazionali completamente diverse.

Andrea Teresi

Andrea Teresi, sin dagli anni in cui frequenta la facoltà di Architettura a Roma, si interessa e specializza nel settore del benessere psico-fisico, studiando medicina ayurvedica e tecniche di massaggi orientali. Durante il periodo di vita negli Stati Uniti, consegue un Master in Medicina del Benessere e si appassiona alla Programmazione Neuro Linguistica. Al rientro in Europa scopre il suo profondo interesse per l'Ipnosi e decide di apprendere i segreti più reconditi dell'inconscio, prima nel Regno Unito e successivamente in Oriente. In seguito Andrea, con molta passione, studia questi argomenti in Thailandia, Malesia, Australia, Singapore ed Indonesia.

Animato dal desiderio di condivisione, Andrea ha tenuto seminari e sedute di ipnosi in tre diversi continenti. In Italia è stato Presidente della "Associazione Nazionale Ipnotisti", ed ha avuto modo di aiutare moltissime persone a smettere di fumare, in tutte principali città italiane.

Il trasferimento in Oriente gli ha permesso di focalizzarsi nello studio dei meccanismi di funzionamento della mente umana, così ha appreso come insegnare ad altri a sfruttarne le infinite potenzialità, per poter realizzare facilmente i propri obiettivi, personali e professionali.

La sua Missione è di aiutare, fornendo gli strumenti più idonei per una vera crescita personale, il più vasto numero di persone possibile.

La sua Visione è che, un giorno, tutti possano migliorare la qualità della propria vita e raggiungere livelli eccellenti di soddisfazione personale e professionale.

Grazie alla sua formazione professionale, estremamente variegata, ed alla sua scelta di vivere in contesti differenti, come Europa, Asia, Australia e Stati Uniti, Andrea ha avuto modo di studiare, apprendere e praticare differenti tecniche, strategie ed approcci al singolo individuo, per rendere la crescita personale un'esperienza unica e stimolante.

Andrea è da sempre un amante della bellezza in ogni forma sia essa esprimibile, passione che ha soddisfatto studiando arte ed architettura in Italia e che continua a coltivare nel mondo occupandosi di design.

 La sua capacità di essere sempre orientato alla soluzione e mai al problema, sia di natura pratica che teorica, gli consente di affrontare tutto in maniera efficiente e rapida, caratteristica data anche dalla sua esperienza di uomo di mare, esperto di vela, windsurf e canoa e grande navigatore di tutti i mari, che si ritrovano nei suoi occhi, azzurri come le onde che tanto ama.

È facile lasciarsi trasportare dalla sua calma, serenità ed ottimismo, per arrivare a comprendere come crescere ed ottenere il meglio da se stessi, ispirati dal suo modo di affrontare la vita, che fa sembrare tutto semplice ed alla portata di ogni genere di lettore.

È un eccellente Mental Coach che si aggiorna costantemente, frequentando seminari in tutto il mondo, per poter continuare a trasmettere alle persone come trasformare i propri sogni risultati concreti.

Ha vissuto in vari continenti e parla fluentemente 4 lingue, ha diretto grandi aziende internazionali, espresso la sua creatività in diversi progetti di design e di fashion, è autore del testo in lingua italiana " L'ipnosi per smettere di fumare: Come diventare ex-fumatore in due ore, cambiando le tue convinzioni inconsce"; ha tenuto sedute di ipnosi in vari continenti e aiutato un infinito numero di persone a liberarsi da varie forme di dipendenza, con questa tecnica. Andrea è anche un esperto in trasferimenti di vita all'estero, è infatti un esempio di adattabilità, di organizzazione e pianificazione di tutto cio che può rendere semplice e fluido il cambiamento di esistenza, di lavoro e di paese, quindi è molto apprezzato come Travel Coach, soprattutto da chi sceglie, come fanno in molti, di trasferirsi da Occidente ad Oriente, persone che trovano in lui un significativo supporto pratico ed organizzativo, oltre che informazioni basilari e competenze locali che non è possibile acquisire su nessuna guida turistica. È un vero viaggiatore e i viaggi gli scorrono nelle vene, ha mille cartine geografiche nella mente e riesce a dare istruzioni estremamente utili per arrivare ovunque, nel modo migliore.

Con questo testo, scritto insieme alla sua compagna e prima mentore, Claudia, questi due maestri di vita umili, ma eccellenti, offrono al lettore una guida pratica ed efficace su come affontare i vari aspetti della vita professionale e della crescita personale, per ottimizzare le prestazioni e massimizzare le soddisfazioni con il minimo dello sforzo, insomma un testo alla portata di tutti, che certamente alzera l'asticella professionale e personale di chi sceglierà di leggerli.

Indice

www.ingramcontent.com/pod-product-compliance
Lightning Source LLC
Chambersburg PA
CBHW081458200326
41518CB00015B/2301